KB022053

북한 수소탄 위협과 그 대비책

—북한의 핵전략과 우리의 핵개발 능력—

장준익 지음

서문당

수소탄은 원자탄보다 1,000배나 더 무서운 무기다.

수소탄 1발(1Mt)이면 1,000만의 대 도시가 일순간에 없어진다. 이런 수소탄을 북한이 보유하고 있다.

북한의 완전한 비핵화(CVID)가 달성되지 않는 한, 우리는 북한의 수소탄을 계속 머리에 이고 살아야 하고 최악의 경우 수소탄에 피폭될 가능성을 배제할 수 없다.

우리는 북한의 완전한 비핵화를 위해 미국과 보조를 맞추어 전력투구 올인해야 한다.

만일 북한의 비핵화 달성에 실패하는 최악의 경우, 우리 스스로 북한핵을 억제 대처할 수 있는 대비책을 지금부터 마련해야 하는 것이 국가안보이다.

대한민국의 존립과 5,000만 국민의 생존을 위해 북한의 완전한 비핵화(CVID)는 기필코 달성되어야 한다.

– 저 자 –

머리말

지금 우리는 북한의 수소탄과 ICBM의 위협 속에 살고 있다.

북한이 수소탄을 개발하고 ICBM 시험사격에 성공 후 "국가 핵무력 완성과 로켓 강국 위업이 달성되었다"고 선언했다.

미 본토가 북한의 수소탄 위협 하에 놓이게 됨에 따라 미국의 핵우산 하에 있는 우리의 국가안보는 지금과는 확연히 다른 더 위중한 핵 위협 하에 놓이게 되었다.

미국은 미 본토의 핵 위협에 대비하여 각종 대비책(미사일 방어계획 보강, 각종 제재시행, 예방공격 계획 준비, 미·북 회담 등)을 강구하고 있는데, 우리의 대비책은 보이질 않는다.

미·북 정상회담에서 미국이 강조해온 CVID의 행방은 묘연하고 정상회담의 후속 조치는 지금까지 지지부진하다.

우리는 후속조치 결과가 북한의 완전한 비핵화가 달성되는 경우와 그렇지 못할 경우, 북한의 핵 동결과 주한 미군의 철수 또는 미국의 대북 선제공격 상황까지도 상정한 최악의 경우에 대비하는 대책도 마련해야 한다. 이것이 국가안보다.

과거 본 저자는 여러 번에 걸쳐 정부의 책임 있는 사람들을 상대로 대비책을 마련하라고 경종을 울린 바 있다.

1980년대 말 하와이 대학에서 연수하면서 집필한 《北韓 人民軍隊史》에서 김일성은 1948.2.8. 북한 인민군 창설식에서 "해방된 지 2년이 지나도록 한반도는 통일을 이루지 못했다. 남북의 통일을 위해 인민군대를 창설하는 것이다"라고 무력 통일을 주장했다. 그로부터 2년 후 이들 인민군대는 탱크를 앞세우고 적화통일을 위해 남침을 하지 않았던가. 정전 후 무력으로 한반도 적화통일을 달성하겠다는 것이 북한 군사 전략임을 누차 경고했으나 별 관심을 얻지 못했다.

1999년 《北韓 核·미사일 戰爭》을 발간하여 북한은 한반도 적화통일을 위해 핵개발을 하고 있고, 북한의 영변 핵 시설들을 일일이 소개하고 생화학 무기의 보유실태까지 소개하여 핵 및 화생무기의 위험성을 경고하였으나 역시 아무런 반응을 얻지 못했다.

1991년 12월 "남북 비핵화 공동선언"이 있었다. 이 시기 북한은 5MWe 원자로에서 생성된 무기급 플루토늄(Pu)을 재처리하여 북한 최초의 핵무기를 만들고 있을 때였다. 이때 우리 정부는 한국에 있는 전술핵무기를 철수하고 남북 비핵화 선언을 하면 북한도 핵무기를 만들지 않을 것이라는 나이브한 사상으로 한국에 있는 전술핵무기 모두를 철수해 줄 것을 미국 대통령에게 제의하여 동의를 받아 미국의 전술핵무기를 우리 안보에 아무런 대안 없이 철수하게 만들었다.

뿐만 아니라 이때 북한은 고농축 우라늄 프로그램을 비밀리에 추진, 우라늄(HEU)탄 개발을 시작하고 있었다. 이때 《북핵을 알아야 우리가 산다》라는 책자를 출간하여 경종을 울렸으나 마이동풍이었다. 결국 북한의 고농축 우라늄은 개발되어 오늘날 북한이 Pu탄 보다 더 많은 우라늄 탄을 보유하게 되었다.

북한은 2005년 2월 핵을 보유하고 있다고 선언했다. 이후 우리 정부는 '전시 작전 통제권'을 환수하겠다는 정책을 발표했다. 이 시기 전시작통권 환수는 한미연합사 해체를 가져올 수 있으므로 우리 국가안보에 중대한 위협을 가져오게 된다고 서울 시청 앞 광장에서 2006년 9월 2일 재향군인회와 전국 종교연합회와 합동으로 '전작권 환수 반대' 집회가 개최되었다. 이 집회에 본 저자가 연사로 참여, 소리 높여 외쳤음에도 당시 국방 장관은 들은 척도 않고 미국으로 가서 '전작권 환수' 서명을 하고 돌아왔다.

2011년 3월 '전국 애국 단체 연합회' 주체 심포지엄에서 북한은 이미 수차례에 걸친 핵실험으로 실질적 핵보유국이 된 이상, 한반도에서 핵전쟁 억제를 위해서는 우리도 핵무장을 할 수밖에 없다고 힘주어 주창했다. 청중의 뜨거운 반응을 얻었으나 그때뿐이었다.

2014년도에 《북한 핵 위협 대비책》을 발간 북한의 핵 보유에 따르는 나름대로 대비책을 제시했으나 역시 주목받지 못했다.

2017년 9월 3일 북한은 기어코 수소탄 실험을 했다. 수소탄은 원자탄 위력의 수 100배, 수 1,000배나 될 수 있는 대 위력 무기다. 이런 수소탄을 북한이 실험에 성공했음에도 우리 정부, 우리 국민, 누구도 아랑곳 하지 않는다. 수소탄 1Mt이면 1,000만 명의 대 도시가 일순간에 없어지는 가공할 무기인데도 아무런 반응이 없다. 핵 불감증인지, 핵 마비증세인지, 알 수 가 없다. 북한의 수소탄은 우리와는 아무런 관계도 없는 듯 외면하는 자세다.

우리는 지척에 북한의 수소탄을 머리에 이고 살면서도 우리 정부, 우리 국민, 모두가 대안의 불구경하듯 하고 있다.

이에 경종을 울리고자 《북한 수소탄 위협과 그 대비책》이란 책자를 발간한다. 또 마이동풍이 될지 모르지만 그래도 또 한 번 경종을 울려 보고자 한다.

우리는 장차 어떤 경우에도 대한민국의 존립과 5,000만 국민의 생존이 위협받는 일이 있어서는 안 될 것이기 때문이다.

미·북 정상회담 이후 후속조치가 순조롭게 진척 되거나 또는 급변하게 발생 할 수 있는 위기에도 대비하는 예지와 준비가 필요하다. 그래서 옛 성현들은 유비무환(有備無患), 망전필위(忘戰必危)라 하지 않았던가.

여기에 북한의 완전한 비핵화 협상 결과에 따른 저자의 나름대로의 대비책을 각각 제시했다. 이 대비책에 더하여 정부와 안보관계자는 더욱 완벽한 대비책을 마련해 주기 바라 마지않는다.

그래야 우리가 안심하고 후손들에게 이 아름다운 대한민국을 물려줄 수 있지 않겠는가?

본 책자를 서술하는데 순서를 바꾸어 제2장부터 제9장까지 각 장의 요약을 제1장에 수록하였다. 이는 독자들의 이해와 시간절약을 위한 저자의 배려임을 양해 구해 마지않는다. 또 제2장에 원자탄과 수소탄이 얼마나 무서운 무기인가를 맨먼저 서술했다. 이는 우리의 대비책 마련에 도움을 주고자 한 것이다. 그리고 제3장과 제4장에서 수소탄이 어떤 무기인가를 소개하는 부분에서 자료의 제한으로 Teller-Uiam Design의 내용을 많이 인용했음을 밝혀둔다. 이는 수소탄의 이해를 돕기 위한 것이었다. 그리고 수소탄을 운반할 북한의 ICBM 개발과정과 한반도 적화통일 핵전략도 소개했다. 아울러 우리의 핵개발능력도 이해해야 우리의 올바른 대비책을 마련할 수 있을 것이기에 개략적 판단으로 기술했다. 제일 마지막 장에 저자 나름대로의 북한의 완전한 비핵화 협상의 결과에 따르는 대비책을 엮었다. 독자의 많은 지도를 바라마지 않는다.

본 책자 발간을 끝까지 성원해준 서문당 최석로 사장께 감사드리고 또 지난 여름 유난히도 무더웠던 날씨에도 불구하고 직접 본인을 도와준 안사람에게 감사드린다. 그리고 미국에서 각종 자료를 제공해준 사랑스런 장세정군 그리고 진아 아빠와 장진아양이 이 글을 쓰는데 큰 힘이 되어 주었다.

2018년 유난히도 덥던 여름 날
용인 죽전 도서관에서 저자

차례

제1장 요약

독자 여러분의 편이와 시간절약을 위해 본 저서 내용의 요약집을 맨 앞 장에 수록하여 그 내용을 먼저 이해할 수 있게 하였다.

제1절 총 요약

우리는 먼저 수소탄이 얼마나 무서운 무기인가를 인식할 필요가 있다. 무서운 무기임을 인식하지 못하면 아무런 대책 수립이 따르지 않기 때문이다.

저자는 원자탄이 얼마나 무서운 무기인가를 확인하기위해 원자탄이 떨어진 일본 히로시마와 나가사키의 현장을 직접 방문, 당시의 영상과 자료들로 부터 원자탄 피폭의 참혹함을 확인했다.

히로시마의 경우 단 한발의 원자탄으로 약 33만의 시민 중 60.6%가 사망하는 그 참상은 이루 말할 수 없었다. 그런데 이 원자탄 위력의 1,000배나 되는 수소탄에 한 도시가 만일 피폭된다면 그 참상은 상상을 초월할 것이다.

북한은 작년 9월 3일 수소탄 실험에 성공했고 11월에는 대륙간 탄도미사일(화성-15형)에 성공하여 미 본토까지 위협할 수 있게 되었다. 북한은 이 수소탄으로 우리와 미국을 직접 위협하고 나섰다. 미국은 미사일 방어망 보강을 비롯해 각종 대비를 서두르고 있다. 그러나 우리는 아무런 대책 강구가 보이질 않는다.

그래서 우선적으로 수소탄이 얼마나 무서운 무기인가를 제일 먼저 제2장에 수록했다. 제3장에는 수소탄은 어떤 무기인가의 기본개념을 수록했고, 제4장에는 수소탄 보유국들이 수소탄을 개발하게 된 배경과 개발과정을 수록했다. 제5장에서는 북한이 수소탄을 언제부터 개발하기 시작하여 수소탄 개발에 성공했는지를 살펴보았다.

제6장에서는 수소탄을 개발해도 장거리 운반수단이 있어야 전략적 운용이 가능하므로 북한이 장거리 탄도미사일을 개발하는 과정을 수록했다. 제7장에서는 원자탄과 수소탄을 탑재한 IRBM과 ICBM을 보유한 북한의 핵전략이 어떤 것인지를 확인해 보았다.

제8장에는 우리의 핵개발능력은 어느 수준에 와 있는지를 확인해 보았고, 마지막 제9장에서는 북한의 핵 능력과 북한의 핵 전략을 확인한바 북한은 한반도 유사시 미국을 수소탄과 ICBM으로 우선 견제하고 한국을 적화통일하겠다는 것이 북한의 변함없는 핵전략이다. 그럼에도 금년 6월 미·북 정상회담에서 북한은 이외로 '완전한 비핵화를 위해 노력하겠다고 약속했다' 그리고 그

후속회담이 진행되고는 있으나 지지부진한 현재의 상태이다. 미·북 회담이 잘되는 경우와 잘못되는 경우에 대비한 우리의 대비책을 마지막으로 마련했다.

제2절 각 장별 요약

제2장 요약 (수소탄은 원자탄보다 더 무서운 무기다)

원자탄은 무서운 무기라는 개념은 다 알고 있으나 정말 얼마나 무서운 무기인가는 정확히 감을 잡지 못한다.

1945년 8월 6일, 08시 15분 일본 히로시마에 원자탄이 폭발하는 관경을 히로시마 북쪽 멀리 떨어진 한 시골에서 목격한 미야다(宮田哲南)씨의 수기에 이렇게 표현하고 있다.

> "1945년 8월 6일 8시 경 히로시마 상공에 B-29 1대가 흰 연기를 내뿜으면서 나타나드니 갑자기 급선회하고 굉장한 속도로 상승하는 것을 목격했다. 그리고는 강렬한 섬광이 나타났고 뒤이어 천지를 진동하는 듯 한 파열음이 들렸다. 곧이어 붉은 버섯 모양의 구름이 남쪽하늘에 뭉개 뭉개 피어 높이 올라가는 것을 볼 수 있었다. 그리고 저 큰 구름 밑에 내 고향 히로시마가 있는데……."

이 분은 먼 곳에서 원자탄이 폭발하는 현상을 정확히 목격했다. 그러나 그때까지만 해도 멋지게 피어오르는 버섯구름 아래 33만 명의 히로시마 시민들이 원자폭탄의 폭발에서 오는 폭풍과 열과 방사선으로 어떤 지옥에서나 있을 법한 참상이 벌어지고 있음을 상상도 못했을 것이다.

단 한발의 원자탄 폭발로 히로시마 시민 33만 명 중 1950년 10월까지 총 20만 명의 시민이 사망했다.

그 외에도 각종 외상과 화상 그리고 방사선으로 고통받았을 시민들이 많았다. 히로시마 시내에 있었던 대다수가 사상을 당했다는 사실만으로도 끔찍하기 이를 때 없다. 그리고 온 도시의 건물은 거의가 다 파괴되거나 불에 타버렸고 남은 것이라고는 기왓장 부스러기, 검은 황야와 같은 폐허의 도시가 전부였다.

▶ 히다(肥田) 군의관 소위의 증언

히다 소위는 1944년도에 히로시마 육군병원에 부임한 28세의 군의관이다. 젊은 군의관이 직접 체험한 원자탄이 폭발했을 당시의 참상을 들어보자.

원자탄이 투하된 이날 히다 군의관은 육군병원 진료실에서 환자를 치료 중 원자탄에 피폭 당했으나 아무런 상처 없이 무너진 진료실에서 빠져나와 히로시마 시내의 군 진료소로 자전거로 가는 도중, 악몽과 같은 참상과 마주쳤다. 히다 군의관은 깜짝 놀라 자전거를 멈추고 섰다.

"어느 박물관에서나 본 듯한 몸 전체가 새까만 나체의 모습을 한 마치 '미라'와 같은 모습의 사람이 자기 앞으로 조금씩 조금씩 다가오고 있었다. 그 새까만 나체의 가슴에서 허리 아래까지 새까만 넝마같은 천들이 너틀 거렸고 치켜들은 양손 끝에서도 검은 물이 뚝뚝 떨어지고 있었다. 얼굴과 눈은 엄청나게 부풀려 있었고 상하 입술도 크게 부풀어 얼굴 위까지 올라 있었다. 머리카락은 하나도 없고 오직 검은색의 머리에서도 검은 물이 흘러내려 얼굴을 가리고 있었다. 몸은 나체로 작아 보이는 새까만 모습은 도저히 인간의 모습이라고 생각할 수가 없었다. 이런 모습의 새까만 사람이 자기 앞으로 가까이 다가오자 히다 군의관은 숨이 막혀 움직일 수가 없었다.

다시 심호흡을 하고 머리를 흔들어 정신을 차려보니 상체에서 너풀거리는 넝마천 같았던 것은 불에 탄 옷이 아니라 피부가 타서 부풀려 올랐을 때 폭풍에 찢겨져나가 너풀거리는 생 피부였다. 손끝에서 흘러내리는 검은 물은 붉은 피가 상처에서 흘러내리고 있음을 알게 되었다. 그리고 그 사람은 히다 군의관 몇 발자욱 앞에서 쓰러졌다. 히다 군의관은 군의관 본능으로 다가가 맥을 짚어 보았다. 이미 숨은 끊어져 있었다"

히다 군의관은 이곳에서 이 사람 외에도 죽어 가면서 고통 받는 많은 사람들을 목격했다.

"심한 화상으로 살아있는 시체처럼 비틀거리면서 어디론가 가고 있는 사람들! 걸을 수 없어 기어가면서 살려달라고! 물을 달라고! 애원하는 사람들로 가득 찼다.

정말 이 세상에서 지금껏 생각도 보도 못한 이 참상! 지옥이 이보다 더할까 싶어 전율했다"

고 쓰고 있다.

그리고 히다 군의관은 시 외곽에 긴급히 설치된 야전병원에서 매일 같이 실려 오는 심각한 화상 환자들을 치료하느라 눈 코 뜰 새가 없었다. 그러던 어느날, 한 간호사가 히다 군의관에게 황급히 달려와서 호전 되어가던 환자들이 갑자기 이상 증세를 보인다고 알려왔다. 급히 환자실로 가 본즉 환자들이 갑자기 심한 고열과 코와 입으로 피를 토해 내고 있었고 또 환자의 온 몸에 자주빛 반점이 나타나고 있었다. 환자들이 고통을 참느라 손을 머리에 얹으면 머리카락이 마구 떨어져 나왔다. 히다 군의관은 환자들에게 갑작스레 나타나는 이런 증세를 전혀 알지 못해 난감했다. 선임 군의관에게 물어봐도 알지 못한다고 머리를 젓는다. 훗날 알게 된 것이지만 이 증세는 방사선에 피폭된 사람들에게서 나타나는 초기증세였다. 당시는 이것을 알지 못해 애를 태웠다.

당시 방사선 피폭자들은 이렇게 병명도 모르는 체 병원에서 매일같이 죽어 나갔다.

이런 방사선 후유증으로 히로시마에서 1945년 말까지 사망한 사람은 최소한 6만 명은 되었다고 일본 정부는 발표하고 있다.

원자탄이 투하된 그 시각부터 피폭자들의 참상을 현지에서 직접 목격하고 또 직접 치료한 젊은 군의관으로써 현장감 있는 생생한 증언이다. 원자탄 1발로 순식간에 생지옥을 만든 이 증언을 보면 원자탄은 정말 무서운 무기임을 실감케 된다.

▶ 원폭의 소녀상

히로시마에 가면 원자탄이 폭발한 지상 원점(GZ)부근에 '평화공원'이 조성 되어 있다.

이곳에 가면 9m 높이의 '원폭의 소녀상'이 우뚝 서있다. 원폭 모양의 좌대 위에 세워진 소녀상은 양손을 올려 철제로 된 종이학 형상물을 들고 하늘을 쳐다보는 모습이다.

이 소녀상을 건립하게 된 배경이 참혹하고 극적이다. 이 소녀의 이름은 '사사끼 사다코(佐佐木禎子)'라는 소녀인데, 2살의 어린이일 때 원폭에 피폭되었다. 그러나 아무런 외상 없이 건강하게 자라서 초등학교에 입학했다. 초등학교에서는 달리기에 남다른 재능이 있어서 12살이 되는 5학년 때는 학교 육상 대표선수로 선발될 정도였다. 그러던 어느 날 학교에서 달리기 연습 중 넘어져서 병원으로 실려가 정밀검사 결과 '방사선에 의한 백혈병'이라는 청천벽력과 같은 진단을 받았다. 이때부터 12살 난 사다코 소녀는 병원에 입원하여 투병을 시작했다. 병은 날로 악화되어 갔고 병원에서는 1년을 넘기지 못할 것이라 했다.

이때부터 사다코 소녀는 종이학을 접기 시작했다. 천년을 산다는 학을 종이로 1,000마리만 접으면 병이 나을 것이라는 전설을 믿고 매일 같이 종이학을 열심히 접어 왔다. 그러나 사다코 소녀가 목표로 한 1,000마리의 종이학을 다 접지 못하고 숨을 거두었다. 이 소식을 전해들은 친구들이 사다코 소녀의 병실로 와 눈물을 흘리면서 사다코 소녀가 못다 접은 종이학을 마저 접어 1,000마리를 채워 묘에 함께 묻어 주었다. 그리고 친구들은 사다코가 이 1,000마리의 종이학을 타고 천국으로 갔으리라 믿었다.

이 말이 전해져 세계 어린이들의 성금으로 이 사다코 소녀상을 세웠다 한다.

눈에 보이지도 않는 원자탄의 방사선에, 피폭되었는지도 모른 채 미래의 꿈을 안고 무럭무럭 자랐는데 10년 후에 갑자기 닥친 방사선 후유증! 그리고 고통과 죽음! 정말 원자탄은 무서운 무기다!

우리는 이런 무서운 무기를 지척에 두고도 무서운 줄도 모른다. 무섭다기 보다는 외면하고 살아가고 있다. 우리 스스로 아무런 대책도 없이!

▶ 나가사키 의과대학 궤멸의 날

1945년 8월 9일 11시 02분 일본에서 두 번째로 나가사키에 원자탄이 투하되었다. 원자탄 폭발 지상원점(GZ)으로부터 850m 떨어진 나가사키 의과대학에서는 바로 이 시각에 대학의 강의실에는 강의가 시작되고 있었다. 제5강의실에는 학부 1학년생 73명이 수강 중에 있었다. 이때 B-29폭격기인 듯한 대형 항공기 소리가 들리더니 갑자기 '번쩍'하는 섬광이 강의실을 비추고 곧 이어 굉장한 폭음과 함께 유리창이 깨지고 목조건물인 강의실은 일순간에 붕괴되고 화재까지 발생했다. 무엇이 일어났는지도 모르는 사이에 40명의 학생들은 압사되거나 화재로 소사되었다. 나머지 33명은 유리창에 의한 파편상, 골절상, 화상 등으로 피를 흘리면서 붕괴된 강의실로부터 필사적으로 탈출해 나왔다. 탈출에 성공한 학생들은 또 방사선으로 일주일 이내에 모두 사망했다.

그리고 제4강의실에는 410명의 많은 학생들이 수강 중에 있었는데 이들 중 한사람도 남김없이 전원 사망했다는 기록이 있다.

결국 제4,5강의실에 있었던 학생 483명은 전원 100%가 사망했다는 것이다.

이 증언은 나가사키 의과대학의 한 교수(小路俊彦)가 이날의 피폭 상황을 '나가사키 의과대학 궤멸의 날'이라는 증언록에 쓴 글이다.

▶ 죽은 동생을 업은 원폭소년

2018년 1월 1일, '프란시스코' 교황께서 신년 카드에 '죽은 동생을 업은 원폭 소년'의 사진[1)]을 넣어 보냈다고 미국 CNN 뉴스가 보도했다.

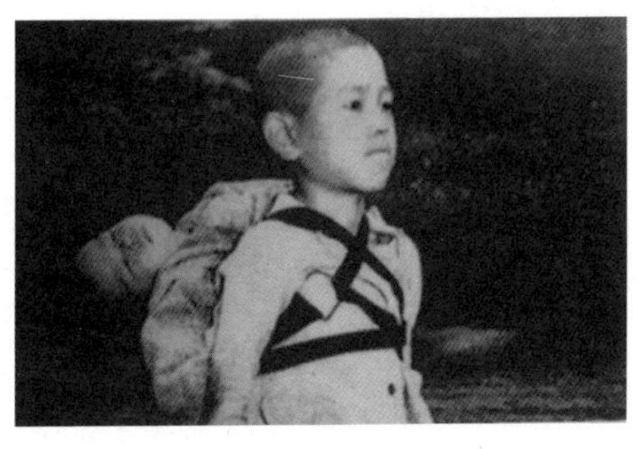

원폭에서 살아남은 한 소년이 죽은 동생을 업고 화장터에서 차례를 기다리고 있는 장면이다. 이 소년의 슬픔은 피가 흐르는 굳게 다문 입술에서 엿볼 수 있다고 했다. 이 사진을 교황께서 직접 선택한 것은 최근 북한의 핵 프로그램 강행과 미국의 핵 옵션이 거론되는 상황에서 원자탄이 얼마나 무서운 무기인가를 알리는 경고 메시지이다. 정말 참담한 내용의 사진이다.

'죽은 동생을 업은 원폭 소년' 아마도 이 소년은 부모형제 모두 잃고 혼자만 살아 남아 누구도 동생을 화장장으로 데려갈 사람이

1) 나가사키에서 미국의 사진사 '조 오더널'이 촬영한 것.

없어 죽은 동생을 손수 업고 화장장에 왔을 것이다. 이 소년도 피폭되어 입술에 피를 흘리면서도 굳게 다문 입술의 모습에서 우리는 무엇을 읽어야 하나?

▶ 수소탄은 원자탄 보다 1,000배나 더 무서운 무기

일반적으로 수소탄은 원자탄보다 1,000배나 더 무서운 무기라고 말한다. 이 말은 1952년 11월 1일 미국이 최초로 수소탄을 실험했을 때 그 위력이 10.4Mt (10,400Kt)으로 히로시마에 투하된 원자탄 12.5Kt에 비하면 약 1,000배나 된다고 해서 나온 말이다.

미국이 실험한 최대 위력의 수소탄은 15Mt으로 히로시마 원자탄의 1,200배나 되고, 소련이 실험한 최대 위력의 수소탄은 50Mt으로 히로시마 원자탄의 무려 4,000배나 된다.

히로시마에 12.5Kt 원자탄 1발 투하로 20만 명의 시민이 사망한 것을 미루어보면 만일 히로시마 원자탄의 80배에 달하는 수소탄 1Mt 1발이 대도시에 투하된다고 가정하면 대량의 인명피해와 대량의 파괴가 발생하리라는 것은 상상하기 어렵지 않다.

인구 1,200만 명이 살고 있는 일본의 수도 '도쿄'에 1Mt의 수소탄이 투하되면 얼마만한 대량피해가 발생할 것인가를 1984년 8월 5일, 시뮬레이션한 자료가 있다

· 폭발지점: 도쿄타워 상공 2,400m, 1Mt의 수소탄 1발 폭발.
· 도쿄시의 직경 : 37km.
· 폭발 순간 : 직경 1,800m의 불덩어리(화구)발생, 공중으로 상

승, 5.000℃의 열 발산.

· 5km 이내의 각종 차량 : 3,900대 모두 화재발생, 비산.

· 전 시가 및 동경만 : 화재발생으로 불바다 됨.

· 인명 피해 : 2km 이내(인구 30만) : 즉사.

5km 이내(인구 300만) : 전원 사망.

10km 이내(인구 600만) : 대부분 사망.

15km 이내(인구 1,000만) : 생존자 희소.

이 시뮬레이션한 결과를 보면 인구 1,200만 명이 살고있는 직경 37km의 대도시가 1Mt의 수소탄 1발로 순식간에 시민 대부분이 사망에 이르고 전 시가가 불바다로 변하고 검은 잿더미만 남는 것이 수소탄의 위력이다.

만일 1Mt의 수소탄이 우리의 서울시 광화문 네거리 상공 수 km에서 폭발한다고 가정하면, 일본 도쿄에 투하한 시뮬레이션의 결과와 거의 같을 것으로 추정할 수 있다. 도쿄와 서울의 인구수와 도시의 크기가 거의 비슷하기 때문이다.

구 분	서 울	도 쿄
인 구	1,000만	1,200만
직 경	34km	37km

서울 광화문 네거리에서 반경 15km 범위 내에 서울시, 김포공항, 광명시, 과천시, 구리시 등이 포함된다.

우리나라 인구의 1/5 이상이 서울에 밀집되어 있고 우리나라 산업의 중추가 서울에 집결되어 있는 이곳에 1Mt의 수소탄 1발로 서울시가 일순간에 폐허가 되는 대재앙은 결코 있어서는 안 될 것이다.

이런 엄청난 대재앙을 가져올 수 있는 무서운 무기가 바로 수소탄임을 우리는 분명히 인식할 필요가 있다. 이런 무기를 북한이 분명히 보유하고 있음으로 단연코 이를 억제할 수 있는 대비책을 우리는 명운을 걸고 마련해야한다.

▶ 핵 EMP 탄은 국가를 대 재앙으로 몰고 갈 무서운 무기

핵 EMP는 핵무기를 고공에서 폭발시킬 때 강력한 감마선이 방출되는데 이 감마선이 산소와 질소의 원자핵 외곽의 전자와 충돌하면 전자는 감마선의 강력한 에너지를 받아 '고에너지 전자'로 전환되어 원자핵으로부터 튕겨 나가게 된다. 튕겨 나간 '고에너지 전자'는 지구 자체가 자기를 띄고 있는 지구자기장과 연계되어 큰 물결(싸이클로트론)의 운동을 하면서 강력한 전자기파(EMP)를 발생하면서 광범위한 지역으로 확장해 나간다.

EMP가 지나가면 그 지역에 있는 전자기기에 순간적으로 과전압이 부가되어 전자기기를 파괴시키거나 장애를 일으켜 작동 불능하게 만든다. 또 EMP는 전기가 흐르는 도체(전기선이나 안테나선)를 따라 흐르게 됨으로 지하시설에 연결되어 있는 전자기기에도 피해를 입히게 된다.

이처럼 핵무기를 고공에서 폭발시키면 전자기파가 생성되어 광범위한 지역으로 확장되나, 인명과 시설, 물자에는 아무런 피해줌이 없이 이 지역에 있는 각종 전자장비, 통신망, 컴퓨터 네트워크 등 인프라만을 파괴 또는 장애를 일으키게 함으로 군사작전에 큰 영향을 미치게 된다.

핵 EMP의 발생으로 인한 피해 범위는 핵무기 폭발시 나타나는 열, 폭풍, 방사선의 효과보다 훨씬 광범위한 지역까지 미치는 것이 핵 EMP 효과의 특징이다. 핵 EMP 효과는 핵무기의 위력과 폭발 고도에 따라 수 100km에서 수 1,000km까지 그 효과를 발생시킨다.

미 하원의 'EMP 소위원회'에서 발간한 보고서에 의하면 '1Mt의 핵무기를 지상 40~400km 상공에서 핵무기를 폭발시켰을 때 핵 EMP 효과는 미국 내 주요 전기 및 전자 인프라가 방해 받거나 파괴될 수 있다. 핵 EMP 효과는 미국 사회에 재앙과 같은 사태를 가져올 위협의 하나다.'라고 했다.

한국 원자력 연구소는 2009년 3월 '서울 상공 400km 고도에서 100Kt 핵무기를 폭발시켰을 때 발생하는 핵 EMP 전자기파가 미치는 범위를 시뮬레이션한 결과 서울 상공에서 남쪽 방향으로 170km 떨어진 곳까지 영향을 미칠 수 있다.'고 했다.

100Kt나 1Mt의 핵무기 1발이 인명피해를 줄 수 있는 피해 범위는 20km 내지 40km 정도이나, 핵 EMP 효과 범위는 수 100km에서 수 1,000km까지 미칠 수 있음을 알 수 있다.

만일 적이 핵 EMP탄을 사용한다면 우리 군이 사용하는 첨단 무기의 대부분이 전자장비임으로 C^4I 지휘체제, 방공망 체제, 통신망, 전력망, 등의 마비로 전쟁 수행이 대단히 어렵게 될 것이다.

북한이 제6차 핵실험 후 김정은이 '우리(북한)도 핵 EMP 공격이 가능하게 되었다'고 한바 있음으로 우리는 북한의 핵 EMP 공격에도 대비하는 대비책을 마련해 놓아야 한다.

제3장 요약 (수소탄 개발의 기본개념)

▶ 핵융합의 원리

수소탄은 수소원소를 이용하는 무기임으로 '수소탄'이라고 한다.

또 수소탄은 수소원소를 융합시켜서 만드는 무기임으로 '핵 융합무기'라고도 한다. 핵을 융합시키는 데는 1억 도에 가까운 초고온이 있어야함으로 일명 '열핵 무기'라고도 한다.

수소의 원소 중에는 3가지 동위원소(^{1}H, ^{2}H, ^{3}H)가 있다. 이 중 2중수소와 3중수소를 융합시켜 수소탄을 만든다.

2중수소는 담수나 해수를 분해하면 얻을 수 있으나 3중수소는 거의 얻을 수 없다. 3중수소는 천연원소인 리튬(Li)원소에서 얻을 수 있다. 리튬의 동위원소는 ^{6}Li 와 ^{7}Li 이 있는데 이 중 ^{6}Li 를 분리하여 원자로에 넣어 중성자를 반응 시키면 3중수소를 얻을 수 있다.($^{6}Li + n \rightarrow {}^{4}He + {}^{3}H$)

이렇게 얻어진 2중수소와 3중수소를 융합시키는 것은 또 간단치 않다. 왜냐하면 2중수소와 3중수소의 원자핵은 전기적으로 ⊕임으로, 전기적으로 ⊕인 2개의 핵을 융합시키려면 가까이 근접시켜야 하는데 전기적으로 ⊕인 2개의 핵이 근접하면 서로 반발하게 됨으로 근접시킬 수가 없다. 그러나 1조 분의 1cm까지만 근접시켜주면 상호 핵력(核力)이 작용해서 핵융합이 된다. 그러므로 상호 반발력을 능가하는 어떤 힘으로 핵력이 작용하는 거리까지 근접시켜 주기만 하면 된다. 이를 위해서는 1억도 상당의 초고온과 초고압이 필요하다. 1억도 상당의 초고온은 우라늄과 같은 무거운 원소가 핵분열 할 때 즉 원자탄이 폭발할 때 1억도 이상의 초고온을 발생한다. 그리고 폐쇄된 공간 내에 초고온은 초고압을 형성한다는 것은 우리가 알고 있다

그러므로 원자탄(핵분열탄)이 폭발할 때 발생하는 1억도 이상의 초고온을 핵융합에 활용하면 핵융합 반응을 일으키게 하는 요건을 만들어 주게 된다. 그래서 핵분열무기는 핵융합무기의 기폭제로 사용된다.

또 수소탄을 개발하는 과정 중에 '증폭 핵분열탄'의 과정을 거치기도 한다. 이는 수소탄의 핵융합을 확인해 보기위한 시험단계로 활용하기도 하고 또 핵분열을 증폭시키는 수단으로도 이용하고 있다.

▶ 증폭 핵분열탄

1985년 8월 히로시마와 나가사키에 투하된 핵분열탄에 내장되었던 핵분열 물질 중 80~90%는 핵분열을 하지 못하고 미분열된 상태로 날라가 버렸다. 80~90%의 미분열 물질을 다시 핵분열시킬 수 있다면 핵 위력을 더 증가시킬 수 있다는데 착안한 것이 증폭 핵분열탄의 시발이다.

그래서 핵분열탄의 중심부에 소량의 2중수소와 3중수소를 주입하고 핵분열탄을 폭발시키면 핵분열탄 폭발로 초고온을 발생한다. 이 초고온과 초고압을 받은 2중수소와 3중수소는 핵융합하게 되고 이 핵융합으로 발생한 중성자가 미 분열물질을 핵분열 시켜줌으로써 핵 위력은 자연 증가하게 된다. 이것을 Boosting(핵 증폭)이라 하고 이 방법을 이용한 핵분열무기를 '핵융합 증폭 핵분

열탄(Fusion Boosted Fission Bomb)'이라 한다. 통상 '증폭 핵분열탄' 또는 '증폭탄'이라 한다. 증폭핵분열탄은 동일한 질량의 핵분열물질을 사용한 일반 핵분열탄 위력의 300~400%의 위력을 발생한다. 그러므로 증폭 핵분열탄은 핵분열물질의 경제적 사용이 되고 한정된 핵분열물질로 같은 위력의 핵무기 수를 늘려 사용할 수 있는 이점이 있다. 또 핵탄두를 크게 하지 않고도 핵 위력을 증가시킬 수 있는 이점도 있다.

▶ Teller-Ulam Design의 기본개념

미국의 Los Alamos 핵연구소의 핵 공학자 Edward Teller 박사와 Stanis-Marcin Ulam박사가 공동 설계한 수소탄(습식)이 1952년 11월 1일 세계 최초로 수소탄 실험에 성공하고 1954년도에는 실전용 수소탄(건식)실험에 성공했다. 이때 사용된 설계도의 일부가 1972년도부터 미국 에너지 성(DOE)에서 제한적으로 비밀 해제된 내용을 중심으로 수소탄 구조 설계를 추정해 설계한 것이 Teller-Ulam Design으로 알려지고 있다.

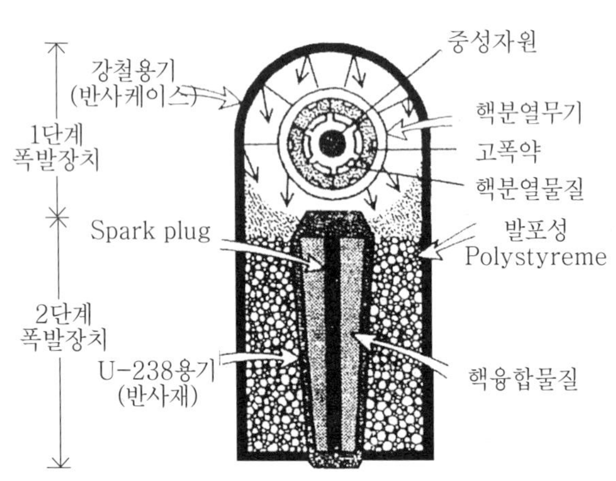

Teller-Ulam Design의 기본구조를 보면 2개 단계로 구성되어 있다.

상층부의 반구형 장치는 제1단계의 기폭장치로 핵

분열무기(또는 증폭탄)가 설치되어 있다.

그 아래 부분이 제2단계의 핵융합 폭발장치로 기다란 원통형으로 설치되어 있다. 이 원통형은 3중 구조로 되어 있다.

그리고 제2단계의 외부와 강철케이스 사이의 공간에는 발포성 Polystyrene이 가득 채워져 있다.

제1,2단계의 폭발 과정을 보면, 제1단계의 핵분열무기가 폭발하면 핵분열반응으로 강력한 X-선이 방출되어 제1단계 외곽의 반사케이스에 반사되어 제2단계 폭발장치의 전 주변 안쪽으로 전이 방사된다. 제2단계의 폭발장치 외곽 공간에는 Polystyrene이 가득 채워져 있는데, 제1단계에서 방사된 X-선이 이 Polystyrene에 방사하게 된다. X-선에 방사된 Polystyrene은 플라스마(Plasma)현상이 발생해 수천만도 이상의 초고온과 초고압으로 제2단계의 3중으로 된 기다란 원통형 제2단계 폭발장치의 전 외곽에서 안쪽으로 압축하게 된다. 이때 3중 원통형의 맨 가운데 있는 Spark Plug(U-235로 만들어진 원통형)역시 초고온 고압으로 압축되어 자동 핵분열을 일으켜 또 1억도 이상의 초고온 고압을 발생시키고 동시에 발생된 중성자가 Spark Plug 주변을 감싸고 있는 핵융합 물질(중수소화 리튬)은 중성자와의 반응으로 2중수소와 3중수소를 만들고 이미 형성된 초고온 고압으로 핵융합 반응을 일으켜 고속 중성자를 방출하면서 막대한 에너지 방출로 수소탄 폭발이 일어난다.

이와 동시에 3중폭발장치의 가장 외곽에는 반사재(U-238로 만들어진 원통형)가 감싸고 있는데, 이 U-238은 핵융합 반응으로 방출되는 중성자에 의하여 핵분열을 일으켜 막대한 에너지가 발생하여 핵융합 폭발에 가세하게 됨으로 추가적인 폭발력이 더 하게 된다. 그러니까 제1단계의 핵분열탄의 폭발, 그 다음이 핵융합탄의 핵융합 폭발, 그리고 반사재 U-238의 핵분열 폭발하는 3개 과정의 폭발이 동시에 일어남으로 일명 3F탄(Fision-Fussion-Fision)으로도 불린다.

마지막의 U-238핵분열탄 폭발은 3가지 폭발 중 가장 위력이 크다. 1954년 3월 1일, 비키니 섬에서 실험한 수소폭탄의 위력은 15Mt이었는데 이 중 U-238폭발 위력이 10Mt으로 전체 위력의 2/3나 차지했다. 그리고 U-238의 폭발은 방사능이 강한 핵분열 생성 물질로 광범위한 지역에 방사능 물질(Fall-Out)로 오염시키게 된다.

제4장 요약 (수소탄 보유국의 수소탄 개발과정)

▶ 미국의 수소탄 개발

세계 제2차 대전 당시 미국만이 핵무기를 보유했을 때는 서방국가가 공산 블록보다 힘의 균형이 우세했으나 1949년 9월 23일, 소련이 원자탄 실험에 성공하자 장차 힘의 균형이 반전될 것을 우려하고 있었다. 이렇게 되자 원자탄보다 강력한 수퍼무기(Super Bomb), 즉 수소탄을 즉각 만들어야한다는 주장과 수소탄 개발은 인류의 미래를 극한적으로 위협하게 된다고 반대하는 주장이 '로스 알라모스' 연구소에서도 있었다.

트루먼 대통령은 미국 원자력위원회(AE)와 백악관 NSC의 특별 자문회의의 자문을 받은 후 1950년 3월 10일 수소탄 개발을 승인했다.

대통령의 승인을 받은 후 로스 알라모스의 Teller-Ulam 수소탄 개발팀은 본격적으로 연구에 집중하여 1951년 5월 9일부터 1954년 3월 1일 사이에 3번의 수소탄 실험으로 실전용 수소탄 실험에 성공하게 된다.

차	실 험 일	실 험 명	융 합 방 식	위 력
1	1951.5.9.	George Shot	수소탄 전 실험	22.5Kt
2	1952.11.1.	Ivy Mike Shot	Teller-Ulam(습식)	10.4Mt
3	1954.3.1.	Castle Bravo	Teller-Ulam(건식)	15Mt

1차 실험은 수소탄 실험 전 실험이었고,

2차 실험은 2중수소와 3중수소를 액화하는 대형장비의 무게 등 전체 수소탄의 무게는 무려 80톤에 달했다. 실험은 성공적으로 실시되어 10.4Mt의 대 위력을 달성하는 세계 최초의 수소탄 실험이었으나 실전에 사용할 핵무기로서는 부적합했다.

3차 실험은 고체의 중수소화 리튬(^{2}H ^{6}Li)을 사용함으로서 중량을 획기적으로 감소시켜 항공기로 투하하여 15Mt의 최대 위력을 나타냈으며 이는 미국의 최초로 무기화한 수소탄이다.

미국은 이후에도 여러 차례 수소탄 실험을 실시하여 소형 핵탄두, SLBM 핵탄두, MIRV 핵탄두 등으로 발전시켜 나갔다.

▶ 소련의 수소탄 개발

소련의 수소탄 개발은 First Idea, Second Idea, Third Idea로 발전되어 간다.

소련의 수소탄 개발에는 Andrey Sakharov(샤하로프) 박사가 주도적 역할을 하고 있었다. 1948년 전반까지도 원자탄 실험도 못하고 있었던 소련에서 1948년 3월 '미국이 수소탄을 개발하고 있다'는 비밀 정보에 소련은 큰 충격을 받았다.

당시 소련의 원자탄 개발 총괄 책임자인 '베리야'로 부터 원자탄은 물론 수소탄도 빨리 만들라는 독촉을 소련의 과학자들은 받고 있었다.

그 이듬해인 1949년 8월 29일 소련은 최초의 원자탄 실험에 성공했다.

샤하로프 박사는 원자탄 실험 성공을 기반으로 해서 2중수소와 3중수소 그리고 U-238을 교대로 포개는 일명 Layer-Cake Design이라 불리는 1단계형의 수소탄 설계를 완성하고 이것을 'First Idea'라 했다. 그리고 1953년 8월 29일 'RDS-6'라는 실험 명으로 실험을 한 결과 Mt급 수소탄에 못 미치는 400Kt 위력에 불과했다.

그래서 소련은 Layer-Cake Design으로는 미국의 Mt급 위력 달성이 어렵다고 판단하고 추가적인 Design 개발 연구로 다시 시작했다.

5년 전에 Ginburg박사가 주장한 '핵분열탄에 중수소화 리튬을 사용하면 중성자 충격에 의하여 2중수소와 3중수소를 발생시킨다'라는 이론에 주목하고 이 이론을 'Second Idea'라 했다.

그리고 1953년 후반에 Voter Davidenco 박사의 '수소탄 내부에 2개 단계로 구분하는 단계화로 해야 한다'는 이론과, 1954년 초반에 Yokov Zei'dovich 박사의 '핵분열탄에서 방출되는 X-

선에 의해서 제2단계를 압축할 수 있다'는 이론을 받아들인 샤하로프 박사는 이때부터 '수소탄은 단계화하고 제1단계에서 방출되는 X-선이 제2단계에서 핵융합을 일으키게하는 압축체계를 개발했다.' 이것을 'Third Idea'라 했다.

그리고 1955년 11월 22일 'RDS-37'이라는 실험 명으로 항공기 투하실험을 성공하게 되어 세계 두 번째의 수소탄 보유국이 되었다.

Idea	실 험 일	실 험 명	위 력	비 고
First Idea	1953.8.29.	RDS-6	400Kt	1단계, Layer-Cake Design
Second Idea	1953~1955	이론의발전		중수소화 리튬사용 이론
Third Idea	1955.11.22	RDS-37	1.6Mt	2개단계화 이론과 X-선 압축이론
TSAR-BOMBA	1961.10.30	RDS-220	50Mt	3개단계 설계, 세계 최대 위력

1961년 7월 후르시쵸프 수상은 '미국보다 큰 위력의 수소탄을 터뜨리라'는 지시에 따라 16주간이라는 짧은 기간에 3개단계의 수소탄(TSAR-BOMBA)을 설계하여 RDS-220이라는 실험명으로 1961년 10월 30일 실시하여 50Mt의 위력을 달성했다. 50Mt의 위력은 지금까지 어느 나라에서도 실험한 적이 없는 세계 최대의 위력이었다. 오늘날 50Mt의 위력을 사용할 군사적 표적이 이 지구상에 없다는 것을 감안하면 냉전시대 소련의 전시적인 실험이었다고 할 수 있다.

▶ 영국의 수소탄 개발

영국의 수소탄 개발계획은 미국과 소련보다는 늦은 1954년도부터 시작되었다. 영국의 수소탄 실험은 Operation Grapple이란 작전명으로 1, 2 차로 구분 실시되었다.

1차 실험은 수소탄 실험 전 시작품 실험으로 1957년도에 3번에 걸쳐 실시되었다. 그리고 2차 실험은 1957년부터 1958년 사이에 4번에 걸쳐 실시되었으며 모두 Mt급 위력의 수소탄 실험을 성공시켜 세계 3번째 수소탄 보유국이 되었다.

〈2차 Grapple 실험〉

	실 험 명	실 험 일	위 력	비 고
1	Grapple X-Round c	1957.11.18.	1.8Mt	2개단계 핵융합
2	"	1958.4.24.	3.0Mt	영국 최대 수소탄
3	"	1958.9.2.	1.0Mt	소형 핵탄두
4	"	1958.9.11.	1.0Mt	"

▶ 중국의 수소탄 개발

중국은 원자탄 개발 시부터 수소탄 보유국 대열에 빨리 진입하기 위해 수소탄 개발도 병행하여 1966년도 두 번의 기초실험(수소탄 실험 전 실험)을 완료하고 1967년 6월 17일, Teller-Ulam의 2개 단계 Design 수소탄실험을 실시하여 3.31Mt 위력 달성에 성공하여 세계 4번째 수소탄 보유국이 되었다.

▶ 프랑스의 수소탄 개발

프랑스보다 늦게 원자탄을 개발한 중국이 수소탄 개발에서는 앞서자 충격을 받은 프랑스는 수소탄 개발에 박차를 가하여 1968년 8월 'Campus'라는 실험 명으로 Teller-Ulam과 같은 Design으로 최초 수소탄 실험에 성공하여 2.6Mt의 위력을 달성하고 가장 늦게 수소탄 보유 5개국 대열에 합류했다.

▶ 이스라엘의 수소탄 개발

이스라엘은 지금까지 어떤 핵실험도 한 적이 없으나 국제사회는 원자탄 및 수소탄 보유국으로 알고 있다. Teller-Ulam Design 저자는 '비록 공식 통계는 아니지만 이스라엘은 Mt급 수소탄 핵탄두를 포함하여 최대한 400발을 보유하고 있을 것으로 판단된다.'고 했다.

▶ 인도의 수소탄 개발

인도는 1974년도에 최초 핵실험 후 24년 만인 1888년 5월 제2차 핵실험을 하고는 '이번 수소탄 실험은 성공적으로 실시되었다. 이 핵 장치는 2개 단계의 수소탄이었고 45Kt의 위력을 달성했다. 이 위력은 기대했던 200Kt보다 훨씬 적었다'고 발표했다.

핵실험 후 인도의 과학자들 사이에는 수소탄이라는 발표에 의구심을 갖고 있어 논쟁이 되기도 했다.

▶ 파키스탄의 수소탄 개발

파키스탄의 숙적인 인도가 1998년 5월 11일, 제2차 핵실험을 하고 수소탄 실험이라고 발표하자 파키스탄은 같은 달 5월 28일과 5월 30일에 연거푸 6번의 핵실험을 실시하고 "이번 실험은 모두 '증폭 핵분열탄 실험'이었다"고 발표했다. 증폭 핵분열탄 실험은 곧 수소탄 실험으로 가고 있다는 메시지일 것이다.

▶ **북한의 수소탄 개발**

북한은 2016년 1월 6일, 제4차 핵실험을 하고 수소탄 실험이라고 발표했으나 한·미 정보당국은 증폭 핵분열탄으로 평가했다.

2017년 9월 3일, 제6차 핵실험 후 수소탄 실험이라고 발표했다. 미국과 일본, 중국은 150Kt 내외의 위력으로 분석했고 미국의 38노스는 250Kt 위력으로 분석했다. 공식적인 핵종에 대한 발표는 없으나 수소탄일 것으로 평가하는 전문가들이 많다.

제5장 요약 (북한의 수소탄 개발)

북한이 수소탄 개발을 시작한 것은 2003년으로 거슬러 올라간다. 2003년도부터 시작하는 북한의 '제2차 과학 기술 5개년계획(2003~2007)' 중 국가과학원 연구과제에 다음과 같은 2가지 프로젝트가 포함되고 있다.

1) 2중수소와 3중수소를 융합하는 기술연구.

2) 리튬(Li)원소에서 리튬-6을 분리하는 기술연구.

이 두 가지 프로젝트는 바로 수소탄을 개발하라는 독재국가의 지상명령이나 다름없다.

그리고 3년 후인 2006년도에 수소탄의 기폭제가 되는 핵분열탄의 최초 핵실험(2006.10.9.)에 성공했다. 4년 후인 2010년도에 '핵융합 반응을 성공시켰다'는 보도가 북한 노동신문

(2010.5.12.)에 대서특필했다.

핵분열탄 보유로 수소탄의 기폭제가 마련됐고 더욱이 핵융합 반응 기술까지 확보됐으니 이제 수소탄 제조는 시간문제로 보였다. 2016년 1월 6일에 제4차 핵실험을 하고 수소탄실험이라 발표했으나 서방국가들은 증폭 핵분열탄으로 평가했다. 그리고 그 다음해인 2017년 9월 3일, 제6차 핵실험 후 수소탄 실험을 성공적으로 실시했다고 발표했다. 이번 실험결과 위력은 70Kt로부터 150Kt 많게는 250Kt까지 평가했다. 제4차 핵실험시 증폭 핵분열탄으로 평가한 것을 고려하면 이번 핵실험은 수소탄인 것으로 평가되고 있다.

그리고 북한의 수소탄 개발능력을 학술적으로 분석해 보면 북한 지도자의 수소탄 개발 의지가 높고, 수소탄 제조의 원료인 2중수소와 3중수소, 리튬원소는 모두 북한에서 획득 가능하다. 그리고 수소탄 개발 연구기간은 수소탄 보유 5개국의 평균 연구기간이 5년 4개월인데 비해 북한은 10년 10개월이 소요됨으로써 북한의 수소탄 개발 연구기간은 충분한 기간이었다고 분석된다. 북한의 수소탄 개발 기술 수준은 미국의 Teller-Ulam Design의 완전한 2개단계의 기술 수준인지는 확인되지 않으나 제6차 핵실험 발표문에서 '2개단계의 수소탄 실험이었다'고 주장했고 또 수소탄이라고 노동신문에 공개한 땅콩형태의 탄두(실물 또는 모형?)형태로 보면 2개단계의 수소탄 형태를 보여주고 있다. 그래서 북한은 2개단계의 수소탄 디자인으로 가고 있는 것으로 추정하고 있다.

북한이 대 위력의 수소탄과 ICBM 개발능력까지 보유함에 따라 동맹국인 미국 본토에 위협을 가할 수 있게 됨으로써 미국과 우리의 대북 전략의 페러다임을 대폭 수정해야 되는 문제가 제기된다.

제6장 요약 (장거리 탄도 미사일 개발)

북한의 탄도미사일 개발은 1985년 소련의 Scud-B 탄도미사일을 역설계 복제 개발로부터 시작하여 2017년 11월 29일 화성-15형 ICBM 개발까지 장장 30여 년간 지속적으로 연구 개발해 왔다.

개발년도	미 사 일	사 정 거 리
1985년	Scud-B	320km
1990년	Scud-C	600km
1993년	노동-1호	1,300km

Scud-B를 개발한 북한은 사정거리 연장을 위해 Scud-C, 노동-1호 탄도미사일 개발에 성공한다.

▶ 그리고 더 긴 사정거리를 위해 2단 로켓인 대포동 탄도미사일을 개발하여 시험사격을 실시하여 대포동-1호 미사일은 성공하였으나 대포동-2호 미사일은 실패했다.

개발년도	미 사 일	사정거리	비 고
1998년	대포동-1호	2,000km	2단 로켓
2006년	대포동-2호		발사 43초만에 폭발

▶ 북한은 대포동-2호 미사일 실패 후부터 '은하' 명칭의 시리즈로 바꾸고 탄두에 인공위성을 장착, 인공위성을 지구궤도에 진입시키는 장거리 미사일 시험으로 위장했다.

발사년도	발사체	인공위성 명	궤도 진입 여부	비 고
2009.	은하2호	광명성 2호	실패	6,000km 비행 가능 추정
2012.4.13.	은하3호 (1차)	광명성 3호	실패	노동B엔진 사용
2012.12.12	은하3호 (2차)	광명성 3호 2호기	성공	노동B엔진사용
2016.2.7.	광명성호	광명성 4호	성공	노동B엔진 사용

▶ 은하시리즈 미사일의 발사체에 새로운 노동B엔진 4기를 집속으로 사용해도 인공위성을 올리는 데는 성공했으나 미 본토에 도달할 ICBM에는 미치지 못할 것으로 판단한 북한은 보다 강력한 새로운 엔진 2개를 개발했다.

엔진	개발년도	추 력	비 고
백두산 엔진		80Tf	4개 집속시 320Tf
백두산(38혁명엔진)		100Tf	100Tf 백두산엔진 4개집속하고 4개의 보조엔진 추가 사용 백두산엔진의 완성품.

▶ 새로운 2개의 엔진을 발사체로 하여 개발된 미사일이 화성-12형, 화성-14형, 화성-15형 탄도미사일이다.

미 사 일	발 사 일	단	사 정 거 리	비 고
화성-12형	2017.5.4.	1단	6,000km	IRBM
화성-14형	2017.7.4.	2단	10,000km	ICBM
화성-15형	2017.11.29.	2단	13,000km	ICBM

▶ 김정은은 2017년 9월 3일에 수소탄 실험에 성공하고, 뒤이어 화성-15형 ICBM을 성공시킨 후 '오늘 비로소 국가 핵무력 완성의 역사적 대업과 로켓 강국 위업이 실행되었다'고 선언했다.

▶ 이렇게 북한은 Scud-B 미사일부터 화성-15형 ICBM을 개발하는 한편, 1994년 소련에서 개발한 SLBM R-27을 도입하여 역설계로 2개 방향으로 복제 개량했다.

하나는 R-27 SLBM을 지상 형으로 개량 복제한 것이 액체연료를 사용하는 '무수단 미사일'(화성-10형)로 개발되었다.

또 하나는 잠수함용으로 그대로 복제하되 액체연료 사용을 고체연료 사용으로 엔진을 개량하는데 많은 시간이 소요되어 2015년에야 고체연료를 사용하는 '북극성-1형' SLBM이 완성되었다.

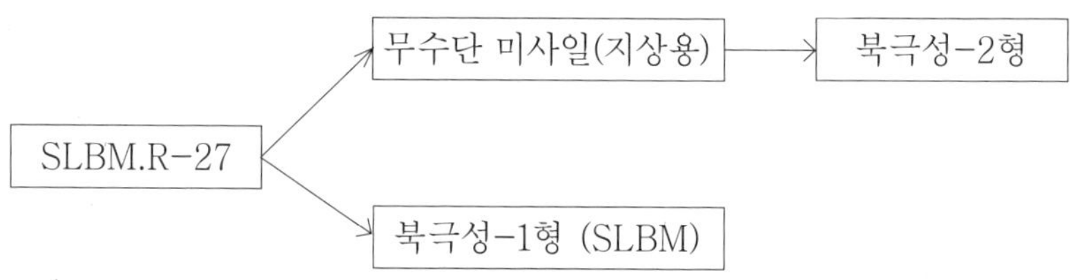

▶ 고체연료를 사용하는 북극성-1형이 개발되자 무수단 미사일도 액체연료에서 고체연료를 사용하는 미사일로 개량하여 북극성-2형을 완성했다. 이 북극성-2형 미사일을 무한궤도차량에 탑재하여 발사하는 시험발사를 2017년 2월 12일에 실시하여 성공하였고 사정거리는 약 3,000km로 추정되고 있다.

▶ 북한은 이렇게 장거리 탄도미사일을 개발하는 과정에서 볼 수 있듯이 지속적으로 개량하고 새로운 엔진의 개발과 외국 미사일 엔진을 복제하면서 터득한 기술이 쌓여 지금은 IRBM, ICBM, SLBM까지 완성하여 여기에 수소탄을 탑재하고 미 본토 어느 곳이나 타격 가능하다고 김정은이 선언하기에 이르렀다.

제7장 요약 (북한의 핵전략)

북한의 핵전략은 북한의 국가목표 달성을 위한 전략이다.

북한의 국가목표가 1948년도부터 '무력에 의한 한반도 적화통일 전략'이었다. 핵이 개발되면서부터 자연스럽게 '핵무력에 의한 한반도 적화통일 전략'으로 바뀌게 된다. 그러므로 북한의 핵전략은 바로 '한반도 적화통일 핵전략'이라 할 수 있다.

김일성 시대부터 김정일 시대, 김정은 시대 3대에 이르기까지 변함없이 '한반도 적화통일 핵전략'은 이어 오고 있다.

▶ 김일성 시대의 핵전략

김일성은 1948년 2월 8일, 인민군 창설식에서 '남조선을 공산화 통일하기 위해서 인민군을 창설한다'고 했다. 그리고 북한 노동당규 전문에 '노동당의 최종목적은 한반도 전체를 공산주의 사회로 건설하는데 있다'고 했다. 이처럼 김일성은 집권 초기부터 한반도 전체를 무력으로 적화통일하는 전략을 수립했다. 그리고 핵개발을 위해 5MWe원자로 건설로 플루토늄을 생산하고 1991년도

경에는 조잡한 원자탄을 갖게 되면서 부터는 한반도 통일 전략은 '핵무력에 의한 통일전략'으로 바뀌게 된다. 1992년 중국과 한국이 수교할 때 '믿을 것은 핵무기 밖에 없다'고 할 정도로 김일성 시대 말기의 통일 전략은 '핵무력 통일 전략'이었다.

▶ 김정일 시대의 핵전략

1994년 미·북 제네바 핵합의로 북한은 '북한 내 모든 핵 시설은 동결하고, 지원되는 경수로가 완성되면 이들 핵 시설은 모두 해체한다'고 합의했다. 이렇게 합의를 하고도 김정일은 비밀리에 고농축 우라늄계획(HEUP)을 야심차게 진척시키고 있었다. 이것이 탄로되자 북한은 2003년 1월 NPT를 탈퇴하고 한반도에 제2차 위기가 고조되고, 또 이라크 전쟁의 발발 그리고 이라크의 패전을 보고 김정일은 '그 어떤 첨단무기에 의한 공격도 격퇴할 수 있는 막강한 군사적 억제력을 갖추어야만 전쟁을 막고 나라와 민족의 안전을 수호할 수 있다는 것이 이라크 전쟁의 교훈이다'라고 핵무기 개발의 중요성을 역설했다. 그리고 2005년 김정일은 '핵 보유선언'을 하고 2006년 10월 최초 핵실험을 실시했다. 그리고 2009년 5월 제2차 핵실험도 실시했다.

이처럼 김정일은 두 차례에 걸친 핵실험으로 김일성 시대보다 더 열성적으로 핵개발에 올인하고 심지어 수소탄 개발까지도 비밀리에 지시하고 있을 정도로 핵개발에 몰두했다. 그리고 한반도 적화통일은 핵무력으로 하되 통일에 방해세력에 대해서도 핵무력으로 견제하겠다고 이라크 전쟁의 교훈에서 찾고 있다.

▶ **김정은 시대의 핵전략**

김정은 집권 후 2013년부터 2017년 사이에 4차례나 핵실험을 실시했고 제6차 실험은 수소탄 실험까지 함으로써 김정은은 선대의 유훈대로 북한을 실질적인 핵보유국으로 만들었다. 그리고 화성-14형/-15형 ICBM시험 성공으로 김정은은 '국가 핵무력 완성과 로켓강국이 실행되었다'라고 선언했다. 또 김정은은 '한반도 유사시 미국은 미 본토의 안전을 위해 한반도에서 손을 때게 하는 핵전략이 필요하다'고 했다. 한반도 유사시, 즉 한반도 적화통일시 미국 본토에 대한 핵위협으로 미국의 전쟁 개입 없이 한반도 통일을 끝내겠다는 북한 김정은의 '한반도 공산화 통일 핵전략'이다.

이처럼 김정은은 한반도 공산화 통일 핵전략을 위해 수소탄개발과 미 본토에 도달할 ICBM개발을 완성한 것이다.

第8장 요약 (우리의 핵개발능력)

우리의 핵개발능력 판단을 위해 1970년대 박정희 대통령의 핵개발 역사를 더듬어 봄으로써 당시의 핵개발 토대가 오늘날에 전승되어 있는지를 확인해 보고 또 외국의 핵 전문가가 오늘날 우리의 핵개발능력을 어떻게 평가하고 있는지도 확인해 보고 이 바탕위에서 우리의 핵개발능력을 진단해 보고자한다.

▶ **박정희 대통령의 핵개발 역사**

박 대통령의 핵개발은 두 차례에 걸쳐 핵개발을 시도했다.

1. 제1차 핵개발 시도

(가) 제1차 핵개발의 배경

1968년도 당시 한국의 안보상황은 북한의 도발이 격심한 가운데 한국의 휴전선에는 주한 미군 2개 사단(미 제2사단과 제7사단)이 수도 서울 북방의 서부전선을 담당하고 중동부 전선은 한국군이 담당하고 있었다. 그리고 한국군 3개 사단은 월남에 파병되고 있었다. 이러는 가운데 1968년 1월 21일, 김신조 일당의 북한 특수부대원 31명이 박대통령 시해 목적으로 휴전선을 은밀히 돌파하고 청와대 앞까지 침투하였으나 모두 사살(1명 생포)되는 사건이 발생하였고 1968년 12월 9일, 12명의 특수부대원이 해상으로 삼척 울진지역에 침투하는 등 한국 국내에 혼란을 야기시키고 있었다.

이런 와중에 1969년 7월 25일, 닉슨 대통령은 아시아에 주둔하고 있는 미군을 모두 철수시키겠다는 대외정책(Nixon Doctrine)을 발표하고 1971년 3월까지 미 제7사단을 모두 철수시키겠다고 일방적으로 통보해 왔다. 또 5년 내에 나머지 미 제2사단을 포함한 주한미군도 완전 철수시키겠다고 통고해 왔다.

이렇게 미국정부의 대외정책은 북한에게 남침의 호기로 판단할 것이라는 것을 누구보다도 잘 알고 있는 박 대통령은 어떻게 하면 북한의 남침야욕을 억제하고 국가를 수호할 것인가 라는 고민에 빠질 수밖에 없었다.

1971년 3월 미 제7사단 2만 명이 철수하는 것을 직접 지켜본 박 대통령은 우리 스스로 국가를 수호할 자주국방의 지름길은 핵개발 밖에 없다고 판단하고 핵개발을 결심하게 된다.

핵개발을 결심한 박 대통령은 1972년 초 청와대에서 김정렴 대통령 비서실장과 오원철 청와대 경제 제2수석에게 정식으로 핵개발을 지시했다.

(나) 핵개발 계획 보고

핵개발 계획을 수립하라는 지시를 받은 오원철 수석은 핵개발 계획을 수립하여 1972년 9월 28일, 대통령에게 보고했다. 이 중 결론 및 건의 부분만 요약하면 다음과 같다.

- 우리나라의 원자력 기술수준과 재정능력상 플루토늄 탄을 개발한다.
- 고 순도 플루토늄 획득을 위해 플루토늄 생산과 발전을 겸용할 수 있는 천연 우라늄을 사용하는 중수 형 원자로를 도입한다. (중수 형 연구용 원자로 'NRX' 도입도 고려할 수 있다)
- 1974년부터 본격적으로 핵개발을 추진, 1980년대 초에 고 순도 플루토늄을 생산한다.
- 핵무기 위력은 20Kt, 투발수단은 항공기로 공중투하한다. 개발 비용은 15~20억$, 제조 소요기간은 6~10년으로 한다.
- 해외 한국인 원자력 기술자를 채용하여 인원을 보강한다.

이상 보고된 핵개발 계획을 보면 1973년부터 무기 급 플루토늄을 획득할 수 있는 원자로와 재처리시설은 외국에서 도입하고 부족한 기술 인력은 해외에 있는 한국인을 스카우트하여 1974년부터 본격적 핵개발을 추진, 6년 후인 1980년대 초에 핵보유국이 되겠다는 계획이다.

(다) 핵개발 추진 상황

박 대통령에게 보고된 핵개발 계획에 따라 1973년도부터 과기처와 원자력연구소가 주축이 되어 해외에 있는 핵과학자들을 스카우트하는 사업이 시작되어 당시 MIT공대의 주재양 박사 등 20여명을 선발 한국으로 유치했고 이후 계속 추진 약 100여 명을 스카우트했다.

그리고 원자로는 캐나다에서 중수형 원자로를 도입하기로 결정하고 1973년 12월 24일 월성 원자로 1호기로 착공하기로 했다.

연구용 원자로(NRX)도 캐나다에서 도입하기로 1975년도에 가계약이 성사되었다.

재처리시설 도입은 프랑스와 협의하여 한국에 세워질 재처리공장 개념설계를 1974년 10월 말경 통보 받았다.

이렇게 핵개발 사업은 추진되어 1975년 후반부터 1976년 초반까지는 이들 핵시설들이 도입, 착공될 것으로 전망되고 있었다.

(라) 인도의 핵실험

한국의 핵개발 계획이 순조롭게 진행되어가고 있었던 시기 1974년 5월 18일, 인도가 핵실험을 함으로써 한국의 핵개발 계획에 차질을 가져오게 된다.

인도의 핵실험은 핵 선진 5개국을 놀라게 했다. 장차 후진국들의 핵개발이 확산될 경우를 심각히 우려하는 상황의 진전이었다. 이들 핵 선진 5개국들은 1974년 11월 런던에 모여 원자력 수출을 엄격히 규제하기로 합의하고 비핵국가 중에서 핵개발을 시도하고 있는 나라들을 탐색하기로 했다.

런던 회담 후 미국은 각국의 핵개발 관련 시설 및 자재 구매 활동을 추적하던 중 1974년 11월 한국이 캐나다와 프랑스에서 중수형 원자로와 재처리시설, 핵연료 가공시설 등 핵관련시설에 대한 수입계약을 추진하고 있음을 포착하게 되었다.

이처럼 한국은 외국으로부터 핵 시설 도입으로 자주국방을 실현하려했고, 미국은 NPT정책상 한국의 핵개발을 저지하려는 노력이 상충되어 한·미 간의 관계가 대립 소원해지기 시작했다.

(마) 박대통령의 고민

1975년 전 후의 한반도 안보상황은 심각했다. 주한 미 제7사단은 4년 전에 철수했고 미 제2사단의 철수시한(1975년)은 다가오는데, 북한에서 파내려 온 2개의 땅굴(제1, 제2땅굴)은 북한의 남침야욕을 드러내고 있었다. 거기에 미 월맹 간 평화협정 체결(1973.1.27.) 후 월맹군이 재침공을 했으나 미군은 개입하지 않았고, 결국 자유월남은 1975년 4월 30일 패망했다. 이를 바라 본 박 대통령은 '한국이 월남 꼴이 되지 않을까?'하는 미국에 대한 안보 불신감을 지울 수가 없었다. 이러한 위기의 시기에 한국의 자주국방 달성은 아직도 5~6년의 기간이 더 필요한데, 핵개발 문제로 지금 한국이 미국과 대립을 야기시키는 것은 국가안보상 불리하다고 박 대통령은 판단하고 핵개발을 잠시 유보하더라도 한·미가 공동으로 북한의 침공을 억제해야겠다는 결심을 하게 된다.

(바) 박 대통령의 WP와의 기자 회견

박 대통령은 미국으로부터 강력한 안보 공약을 끌어내기 위한 전략으로 1976년 6월 12일, 워싱턴 포스터(WP)지의 기자(Robert D. Novak)와 회견을 가졌다. '우리는 핵개발능력을 갖고 있으나 핵개발을 하지 않고 있다. 만일 미국이 핵우산을 철수하면 우리는 우리의 자구책으로 핵무기 개발에 착수하게 될 것이다'라고 했다. 불투명한 핵우산으로 북한군의 침공을 허용할 수 없다는 강력한 의지의 경고였다.

박 대통령의 기자회견을 지켜본 미국은 북한의 남침 야욕에 대한 경고를 하고 한반도에 미국의 핵우산이 건재함을 재고할 필요가 있다고 판단했다. 그래서 미국은 1975년 6월 21일, 슐레신저 국방장관으로 하여금 '미국은 한국에 전술핵무기를 배치하고 있다. 만일 북한이 재침한다면 핵무기를 사용할 것이다'라고 엄중한 대북 핵 경고를 했다.

이렇게 되자 박 대통령은 자신의 핵개발 의지 공개 발표로 미국으로부터 대북 경고를 끌어내긴 했으나 반대로 프랑스로부터 재처리시설 도입이 어려울 것으로 판단했다.

(사) 제1차 핵개발 계획의 중단 선언

1975년 8월 27일, 슐레신저 미 국방장관은 서울서 개최된 제8차 한·미 국방장관 회담을 마치고 청와대로 박 대통령을 예방하고 안보 관련 현안을 논의했다.

슐레신저 장관은 '포드 대통령은 한국에 대한 방위공약은 확고부동하며 앞으로 미 제2사단을 포함한 어떤 주한 미군의 철수도 없을 것이다'라는 메시지를 전달했다. 그리고 미국은 NPT를 대단히 중요시하니 이를 준수해 줄 것을 요청했고, 박 대통령이 미국의 핵우산이 철거되면 핵개발을 할 수 밖에 없다고 했는데 미국의 핵우산은 건재하니 앞으로 핵개발은 필요 없을 것이라고 했다.

이에 박 대통령은 '우리에게 비밀 핵개발 계획은 없다. 지난 4월 우리는 NPT를 비준했으므로 NPT조약을 충실히 지킬 것이다.' 라고 화답했다.

이 회담에서 한국의 핵개발 계획은 없다는 내용과 미국은 방위공약을 강화한다는 각서 교환으로 끝을 맺었다.

이 회담으로 박 대통령이 심히 우려했던 미 제2사단의 철수계획은 중단되고 안보문제는 더욱 강화될 것으로 전망되어 안보문제는 한시름 놓게 되었다.

슐레신저 장관이 박 대통령과 회담 후 몇 개월이 지나도 한국이 프랑스와 체결한 재처리시설 도입 협상이 중단되지 않고 있음을 확인한 미 국무부는 1976년 1월 크라처(Myron B. Kratzer) 차관보를 단장으로 하는 미국대표를 한국에 파견하여 한국의 최형섭 과기처장관의 한국 측 관계자와 한국의 재처리시설 도입문제를 놓고 협상을 벌였다. 미국 측은 한국이 재처리시설 도입을 포기하지 않으면 공사 중인 고리 원자로 1호기의 핵연료 공급을 중단하게 될 것이다. 그리고 지금 추진하고 있는 재처리시설과 NRX 도입 계약을 포기하면 한국에서 요구하는 '핵연료 개발 사업'에 대해 양보할 수 있다고 했다.

그래서 한국은 핵연료 개발사업을 받아드리고 재처리시설과 NRX 도입을 포기하도록 합의했다.

1976년 1월 박대통령은 재처리시설과 NRX 도입 계약을 취소한다고 공식적으로 밝힘으로써 외국으로부터 핵 시설 도입으로 계획된 '제1차 핵개발 계획'은 일단 막을 내렸다.

2. 제2차 핵개발 계획

(가) 제2차 핵개발 계획의 배경

박 대통령이 재처리시설과 NRX 도입 취소를 공식적으로 밝힌 1976년도는 미국의 제39대 대통령선거가 있는 해였다.

지미 카터 민주당 대통령 후보가 1976년 3월 17일 선거 유세 중 '미국은 한국에 700개의 핵무기를 배치해 놓고 있는 이유를 이해할 수 없다. 한국에 있는 핵무기는 모두 철수하고 4~5년 내에 주한 미군도 단계적으로 철수시키겠다'는 선거 공약을 발표했다.

과거 미국의 어느 정권도 언급한 적이 없었던 전술핵무기를 모두 철수하겠다는 것은 박 대통령이 가장 우려하던 핵우산의 철거를 뜻하는 것이고 이는 한반도 유사시 미국은 완전히 손을 떼겠다는 정책으로 비치자 박 대통령은 아연실색할 수밖에 없었다.

1973년 월남에서 미군이 모두 철수한 24개월 만에 월맹 공산군의 침공으로 자유월남이 패망한 전례를 연상하자 카터 대통령 후보가 당선되는 경우 한반도에 또다시 제2의 안보 위기가 닥칠 것이라는 악몽을 떠올리게 되어 장차 우리 스스로 이 나라를 지킬 자주국방을 위해서 박 대통령은 접었던 핵개발의 꿈을 다시 떠올리게 되었다.

그리고 당시 개발 중이던 탄도미사일 '백곰' 개발이라도 조속히 완성하여 제한적이나마 우리 스스로 전쟁 억제력을 갖는 것이 필요하다고 판단했다.

(나) 박 대통령의 제2차 핵개발계획 작성 지시

1976년 가을 카터 대통령 후보의 당선이 확실시되어 가던 시기, 박 대통령은 김정렴 비서실장과 오원철 제2경제 수석을 불러 '원자력 사업을 종합적으로 추진하라'는 지시와 함께 '우리의 원자력 사업 내용이 일본처럼 핵무기를 제조할 수 있는 기술 수준이 되면 실제 핵을 보유한 것과 같은 효과를 낼 수 있다'고 부언했다. 그리고 재처리시설과 NRX를 자체 개발하고 지대지 미사일을 조속히 완성하라는 부가적 지시도 했다.

지시를 받은 오원철 수석은 1976년 12월 1일 원자력 사업 종합계획(제2차 핵개발계획)을 수립하여 대통령에게 보고하고 재가를 받았다. 그 구체적 내용은 밝혀진바 없으나, 이 후 핵개발과 관련 있는 3개 부서에 큰 변동 상황이 눈에 띄었다.

첫째는 한국 핵연료 개발 공단의 개설과 재처리시설 국산화 연구였고,

둘째는 원자력 연구소의 NRX국산화 연구였다.

셋째는 ADD의 백곰미사일의 연구 개발과 핵탄두 국산화 연구였다.

1976년 1월 박 대통령의 핵개발 포기에서 만 1년만인 1977년 1월 카터 대통령의 당선으로 박 대통령은 핵개발에 재시동을 걸게 되었다.

① 핵연료 개발공단의 설립과 재 처리시설 국산화

1976년 1월 미국이 핵연료 개발연구를 한국에 양보함에 따라

원자력 연구소에서는 대통령의 재가를 받고 1977년 1월 정식으로 '한국 핵연료 개발공단'을 창설하게 되었다. 초대 소장으로 원자력 연구소의 특수사업부장 주재양 박사를 임명했다. 주재양 박사는 특수사업부 소속인원을 모두 대동하고 1977년 6월에 대덕

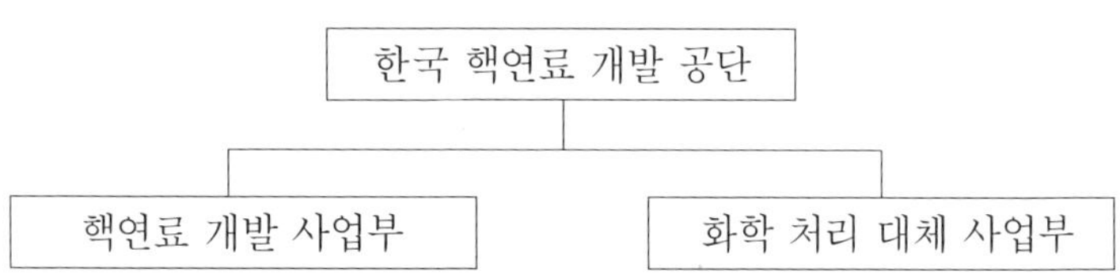

연구단지로 이동하여 새로운 편성으로 공단을 발족시켰다.

핵연료 개발 사업부는 공단의 표면상 주 임무인 핵연료봉을 제작하는 임무를 담당하고, 화학 처리 대체 사업부는 사용된 핵연료봉이 정상적으로 연소 되었는지를 분석하는 임무를 담당한다.

그리고 공단의 주 임무 외에 재처리 기술을 획득하고 재처리시설을 국산화하라는 특별임무가 부여되고 있었다. 이 특별임무는 화학처리 대체사업부에서 특별 팀을 구성 비밀리에 진행시키고 있었다.

또 핵연료 개발 공단에서는 1980년까지 재처리시설을 국산화하기 위해 기술자들을 해외 관련시설에 파견, 연수시키고 있었다. 이들이 해외에서 돌아오면 늦어도 82년도 후반에 재처리시설 제작이 완료되게 될 것이고, 1982년 말경에는 사용 후 핵연료를 재처리할 수 있게 될 것임으로 1983년 초반 이전에 무기급 플루토늄을 생산할 수 있을 것으로 전망하고 있었다.

② 원자력 연구소의 NRX국산화

원자력 연구소는 1976년 12월 '연구용 원자로를 국산화 하라'는 새로운 임무를 부여받고 있었다. 이 임무를 위해 원자로 공학부장 김동훈 박사가 주축이 되어 1976년 말 약 30여 명으로 특별 연구팀을 구성, 연구용 원자로 국산화 연구에 본격적으로 돌입했다. 이 특별 연구 팀은 1973년 이래 NRX 도입을 위해 캐나다 방문 시, 그리고 NRX를 운영 중인 인도와 대만 방문 시 획득한 자료들을 바탕으로 구체적인 연구를 개시하게 되었다. 그리고 핵연료 개발공단에서 재처리시설이 국산화되기 이전에 NRX의 국산화가 먼저 완성되어야 하기 때문에 특별 연구팀은 불철주야 연구개발에 몰두하고 있었다. 1978년 9월 경 세부설계를 완성하고 앞으로는 NRX를 제작하는 문제만 남았다. NRX 건설에 필요한 일부 특수자재만 외국에서 도입되면 1981년 말까지는 건설이 완료될 것으로 전망되고 1982년 중반까지는 사용 후 핵연료를 생산하여 한국 핵연료개발공단의 재처리시설에 보낼 수 있을 것으로 전망되고 있었다.

③ ADD의 백곰개발과 핵탄두 국산화.

ADD는 백곰 탄도미사일과 핵탄두 국산화의 두 가지 임무를 부여 받고 있었다.

□ 백곰 탄도미사일 개발.

ADD의 미사일 개발 연구 팀(항공 사업본부)에서는 1974년 5월, 사정거리 200km의 지대지 백곰 미사일 개발 사업을 대통령의 재가를 받고, 4년 후인 1978년 10월 1일, 국군의 날 이전에 백곰미사일 개발을 완료하라는 지시를 받고 있었다. 백곰 개발사업팀에서는 3개 단계로 개발하되, 1단계는 모방단계로 미제 '나이키 허큘리스(사정거리 180km)'를 선정하고, 2단계는 이의 성능을 개량하고, 3단계는 완전한 한국형 지대지 미사일로 독자 개발하는 계획이었다.

당시 한국군이 장비한 나이키 허큘리스 미사일은 1950년대의 폐기 직전의 낡은 미사일임으로 성능개량이 필요하다는 주장을 내세워 나이키 제조회사인 MD사의 협조로 MD사와 미 유도탄 연구소에 우리 기술자들이 연수할 기회를 얻어 미사일 개발에 많은 기술을 축적할 수 있어 큰 도움이 되었다. 이들이 돌아왔을 때는 개발 완료 시한인 1978년 10월까지는 2년이 채 남지 않았으므로 대전 기계창 연구실에는 불이 꺼질 줄 모르는 연구진의 끈질긴 노력이 있었다. 남은 기간에 큰 진전을 이루어 공개시험 임박해서 시험사격은 성공적이었다.

드디어 공개 시험사격일인 1978년 9월 26일 13시 박대통령을 위시한 관계 장관 등 내외 귀빈들을 모신 가운데 안흥 시험장에서 공개시험 행사가 시작되었다. 14시 13분 34초에 백곰 미사일이 발사되었고 미사일이 시야에서 사라진 후부터는 대형 모니터로 비행하는 모습을 보고 있던 중 탄두가 수직으로 낙하하기 시작하여 해상 목표 표적에 명중하고 물기둥이 솟아오르는 것을 본 대통령과 참관인들은 모두 열렬한 박수를 보냈다. 이 순간이야말로 세계에서 7번째 유도탄 개발국이 된 것이다.

그리고 며칠 후인 1978년 10월 1일, 국군의 날 행사에는 이날 시험사격한 백곰 미사일이 참가하여 위용을 과시했고 시가행진시에는 온 국민들로부터 열렬한 박수갈채를 받았다.

□ 핵탄두 국산화.

ADD의 핵탄두 개발팀에서는 1975년도에 핵탄두의 기본설계는 이미 완성되어 있었다. 다만 기폭장치의 개발에 필수적인 고속폭약은 미국으로부터 도입을 시도했으나 실패함에 따라 자체 개발 연구로 전환하여 1981년도 까지는 기폭장치개발을 완료하고 1982년 이후에 핵연료 개발공단에서 무기급 플루토늄만 지원되면 핵탄두를 완성할 수 있을 것으로 전망되고 있었다.

그리고 핵무기 투발수단은 당시 한국 공군이 운용 중인 F-4D 팬텀 전폭기의 탑재능력이 약 2톤이 됨으로 이를 이용하면 될 것으로 전망하고 있었다.

전반적으로 국산화 핵 시설들, 즉 NRX 국산화, 재처리시설 국산화, 핵탄두 국산화는 모두 1980년대 초에는 완성됨으로 이어서 핵무기 제조도 완성될 수 있을 것으로 전망되고 있었다.

실제 박 대통령의 핵개발 완성 목표는 1983년 10월 1일이었음을 나중에 알게 되었다.

(다) 핵개발 완성 D-day는 1983년 10월 1일

1979년 1월 1일, 박 대통령은 해운대에서 새해 구상을 하던 중 전 청와대 공보비서관으로 근무를 마치고 당시 국회로 진출한 선우 련의원을 불러 함께 해안을 산책하면서 '나는 1983년 10월 1일, 국군의 날 기념식 때 국내외에 핵무기 보유를 공개한 뒤 그

자리에서 은퇴를 선언할 생각이다. 김일성이 우리가 핵무기를 보유한 것을 알면 절대로 남침하지 못할 것이다'라고 했다고 전했다.

박 대통령은 이 꿈의 실현을 위해 원자력 연구소, 핵연료 개발공단, ADD를 수시로 방문 지원 격려했다.

그러나 박 대통령의 이 꿈은 실현되지 못하고 1979년 10월 26일, 김재규(당시 중앙정보부장)의 총탄에 유명을 달리했다. 정말 안타깝다. 4년 후면 세계를 향해 동방의 작은 나라가 핵을 보유했다는 포효를 지를 기막힌 기회는 이렇게 사라져 갔다.

▶ 퍼거슨박사가 평가한 한국의 핵개발능력

미국의 과학자연맹(FAS)회장 퍼거슨(Charles D.Ferguson) 박사가 쓴 2015년 4월의 보고서 'How south korea could acquire and deploy nuclear weapon'을 인용 요약한다.

1. 퍼거슨박사는 서문에서
   1) 한국의 핵무장 능력은 아주 높다.
   2) 한국이 핵무장의 길로 갈 가능성은 아주 높다.
   3) 한국이 핵무장 결심만 하면 국제사회가 막지 못할 것이다.

2. 한국이 핵무장하는데 대한 반대론자들이
   1) 한국은 국제사회의 제재를 받게 될 것이다.
   2) 한국은 경제적 파탄에 빠지게 될 것이다.
   3) 한국은 원자로 수출에 타격을 받게 될 것이다.

라는 주장에 퍼거슨박사는 논리적으로 반론을 제시한다.(본문 참조)

3. 한국이 핵무장하는 경우의 시나리오 3가지를 열거했다.

1) 미국과 중국에 대해 북한의 비핵화를 외교적으로 압박하기 위한 수단으로 핵폭탄 몇 발만 만드는 시나리오.

2) 몇 발의 핵폭탄으로 외교적 성과가 없는 경우 매년 10발씩 핵무기를 만들어 핵강국의 길로 가는 시나리오.

3) 중국과 북한의 핵위협이 강해지고 미국의 핵우산이 불확실해지면 한국과 일본이 협력하여 공동으로 핵을 개발하는 시나리오.

4. 한국의 핵무장 능력에 대해서는,

핵물질 획득 능력과 핵폭탄 설계 및 핵실험 능력, 그리고 핵 운반 수단 보유 능력의 3가지 요소로 분석하고 있다.

① 핵 물질 획득 능력

경주 월성에 중수형 원자로 4기가 가동 중에 있다. 그동안 이들 원자로에서 사용된 사용 후 핵연료(폐연료봉)가 지금 저장되어 있다. 이를 재처리하면 26,000Kg의 무기화가 가능한 플루토늄을 획득할 수 있다. 이는 20Kt 핵무기 4.330발을 만들 수 있는 양이다. 또 중수 형 원자로 4기를 이용하면 매년 416발의 핵무기를 만들 수 있는 near-weapon-grade의 플루토늄을 획득할 수 있다.

그리고 한국에는 지금 재처리공장은 없으나 결심만 하면 4~6개월 안에 지을 수 있다.

또 월성 중수형 원자로에서는 증폭핵분열탄이나 수소탄을 만드는데 필요한 2중수소와 3중수소를 이미 자연적으로 만들어지고 있다. 그리고 수소탄 제조에 필요한 리튬-6은 천연 리튬에서 빼내는데 한국은 볼리비아에서 리튬 전지용 천연리튬을 대량 수입하기로 계약되어 있다.

이처럼 한국은 핵무기를 만들 핵물질 획득이 가능할 뿐만 아니라 증폭탄이나 수소탄까지 만들 핵물질 획득이 가능하다고 퍼거슨박사는 분석하고 있다.

② 핵폭탄 설계 능력과 핵실험 능력.

한국의 수준 높은 컴퓨터 기술 등으로 볼 때 핵폭탄설계에 필요한 초고속 전자 기폭장치를 만드는 것은 어렵지 않을 것이다. 핵폭발에 필요한 고성능 폭약은 '한화 그룹'이 만들 수 있다.

그리고 핵실험은 높은 수준의 컴퓨터 실험으로 충분할 것이다. 꼭 핵실험을 한다면 핵보유국임을 세계에 과시할 필요가 있을 때일 것이다.

③ 핵 운반수단 보유능력.

한국은 이미 핵을 운반할 수 있는 F-15, F-16 전투기를 보유하고 있고 F-35스텔스기도 구매하려고 하고 있다 (2018년 이미 확보) 핵 크루즈 미사일을 발사할 3,000톤 급 잠수함도 준비하고 있다. 그동안 미사일도 크게 발전하여 현무-2 탄도미사일은 800km, 현무-3 크루즈 미사일은 1,500km까지 사정거리가 연장되었고, 명중율 역시 크게 향상되어 표적의 창문을 명중시킬 있는 수준에 이르고 있다.

퍼거슨 박사는 한국의 이러한 핵무장 능력이 크게 발전된 것은 국가지도부가 사전 그렇게 계획한 것이 아니고, 한국이 그동안 쌓아올린 세계적인 제조업과 원자력 및 방위산업 기술의 기반 속에서 자연스럽게 인프라가 만들어 진 것이라고 분석했다.

그리고 한국이 외교적 목적으로 핵을 보유할 때 북한의 비핵화와 맞바꾸려 할 것이다. 북한이 핵 포기하면 우리도 핵 포기한다는 식이다. 외교적 핵실험 정도로도 중국과 일본에 한국의 엄청난 핵능력을 과시하는 효과를 거둘 것이라고 주장하고 있다.

이처럼 퍼거슨박사는 한국의 핵개발능력을 수준 높게 평가하고 있고 또 우리들에게 많은 시사점을 던져 주고 있다.

▶ 우리의 핵개발능력 판단

우리 스스로의 핵개발능력 판단을 위해서는 핵물질 획득 능력이 있는지, 핵탄두 설계 능력과 조립할 능력이 있는지, 그리고 핵실험할 능력이 있는지의 3가지 요소로 판다해 볼 수 있다.

1. 핵물질(Pu) 획득 능력.

원자탄의 원료인 플루토늄(Pu) 획득을 위해서는 원자로에 핵연료봉을 연소시키면 Pu이 생성된다. Pu이 생성되어 있는 폐연료봉(SF)을 재처리하면 Pu을 획득할 수 있다.

우리나라에는 Pu을 생성시킬 대형 원자로가 23기나 있어 대량의 Pu 생성은 가능하다. 그러나 우리는 재처리시설이 없어서 Pu을 획득할 수가 없다. 재처리 시설을 새로 건설하는 데는 4~6개월이면 가능하고, 임시 재처리를 위해서는 한국 원자력 연구소에 있는 Hot Cell을 개조하면 소량의 재처리는 가능하다.

그러므로 우리는 핵 물질을 획득할 의지만 있으면 어렵지 않게 핵물질(Pu) 획득 능력은 충분히 있다고 판단된다.

2. 핵탄두 설계 및 조립 능력.

오늘날 핵탄두의 설계는 컴퓨터에서 이루어진다. 이미 40년 전 박 대통령시대에 핵탄두 설계도는 완성한 바 있고 컴퓨터의 인터넷상에서도 쉽게 접촉할 수 있는 기술이다. 고도한 컴퓨터 기술을 가진 우리나라에서 핵탄두 제작에 필요한 초고속 전자 기폭장치 설계와 제작 조립능력은 어렵지 않는 기술임으로 충분히 가능하다고 판단된다.

3. 핵실험.

지하 핵실험으로 대내외에 핵 보유를 실증시키기 위한 목적이 아니라면 오늘날 핵실험은 주로 컴퓨터로 시뮬레이션 실험을 한다. 우리처럼 컴퓨터 기술이 고도로 발전된 나라에서는 컴퓨터 모의실험으로 충분히 핵실험이 가능하다. 그러므로 우리의 핵실험은 컴퓨터 모의실험으로 충분히 가능하다고 판단된다.

우리 스스로의 핵개발능력을 3가지 요소로 판단해본 바와 같이 모두 가능하다는 판단 결과이다. 뿐만 아니라 오늘날 우리나라는 상용 원자로를 설계, 제작하여 수출하는 원자력 기술 강국이다. 원자로를 설계 제작하는 기술을 보유한 나라가 핵무기를 설계 제작하는 것은 마치 TV를 설계 제작하는 회사가 라디오를 만드는 것과 같은 수준이라고 비유적으로 설명하고 있다.

그러므로 우리나라가 우리 스스로 핵무기를 개발할 능력은 세계 3개 핵개발 가능국의 하나로 손꼽히고 있다.

▶ **핵개발 기간 판단**

우리는 우리 스스로 핵을 개발할 기술과 능력이 있다고 판단했다. 그러면 우리가 핵개발 결심을 할 경우 어느 정도의 기간이 소요될 것인가를 판단해 보는 것은 장차 우리의 핵전략을 위해서도 참고할 사항이다.

핵개발 기간 판단을 위해 사전 몇 가지 가정 하에 판단하고자 한다.

1) 긴급하게 핵무기 수발(Pu.15Kg, 내외)을 제조하기 위해서는 바로 가용한 핵물질과 현존시설을 최대한 이용한다.
2) 임시 재처리시설은 현존의 Hot Cell 시설을 간단히 개조하거나 확장하여 사용한다. 개조공사에 소요기간은 1개월이 소요될 것이다.
3) Pu.15Kg 내외를 긴급히 재처리하는 데는 3개월이 소요될 것이다.
4) 사용 후 핵연료는 월성에 보관 중인 SF를 이용하거나, 고순도 Pu 획득을 위해서는 가동 중인 원자로의 9개월 연소된 SF를 인출, 2개월 냉각시킨 후 재처리한다.
5) 기폭장치 제작과 탄두 설계 및 조립에는 3개월이 소요될 것이다.
6) 핵실험은 컴퓨터 모의실험으로 하고 1개월이 소요될 것이다.
7) 정상적 재처리시설을 건설하는 데는 약 5개월이 소요될 것이다.

이상의 가정사항을 전제로 3가지 안에 대한 제작 소요기간을 판단해 본다.

〈핵개발 소요 기간 판단 도표〉 HC=Hot Cell

안 \ 월	1	2	3	4	5	6	7	8	소요 기간	Pu순도
제1안	HC 개조	재처리(3)							4개월	약 70%
	기폭장치 / 탄두조립(4)									
				핵실험(1)						
제2안	HC 개조								5개월	90% 이상
	냉각(2)		재처리(3)							
		기폭장치 / 탄두조립(4)								
					핵실험(1)					
제3안	냉각(3)								8개월	90% 이상
	재처리 시설 건설(5)					재처리(3)				
					기폭장치 / 탄두조립(4)					
								핵실험(1)		

제1안은 월성의 저장 SF를 이용 재처리하는 안으로 핵무기완성에 4개월 이 소요되는 안이다.

제2안은 가동 중인 원자로에서 SF를 인출, 2개월 냉각 후 재처리하고, 탄두조립, 핵실험으로 핵무기 완성에 5개월이 소요되는 안이다.

제3안은 재처리시설을 새로이 건설하여 재처리하고 핵무기를 완성하는 안으로 8개월이 소요되는 안이다.

이상 3개안을 비교해보면 우리 능력으로 긴급하게는 4~5개월 내에 몇 발의 플루토늄 탄을 만들 수 있는 능력이 있음을 검토해 보았다.

제9장 요약 (북한의 비핵화 결과에 따른 우리의 대비책)

2018년 6월 12일, 미·북 정상회담에서 미국의 완전한 비핵화를 위한 CVID의 진행절차에 대한 아무런 언급도 없이 포괄적으로 '완전한 비핵화 달성을 위해 노력한다'는 수준으로 합의하고 후속회담에서 비핵화를 논의하기로 했다. 이후 후속회담은 지지부진한 상태이고 미국은 비핵화를 우선하자고 주장하고 북한은 종전선언을 먼저 하자고 맞서고 있다. 앞으로 후속회담은 진행될 것이 전망되나 아직까지 가시적인 조치는 나오지 않고 있다. 장차 미·북 회담의 결과에 따라 여러 가지의 상황을 상정할 수 있으나 크게 3가지로 집약할 수 있다.

첫째는 북한의 완전한 비핵화(CVID)를 달성하는 경우이고,

둘째는 미·북 회담이 결렬되어 미국의 군사옵션이 시행되는 경우이다.

셋째는 완전한 비핵화가 아닌 일부 핵 동결상태로 미 본토를 위협하는 ICBM과 잠수함 등을 해체하는 조건으로 미·북 회담이 합의되는 경우이다.

이들 3가지 경우에 대비한 대책을 검토해보면,

첫째는 북한의 완전한 비핵화를 달성하는 경우이다.

미국의 CVID가 달성되는 최상의 경우이나 북한의 비핵화가 달성되어도 한반도 주변이 핵보유국으로 둘러싸인 우리로서는 계속

적인 핵우산이 필요하다. 그러므로 한미동맹을 더욱 강화하고 주한미군의 주둔도 지속되어야하는 대책이 요구된다.

두 번째인 미·북 회담의 결렬로 미국의 군사옵션이 시행되는 경우이다.

미국의 군사옵션이 시작되면 북한은 회복 불가능한 심대한 피해를 입을 것이나 북한은 한국에 대한 무차별 보복공격으로 한국은 전면전에 함몰될 것이므로 우리의 피해를 최소화할 사전 대책이 요구된다.

미국의 군사옵션이 미국 단독으로 기습적으로 시행됨이 없이 우리와 긴밀한 협조 하에 우리와 함께 할때 우리의 피해는 최소화될 수 있음으로 사전 협조하고 함께하는 대비책이 강구되어야한다.

세 번째는 북한의 핵 동결상태에서 미·북간 협상에 합의하는 경우이다.

이 경우는 미 본토의 안전만을 정치적으로 고려한 합의로 우리는 계속 북한의 핵을 머리에 이고 살아가야 하는 최악의 선택이 된다. 그러므로 미국이 이런 합의에 이르지 않도록 사전에 미국에게 '만일 북한 핵을 동결하는 상태에서 어떤 합의에라도 이르게 되면 우리는 자구책으로 우리스스로 핵을 개발할 수밖에 없다'는 단호한 의지를 미국에 사전 통고하여 합의를 차단해야한다.

그럼에도 불구하고 북한 핵 동결상태에서 미·북이 합의하여 평화협정을 체결, 주한 미군의 철수와 핵우산이 철거되면 우리는 최악의 안보 상황에 직면하게 된다. 이 때 남북간 전력은 핵국 대비 핵국 상태가 되어 우리 스스로 북한 핵을 억제할 수단이 없다. 핵은 핵으로만이 억제할 수 있으므로 우리는 핵개발을 서두를 수 밖에 없다.

우리는 긴급히 핵개발을 시도하면 4~5개월 만에 핵실험할 수 있는 능력이 있음을 앞장에서 확인한 바 있다. 그러므로 신속한 핵실험을 통해서 핵 억제력을 과시하면 우리 스스로 북한 핵을 억제하고 우리의 국가안보를 자력으로 수호할 수 있을 것이다.

북한 핵을 동결하고 미 본토의 안전만을 고려한 미·북 협상이 이루어져 주한 미군이 철수하고 핵우산이 철거되는 경우의 상황에 대비하는 우리의 최후 대책이다.

이상 우리가 검토해 본 3가지에 대한 대비책을 보면 최우선의 대책은 북한의 완전한 비핵화(CVID)이다. 그러므로 우리는 미국과 함께 일사분란하게 북한의 완전한 비핵화 달성을 위해 미국과 함께 올인해야 한다.

한국정부는 한미 간의 공조가 흔들리면 북한의 완전한 비핵화가 멀어짐으로 미국과 세심한 협조로 보조를 맞춰 나가야한다.

그리고 최악의 경우에도 대비하는 것이 국가안보임으로 우리는 NPT나 IAEA, 한미원자력 협정, 범위 내에서 우리의 핵개발 계획을 평소부터 준비하여야만 필요 시 신속한 핵개발이 가능할 것이다.

제2장 수소탄은 원자탄보다 더 무서운 무기

1952년 11월 1일 미국은 태평양의 '에니위톡(Eniwetok)' 환초에서 세계 최초의 수소탄 실험을 실시했다. 이때 폭발한 수소탄 위력은 10.4Mt으로 일본 히로시마에 투하된 원자탄 12.5Kt의 약 1,000배나 되는 위력이었다.

1945년 8월 6일 히로시마에 투하된 12.5Kt 원자탄 단 1발로 히로시마 시민 33만 명 중 1945년 말까지 14만 명이 사망하고 1950년 10월까지 6만 명이 원자탄 후유증으로 추가 사망하여 총 20만 명이 사망함으로서 전체시민의 60.6%가 사망했다. 도시의 가옥은 거의 모두가 파괴되거나 전소되어 남은 것은 기왓장 부스러기와 검은 폐허의 도시로 변모했다.

이것이 12.5Kt 원자탄으로 인한 피해인데 이보다 1,000배나 되는 위력의 수소탄이 폭발했을 때의 그 피해는 어느 정도일 것인가는 상상으로 짐작할 수 있을 뿐이다.

원자탄의 위력은 한계가 있으나 수소탄 위력은 이론상 한계가 없어 얼마든지 큰 위력의 무기를 만들 수 있다는 특징이 있다.

정말 수소탄은 무서운 무기임에 틀림없다.

제1절 원자탄과 수소탄의 폭발 현상

원자탄이나 수소탄이 폭발했을 때의 현상은 동일하다.

원자탄이 공중에서 폭발하는 순간 지상에 있는 사람이 제일 먼저 감지하는 것은 번개가 칠 때 번쩍하는 섬광이 발산하는데 이것과는 비교할 수 없는 강력한 고광도의 섬광을 직접 보거나 어디에서든지 감지하게 된다.

이 섬광이 순간적으로 지나면 수 천도에 달하는 열 복사선이 화구로부터 광속도로 발산되어 지상에 노출된 인체와 가연성 물질에 닿아 화상을 입히거나 화재를 일으키게 된다.

그리고 지축을 흔드는 듯한 폭음과 함께 강력한 폭압과 폭풍이 자연풍의 100배가 넘는 속도로 닥쳐 건물과 수목을 파괴 전도시키고 붕괴된 건물의 조각들과 유리 조각, 주변의 돌과 자갈들을 날려 마치 포탄의 파편처럼 비산되어 인체에 큰 상처를 입힌다. 이 강력한 폭풍은 열 복사선으로 화재가 발생한 지역을 더욱 확대시켜 온 도시를 불바다로 만든다.

원자탄은 원자핵의 핵분열 연쇄반응으로 핵폭발이 일어남으로 알파, 베타, 감마, 중성자의 방사선이 방출된다. 이들 방사선 중 감마 방사선과 중성자 방사선은 강도와 투과력이 강하고 비산거리가 수 km에 달해 노출된 인원에게 직접 피해를 입힌다. 또 이 방사선은 핵폭발 지점 직하의 지상원점(GZ)을 중심으로 원형지역에 각종 원소들을 충격하면 이 지역은 방사선으로 오염되어 이 지역에 들어가면 방사선에 피폭되어 피해를 입게 된다.

또 공중 폭발시 발생되는 감마방사선은 지역 내의 전자시설이나 각종 전자장비의 기능을 마비시키는 전자맥동(EMP)현상을 유발한다.

이상 언급한 원자탄 폭발시 나타나는 현상을 원자탄의 '4대 현상' 또는 '4대 효과'라 한다. 즉 폭풍, 열, 방사선, EMP 현상이다.

이와 같은 현상의 발생은 원자탄의 폭발, 즉 핵 연쇄반응으로 핵폭발이 일어나면 순간적으로 수백만 도의 고열과 강렬한 압력으로 붉은 불덩어리(화구)가 발생되고 이 화구는 순식간에 1,000m 직경으로 확대되면서 광속으로 열을 발산해 주변의 공기를 팽창시켜 밖으로 (사방으로) 밀어내어 폭풍을 발생시키면서 급속도로 버섯 모양의 구름을 형성하여 공중으로 10,000m까지 올라간다. 소위 거대한 '버섯구름'을 형성하는 것이 원자탄의 특징적인 모습이다.

히로시마시에 원자탄이 폭발한 그날 아침, 시내에서 북쪽으로 멀리 떨어진 한 시골에서 원자탄이 폭발하고 버섯구름이 피어오르는 모습을 직접 지켜본 宮田哲南씨는 그의 수기에서 이렇게 기술하고 있다.[1)]

> "1945년 8월 6일 8시경, 히로시마 상공에 B-29 한 대가 흰 연기를 내뿜으면서 나타나더니 갑자기 급선회하고 굉장한 속도로

1) 原爆の子(下), P.226

상승하는 것을 목격했다. 그리고는 강렬한 섬광이 나타났고 뒤이어 천지를 진동하는 듯한 파열음이 들렸다. 곧이어 붉은 버섯 모양의 구름이 남쪽 하늘에 뭉개 뭉개 피어 높게 올라가는 것을 볼 수 있었다. 그리고 저 큰 구름 밑에 내 고향 히로시마가 있는데……”

이분은 먼 곳에서 원자탄의 폭발 현상을 정확히 바라보았다. 다만 히로시마에 원자탄 폭발시 나타나는 4대 효과로 어떤 지옥 같은 일들이 벌어지고 있는지는 상상하지 못하고 있었을 것이다.

지금까지 언급한 것은 원자탄이 공중에서 폭발했을 때의 '공중 폭발' 현상이다. 그러나 원자탄의 폭발 고도를 낮추어 폭발시키는 '표면 폭발'(화구가 지면에 닿는 폭발고도)과 '표면 하 폭발'(폭발고도가 0m이하 고도)인 경우는 공중 폭발시 볼 수 없는 fall-out(낙진)이라는 현상이 추가적으로 일어난다.

Fall out 현상은 핵폭발 시 수백 만도에 달하는 고온을 발하는 화구가 지면이나 지면 하에 접촉이 됨으로 접촉된 지면의 물질들은 모두 녹아서 증발되어 공중으로 높이 솟아 올라가면서 작은 방사능 입자로 응결되어 풍향에 따라 공중으로 날아가면서 지상으로 떨어져 방사선을 방출하는 지역을 형성하는 것을 말한다.

이때 형성되는 Fall out 지역은 기다란 타원형 모양으로 형성된다. 이 낙진 지역의 크기는 핵무기의 위력과 폭발 고도 풍향에 따라 달라진다.

이 낙진 지역에는 방사선이 방출되는 지역임으로 이곳에 들어가면 방사선에 피폭된다. 오염지역의 크기는 핵폭발 시 폭풍, 열, 방사선이 미치는 지역보다 풍향 방향으로 훨씬 더 멀리까지 미친다.

그리고 이 폭발 지점에 형성되는 폭발구의 크기는 위력과 폭발점의 깊이에 따라 다르다.

1Kt의 핵무기를 지하 40m의 깊이에서 폭발시키면 직경 130m, 깊이 35m의 폭발구가 형성된다.

1952년 11월 1일, 미국이 10.4Mt의 수소탄 실험을 표면폭발로 폭발시켰을 때 형성된 폭발구의 크기는 직경 1,600m, 깊이 61m나 되었다.

군사적으로는 어떤 특정지역을 오염시켜 그 지역을 거부할 목적으로 이 폭발형태를 사용하거나 또는 특정지역의 지하시설을 파괴할 목적으로 표면 및 표면 하 폭발형태를 선택한다.

이와 같이 원자탄이나 수소탄이 폭발했을 때 일어나는 현상에 대해서 알아보았다.

실제 핵무기가 투하된 히로시마와 나가사키의 피폭상황은 이루 형언할 수 없는 생지옥과 같은 처참한 폐허로 변했다.

제2절 원자탄 폭발 시의 피해 내용

원자탄 폭발시 나타나는 현상은 여러 가지 형태로 지상에 있는 사람과 물자에 피해를 입히게 된다. 이 피해 범위는 위력과 고도에 따라 달라진다. 20Kt의 원자탄과 10Mt의 수소탄을 기준해서 검토해 본다.

1. 섬광으로 인한 피해

원자탄이 폭발하면 막대한 에너지의 발생으로 인류가 지금까지 본 적이 없는 마치 태양을 여러 개 겹친 것과도 같은 또는 사진 촬영 시 마그네슘 전구 수십 개를 바로 눈앞에서 터뜨려 앞이 캄캄해지는 듯한 강렬한 섬광이 '번쩍' 빛난다.

이 강렬한 섬광이 지상에 제일 먼저 빛을 보낸다. 이 섬광을 직접 사람의 눈 초점과 마주친 사람은 망막에 화상을 입어 '영구적 실명'을 하게 된다. 이 섬광을 직접 마주치지 않더라도 30km거리 내에서 섬광에 노출된 사람은 일시적인 실명을 하게 된다. 이것을 '섬광 실명'이라 한다.

만일에 항공기 조종사가 비행 중 일시적 '섬광 실명'이라 하더라도 아주 위험한 사고에 직면하게 될 수 있다.

2. 열복사선에 의한 피해

핵폭발 시 발생하는 에너지의 35%는 열복사선 형태로 방출된다. 핵폭발이 일어나면 수백 만도에 달하는 열에너지의 가시광선이 초당 30만km의 속도로 지상에 (폭풍 이전에) 도달한다.

이 열에너지에 노출된 사람들은 고온의 열로 인하여 사망하거나 심한 화상을 입게 되며 산림이나 건물에 화재를 일으키고 또 연료 탱크와 탄약의 폭발 그리고 도시의 주유소 파괴로 인한 화재 발생으로 2차적인 화상을 입게 된다. 특히 핵폭발 지점 부근 지상에는 섭씨 3,000~4,000도에 달하는 고온에 의해서 그 곳에 노출된 사람들은 즉각 사망하거나 증발해 버린다. 그리고 열복사선에 의한 화재 발생에 이어 불어 닥치는 폭풍으로 화재지역을 더욱 확대시키게 된다.

20Kt 핵무기가 폭발시 열로 인한 피해범위를 분석해 보면 핵 폭발 지점으로부터 1.2km 이내에 있는 인원은 사망하게 되고, 2.5km 이내에서는 3도 화상을, 4km 이내에서는 2도 화상, 5km 이내에서는 1도 화상을 입게 된다. 그리고 2km 이내에 있는 건물이나 산림은 모두 화재가 발생하고, 3km 이내는 산발적 화재 발생, 5km 이내는 화재 발생이 가능한 지역이다.

10Mt의 수소탄이 폭발하는 경우, 지상 원점으로 부터 7km 이내에 있는 인원은 사망에 이르고, 25km 이내에서는 3도~2도 화상을, 32km 지점에서도 1도 화상을 입게 된다. 그리고 16km 이내에서는 모두 화재가 발생하고, 32km 이내에서는 산발적 화재 발생이 가능하다.

<열에 의한 피해 범위> (단위 km)

KT	구분 \ 거리	1.2	2	2.5	3	4	5	7	16	25	32
20 KT	인원	사망	3°화상		2°화상		1°화상				
	건물	화재 발생		산발적		화재 발생가능					
10 MT	인원	사망							3°~2°화상		1°화상
	건물	화재 발생								산발적	

<참고> 피부는 바깥으로부터 표피, 진피, 지방층으로 이루어져 있으며, 화상의 종류에는 1°, 2°, 3° 화상이 있다

1° 화상은 피부의 표피만 화상을 입어 피부가 빨갛게 부어오르지만 물집은 생기지 않은 정도의 화상

2° 화상은 피부의 표피 밑 진피까지 화상을 입어 물집이 생기며 통

증이 심한 화상

3° 화상은 피부의 진피 밑 지방층까지 손상돼 감각이 마비되는 등 기능에 문제가 생기며, 화상 부위의 크기에 따라 사망에 이르게 되는 화상

3. 폭풍에 의한 피해

핵폭발 시 발생하는 에너지의 50%는 폭풍의 형태로 방출된다. 이 폭풍 에너지는 음속 이상의 속도로 강한 압력이 사방으로 확산되는데 이것을 충격파라고 한다.

이 충격파에 의하여 건물의 구조물이나 장비들을 먼저 고압력으로 파괴시키거나 약화시키고 사람의 고막이나 폐를 파열시킨다. 충격파에 뒤이어 강력한 폭풍이 사방으로 확산되는데 이때의 풍속은 자연 태풍의 100배나 되는 초당 3,200m로 엄청나게 빠른 강풍에 의해 건물과 수목을 파괴, 전도시키고 사람이나 장비를 공중으로 날려 보내기도 한다. 뿐만 아니라 붕괴된 건물의 파편이나 유리조각, 돌과 자갈 등도 강한 태풍의 2배 이상의 속도로 마치 총알처럼 날아가면서 추가적인 피해를 입히게 된다.

핵무기의 위력이 커지면 그 피해범위도 커지는데, 20Kt의 경우 2km 이내의 건물은 완전히 파괴되고 5km 이내는 반 파괴 내지 경미한 파괴가 된다.

10Mt의 수소탄인 경우, 폭풍에 의한 피해는 폭발지점으로 부터 8km 이내의 모든 건물은 완전히 파괴되고 21km 이내의 건물들은 절반 정도가 파괴된다.

〈폭풍에 의한 건물 피해 범위〉

폭발점으로부터 거리	2km	4km	5km	8km	21km	
20KT	완파	반파	경미			
10MT	완파(완전파괴)				반파(반정도 파괴)	

〈참고〉 자연적으로 발생하는 일반적인 태풍의 최대 풍속은 초속 32m 정도임. 초속 50m의 강풍은 달리는 열차를 날리고 초속 35m의 강풍은 사람을 날린다. 초속 25m의 강풍은 수목을 뿌리째 뽑아 전도시킨다.

4. 방사선에 의한 피해

핵폭발 시 발생하는 에너지의 15%는 방사선 형태로 방출된다. 방출되는 방사선은 알파(α), 베타(β), 감마(γ)선, 중성자이다.

이중 알파와 베타선은 비산거리가 수 cm 및 수 m에 불과하고 또 투과력이 약하므로 이들 방사선이 직접 인체에 접촉되거나 호흡기에 흡입될 때만 피해를 주게 됨으로 중요하게 다루지 않는다.

그러나 감마선과 중성자는 비산거리가 수 km에 달하고 투과력이 강하기 때문에 사람들에게 사상을 일으키는 피해를 주게 되므로 군사적으로 중요시하게 된다.

사람이 방사선을 받으면 인체의 세포 내에 있는 분자를 파괴하거나 변형시키게 되어 세포가 죽거나 새로운 분자들이 생성되어 암을 유발하거나 유전자의 변이, 생식기 장애, 백혈병 등을 유발하게 된다.

그리고 방사선에 피폭은 되었으나 외적으로 아무런 상처도 없고 별다른 증세도 없이 건강하게 지나게 되는데 시간이 지나면서 1주 후, 또는 1개월 후, 1년 후, 심지어 10년이 지나서 방사선 후유증으로 사망하는 경우도 있다.

방사선은 사람이 원자탄 폭발시 직접 방사선을 받을 수도 있고, 또 폭발 후 방사선 입자들이 공중에서 떨어질 때 그 곳에 있거나 또는 방사선 입자들이 지상에 떨어져 방사선 오염지역이 형성된 지역에 들어가면 방사선에 피폭된다.

그래서 방사선은 핵폭발시 직접적으로 방출하는 '초기 핵 방사선'과 계속적으로 방사선을 방출하는 '잔류 핵 방사선'으로 구분한다.

가. 초기 핵 방사선은 핵폭발 후 1분 이내에 원자탄으로부터 직접 방출되는 방사선을 말한다. 20Kt 원자탄이 폭발시 초기 핵 방사선으로 인한 피해범위는 핵폭발 지점으로부터 1.2km 이내의 사람들은 방사선으로 인하여 사망에 이르고, 2.5km 이내에는 50%의 사람들이 사망하게 되며, 5km 이내는 경미한 피해를 입게 된다.

10Mt의 수소탄 폭발 시는 3km 이내의 사람들은 사망하고 7km 이내는 50%가 사망하게 된다.

〈초기 핵 방사선에 의한 피해 범위〉

폭발점으로부터 거리	1.2km	2.5km	3km	5km	7km	
20KT	사망	50%사망	경미한 피해			
10MT	사망			50%사망		

나. 잔류 핵 방사선은 핵폭발 1분 후 계속 방출하는 방사선을 말하며 여기에는 '중성자 감응 방사선'과 '낙진(Fall out)'이 포함된다.

(1) 중성자 감응 방사선.

중성자 감응 방사선은 핵무기가 공중 폭발시 발생된다. 핵폭발 시 방출된 중성자가 핵폭발 지점 직하의 지면에 있는 각종의 원소들을 충격하면 이들 원소들이 방사능 물질이 되어 방사선을 방출하는 것을 말한다. 이 중성자 감응 방사선 지역은 핵폭발 지점의 직하 원점을 중심으로 원형으로 형성된다.

1Kt의 경우 약 70m를 반경으로 하는 원형의 방사선 지역이 형성되며, 10Mt의 경우는 약 1,000m를 반경으로 하는 원형의 방사선 지역이 형성된다. 이 지역 내에는 상당기간(10여 시간 이상) 방사선을 방출한다.

(2) 낙진(Fall out)

낙진은 원자탄이 표면 또는 표면 하 폭발 시에 일어난다.

핵폭발 시 수백만 도에 달하는 고온을 발생하는 화구가 지면이나 지면 하에 접촉이 되면 접촉된 지상의 흙이나 돌 그리고 방사능 물질인 핵분열 생성물질과 미 분열 물질들이 모두 고온에 녹아서 증발되어 공중으로 높이 솟아 올라가면서 온도가 차츰 낮아져 다시 작은 방사능 입자로 응결되어 풍향에 따라 공중으로 날아가면서 지상으로 떨어져 방사선을 방출하는 지역을 형성하는 것을 말한다.

이때 형성되는 낙진(잔류방사선)지역의 형태는 핵폭발 지점으로부터 바람이 부는 방향으로 '반 부채꼴' 모양으로 형성된다. 이 잔류 방사선 지역의 크기는 핵무기의 위력과 폭발 고도, 풍향에 따라 달라진다.

20Kt 핵무기가 표면 폭발시 형성되는 낙진에 의한 피해 범위를 분석해 보면 폭발 지점으로부터 4.2km의 원자운 반경 크기의 원형지역과 바람 부는 방향으로 좌우 20도씩 확장되며 중심으로 부터 약 15km 이내 지역에는 '심각한 오염지역'이 형성되고 이 지역에서 4시간 이내에 150래드(rad) 이상의 방사선을 받게 되며 이 정도의 방사선을 받게 되면 5% 이상의 인원이 사상하게 된다.

그리고 폭발 지점으로부터 15km에서 30km 이내 지역에는 '상당한 오염지역'이 형성되는데 이 지역에서는 4시간 내에 150rad 이하, 24시간 내에 150rad 이상의 방사선을 받게 되며, 50rad 이상의 방사선을 받게 되면 2.5% 이상의 사람들은 사상을 일으키게 된다. 이 잔류방사선 지역에 장시간 체류하면 더 많은 방사선을 받게 됨으로 사망률은 더욱 높아지게 된다.

(부록# 1. 방사선 강도에 따른 피해정도 참조)

〈20Kt핵무기 표면폭발 시 잔류방사선의 위험지역〉 (간이 예측)

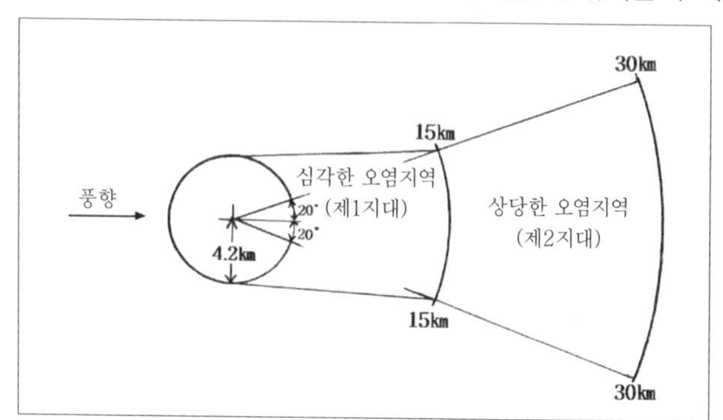

10Mt 수소탄이 표면 폭발시 형성되는 오염지역은 250km까지 '심각한 오염지역'이 형성되고 500~600km 까지 '상당한 오염지역'이 형성된다.

(참고) 방사선의 한 단위인 '래드(rad)'는 사람이 방사선을 흡수한 양을 말하는데 650rad를 받으면 6주 이후에 50% 이상이 사망하고, 3,000rad를 받으면 5~6일 이내에 전원 사망하며, 8,000rad를 받으면 1일 이내에 전원 사망한다. 1rad는 1뢴트겐(X선)과 거의 유사하다.

5. 전자 맥동(EMP)에 의한 피해

원자탄이 폭발시 방출되는 섬광, 열복사선, 폭풍, 방사선은 모두가 인원 및 물자에 피해를 입힌다. 그러나 EMP 현상은 인원의 사상이나 건물 및 물자를 직접 파괴하는 것이 아니고 각종 전자장비의 기능을 마비시킴으로서 피해를 유발한다.

원자탄 폭발시 방출되는 감마(γ)선이 공기 중에 있는 산소와 질소 등의 원자와 부딪치면 핵 외곽의 전자들이 튕겨나가게 된다. 튕겨 나온 전자는 감마선의 에너지를 받아 '고에너지 전자'가 되어 '지구의 자기장'과 연계되어 강력한 전자기파(EMP)를 발생하면서 지구의 자기장에 따라서 광범위한 지역으로 확장해 나간다. 이 EMP가 지나가면 그 지역에 있는 전자기기에 순간적으로 과전압이 부가되어 전자기기가 파괴되거나 장애를 일으켜 작동 불능하게 된다. 이것을 전자맥동(EMP) 효과라 한다.

이 현상은 원자탄의 저공 폭발시 보다 고공 폭발 시에 더 광범위한 지역에 피해를 주게 된다.

이 EMP 현상은 군사적으로 지휘통신 장비의 마비로 작전지휘에 혼란을 야기하고 또 전자장비를 사용하는 자동화 시스템의 전투장비(항공기, 함정, 등 주요 첨단 장비)들도 작전상 큰 혼란에 부딪치게 한다.

오늘날 국가 주요 기간시설들 대부분이 전자, 자동화되어 있으므로 이런 주요 기간시설들을 마비시키기 위해 전략적으로 원자탄을 고공에서 폭발시켜 EMP 효과를 달성할 작전을 계획할 수도 있다.

지금까지 원자탄 폭발시 발생하는 현상과 피해상황을 분석해 보았다. 20Kt 원자탄이 폭발했을 경우의 종합적인 피해 도표를 만들어 보면 아래와 같다.

〈 20Kt 핵무기 폭발시 종합 피해 도표〉

핵폭발 지점		1km / 1.2 / 2km / 2.5 / 3km / 4km / 5km / 15km / 30km				
폭풍		건물 완파	반파	경미		
열	인원	사망	3°화상	2°화상	1°화상	망막화상
열	건물 산림	화재발생	산발적 화재	화재발생가능		
방사선	초기핵	사망	50%사망	경미		
방사선	잔류	심각한 오염지역				상당한 오염

그리고 1945년 8월 10일, 당시 일본 대본영에서 히로시마에 투하된 '원폭 피해조사단'(日本 理科學研究所 仁科芳雄 박사 및

군사관계자로 구성)에서 조사 결과를 발표한 바 있다.[2)]

이에 의하면,

-건물의 피해정도는 폭발지점(GZ)으로부터 3km 이내는 완전히 파괴되었고, 5km까지는 반 파괴, 8km까지는 부분 파괴되었다.

전체 가옥의 60%는 완전 전소되었다.

-인명피해는 80%가 화상으로 인한 피해였다. 폭발 지점 부근에는 즉사 내지 전신 화상을 입었다. 2km까지는 3도 화상, 3km 범위까지는 보통 화상이었고, 1~2일 후에 수포가 발생하고 사망자도 있었다.

'原子爆彈 1938-1959年'[3)]에 의하면, 히로시마 시민의 사망자는 총 13~14만 명으로, 열과 폭풍으로 7~8만 명, 방사능으로 6만 명이였다고 기록하고 있다.

총체적으로 보면 일본 히로시마에 12.5Kt원자탄 단 1발로 시민 14만 명 내외가 1945년 내에 사망했고, 1950년 10월까지 6만 명이 추가적으로 원자탄 후유증으로 사망했다. 도시는 거의 전소되고 대부분 파괴된 폐허의 도시로 화했다. 당시 피폭의 참혹한 모습은 한 말로 '생지옥'이라고 표현해도 모자랄 정도의 참상이었다.

그러한데 12.5Kt의 1,000배나 되는 10Mt의 수소탄이 거대 도시에 떨어지면 그 도시는 일순간에 없어지는 형언할 수 없는 참혹한 모습은 상상하기에도 끔찍스럽다.

---

2) 原子爆彈 p.100.
3) 靑柳伸子 역, p.393.

이런 원자탄, 수소탄의 무서움을 우리는 알고나 있는지? 모르고 있었다면 반드시 알아야 한다. 왜냐하면 북한 김정은의 손에 이 무서운 원자탄과 수소탄을 손안에 쥐고 그의 사무실 책상 위에 핵 단추가 놓여 있다고 2018년 연두사에서 발표하지 않았던가. 우리는 이런 무서운 무기를 지금 우리 머리 위에 이고 살고 있다.

제3절 히로시마 및 나가사키의 피폭 참상

1945년 8월 15일 08시 16분 일본 히로시마 상공에 12.5Kt 위력의 우라늄 원자탄이 폭발했고, 3일 후 인 8월 9일 11시 02분 나가사키 상공에 22Kt 위력의 플루토늄 원자탄이 폭발했다. 원자탄이 폭발하는 그 현장에서 다행히 살아남은 사람들, 그리고 참담한 현장을 직접 목격한 사람들의 소리를 들어 보자.

1. 히로시마의 참상들

가. 원폭의 소녀상

일본 히로시마에 가면 세계 최초의 원자탄 투하로 산화한 영혼들을 위로하고, 당시의 참상을 잊지 말자고, 장차는 핵무기가 없는 세상, 평화로운 세상을 만들자는 취지로 원자탄이 투하된 지상원점 부근에 '히로시마 평화공원'을 조성해 놓고 자라나는 학생들과 시민들의 교육장으로 활용하고 있음을 볼 수 있다.

이곳에 가면 9m 높이의 '원폭의 소녀상(原爆の子の像)' 앞에

많은 학생들이 모여 묵념하는 모습을 쉽게 볼 수 있다. 좌측의 사진처럼 흰 돌로 된 좌대 위에 어린 소녀가 서서 양 손으로 철제로 된 종이학 형상을 하늘 높이 올리고 있는 모습이다.

흰 좌대의 아래쪽 안에는 조그마한 쇠종이 달려 있고 이 종에 달린 추는 금색으로 된 종이학 모습이다. 이 종추가 바람에 흔들리면 풍경처럼 종소리가 울려 나온다.

이 소녀상 주변에는 세계 각지의 소년 소녀들이 보내온 여러 가지 색으로 접은 종이학을 전시하고 있다.

이 소녀상과 종이학과의 관계가 궁금하여 동상 앞에 세워져 있는 설명판을 보니 이렇게 기술되어 있다.

> "이 소녀상은 2살 때에 원자탄에 피폭 당한 '사사키 사다코(佐佐木禎子)' 소녀가 10년 후에 백혈병으로 사망했다. 이것을 계기로 동급생들이 원폭으로 사망한 모든 어린이들을 위한 위령비를 만들자고 호소하여 전국의 3,200여개 학교와 전 세계 9개국으로 부터의 기부에 의해 1958년 5월 5일에 완성된 것이다……"

이 소녀상 아래에 있는 석비에는,

"이것은 우리들의 외침입니다. 이것은 우리들의 기도입니다. 세계에 평화를 구축하기 위한……."

이렇게 새겨져 있다. 우리말로도 기술되어 있다.

"이 소녀상의 모델이 된 '사다코' 소녀는 1943년 7월에 출생하여 2살 때인 1945년 8월 6일, 히로시마시에 원자탄이 폭발했을 때 폭발 지상원점에서 1.6km 떨어진 '사다코' 소녀의 집에는 4명의 가족(할머니, 어머니, 오빠, 사다코, 아버지는 군 복무 중)이 아침식사를 하려고 식탁에 앉았을 때 바깥에서 사람들의 웅성거리는 소리가 들렸다. 하늘 높이 은빛의 비행기(B-29)가 갑자기 하늘로 급상승하는 모습이 신기하다고 떠드는 소리였다.

그리고 이때 지금까지 본적이 없는 굉장히 밝은 섬광이 방 안에 있는 사람들도 감지했다. 뒤이어 천지를 진동하는듯한 폭음에 놀라 모두 식탁에서 엎드렸다. 그리고는 집이 무너지는 듯 방의 다다미(일본식 가옥의 방에 까는 두꺼운 돗자리)가 날려 가족들을 덮어씌웠다. 모두 정신을 잃었다가 정신을 차리고 몸 위에 덮어씌워 진 다다미와 무너진 지붕 자재들 틈에서 빠져 나왔다.

모두 큰 상처는 없었는데 2살짜리 '사다코'가 보이지 않았다. 어머니와 할머니 모두가 사다코! 사다코! 부르면서 찾고 있었는데 어디에서 사다코의 울고 있는 소리가 들렸다. 소리 나는 곳으로 따라 가보니 사다코는 집 뒤뜰의 나무상자 위에 앉아 울고 있었다. 어머니는 사다코를 껴안고 진정시킨 뒤 몸을 살펴봤으나 다행히 아무 상처도 없었다.

네 사람의 가족들은 불타는 집에서 나와 보니 사다코의 집뿐만 아니라 히로시마시 전체가 불타고 있었다. 도로의 전신주와 가로수는 모두 넘어져 있고 길거리로 쏟아져 나온 많은 사람들, 그 중에는 화상과 심한 외상으로 살려달라고 외치는 사람들 거기에 다 심한 폭풍으로 눈 뜨고 방향을 잡을 수도 없었다. 그래서 일단 강 쪽으로 네 사람은 손을 잡고 뛰었다. 실제는 길 같은 것이 없어 뛸 수도 없었다. 어쨌든 강가에 도착하니 그곳의 참상은 더욱 비참했다. 화상을 입은 사람들 모두 물속으로 들어가서는 그대로 죽어가는 모습, 강에서 떠내려오는 시체들 그리고 강가에는 죽은 물고기들도 밀려 나오고 있었다.

거기서 우리는 어머니의 고향인 '대지공원'(히로시마의 북쪽)으로 방향을 정하고 갈려고 하는데, 할머니가 집에 '조상의 위패'를 두고 왔는데 그것을 꼭 가지고 피난을 가야한다고 하면서 어머니가 한사코 말리는데도 불구하고 집으로 가서 위패를 가지고 올 것이니 너희들은 먼저 사다코의 외가로 가라고 하시면서 할머니는 집으로 되돌아갔다. 그것이 할머니와의 영원한 이별이 될 줄은 몰랐다.

'대지공원'으로 가는 도중 갑자기 하늘에서 검은 색깔의 비가 내렸는데 그냥 검은 비를 맞으면서 외가에 도착했다.

그리고 전쟁이 끝나고 아버지도 군에서 제대하고 집으로 돌아왔다. 그 후 어려운 전쟁 후 생활에서 아버지의 사업도 잘되었고 사다코도 아주 건강하게 무럭무럭 자랐다.

사다코는 초등학교에 입학했고, 학년이 올라갈수록 사다코는 달리기에 재능이 있어서 학교 운동회 때는 늘 1등을 했다. 학교 대표로 뛸 만큼 달리기에 남달랐다. 사다코는 장차 달리기 선수가 될 꿈을 키우고 있었다.

그런데 사다코가 초등학교 6학년 때 달리기 학교 대표 선수로 선발되어 연습 중에 갑자기 넘어져 병원으로 실려 갔다. 병원에서는 별 이상이 없다고 했으나 그때부터 사다코는 몸에 이상을 느껴 병원에서 정밀검사를 받았다. 그 결과 "아! 급성 인파선 백혈병" 이라는 청천벽력과 같은 진단이 나왔다.[4)]

이때 사다코의 백혈병 수치는 33,400으로 정상 아동들의 수치 7,000~8,000보다 4배나 넘는 높은 수치였다. 이때가 1955년 2월이었다.

사다코가 히로시마시에 원폭이 폭발했을 때 집 뒤뜰에서, 그리고 검은 비(방사능비)로 방사선에 피폭되었다 하더라도 그동안 아무런 이상 없이 건강하게 자라, 10년이 지난 지금 백혈병에 걸렸다는 것은 자라나는 소녀에게는 너무나 잔인했다. 겨우 12살 나이에 앞으로 1년을 넘기기 어렵다는 의사의 말은 너무나 가혹했다. 사다코는 이때부터 방사선 전문병원에 입원하여 치료에 전념했다. 사다코는 병원 입원 중 3월에 초등학교를 졸업했고, 4월에는 중학교에 입학했다. 지루한 병원 생활 중 어느 날 사다코의 병실에 몇 마리의 종이학이 보내왔다. 이는 입원환자들의 심신을 도와준다는 세계적십자사 회원들이 접어 각 병실에 보내준 것이다. 이는 1,000년을 산다는 학을 종이학으로 1,000마리를 접으면 소원이 이루어진다는 말이 전해지고 있다는 것을 아버지로부터 전해 들은 사다코는 이때부터 '건강한 몸으로 달리기 선수가 되기를 기도하면서' 종이학을 접기 시작했다.

그 사이 학급의 친구들, 달리기 선수들 자주 병실에 찾아와 사다코를 위문해 주었다. 그때 친구들은 사다코가 종이학을 접고 있다는 것을 알고 종이학을 접을 색종이를 보내주곤 했다.

1955년 8월부터 사다코의 몸은 날로 쇠약해져갔고 백혈병 수

4) 사다코 오빠의 저서 '禎子の千羽鶴'에는 사다코가 조산 모의 집에 놀러 갔을 때 조산 모가 사다코의 인후가 이상해 보인다고 아버지에게 검사를 해보라는 말에 병원으로 가서 정밀검사를 했다고 쓰고 있다.

치도 더욱 높아져 가고만 있었다. 그럼에도 사다코는 종이학 접기를 계속하고 있었다. 10월부터는 백혈병 증세의 특징인 몸에 자색의 반점이 나타나기 시작했고 잇몸에서 출혈이 생기는 고통 속에서도 종이학 접기를 계속했다.

1,000마리에 못미치는 644개를 마지막으로 접고 사다코 소녀는 숨을 거두었다.

이 소식을 전해들은 친구들이 사다코의 병실로 와 눈물을 흘리면서 사다코가 못다 접은 356마리의 종이학을 마저 접어 1,000마리 종이학을 채워 사다코의 묘에 함께 묻어 주었다. 친구들은 사다코가 1,000마리의 종이학을 타고 천국에 갔으리라 기원하면서.[5)]"

저자가 히로시마 평화공원에 갔을 때 수십 명의 학생들이 이 소녀상 앞에서 안내자의 설명을 들으면서 무언가를 열심히 적고 있는 것을 보았다.

이 학생들은 원자탄이 정말 무서운 무기임을 알게 되었을까?

눈에 보이지도 않는 원자탄의 방사선에, 언제 피폭 되었는지도 모르고 미래의 꿈을 안고 무럭무럭 자랐는데 10년 후에 갑자기 닥친 방서선 후유증! 그리고 고통과 죽음! 정말 원자탄은 무서운 무기! 이런 무서운 무기를 결코 사용해서는 안 된다고, 이 원폭의 소녀상을 본 학생들은 다짐했을까?

---

5) 사다코에 대한 내용은 저자가 '禎子の千羽鶴'을 비롯한 각종자료들에서 발췌 요약한 것임

나. 어느 할아버지의 소원.

이 글은 히로시마시 경찰관들의 모임인 '경우회'에서 발간한 "원폭 회고록"에 수록된 平川義明이라는 한 경찰관이 쓴 내용이다.[6)]

"내가 원폭 피해지역을 순찰하기 위해 한적한 곳을 지나가는데, '도와주세요!'라고 하는 나지막한 노인의 소리가 들려왔다.

그곳에 가보니 한 노인이 상반신은 옷을 벗은 채 '선생님 부탁합니다. 내 등에다 오줌을 좀 누어 주세요. 화상에는 오줌이 제일 좋답니다. 부탁합니다'하고 애원한다.

상체를 보니 원자탄에 의한 심한 화상으로 등의 피부가 모두 누더기처럼 벗겨져 너들거리고 있어 차마 볼 수가 없었다. 그래서 병원으로 데리고 가야겠다고 생각하면서 그보다 먼저 노인의 애절한 요구를 들어주기 위해 노인의 등 뒤로 가서 오줌을 눌 자세를 취했다. 그때 노인은 양손을 가슴에 합장하고 염불을 외기 시작했다. 그런데 내가 오줌을 눌 자세를 취했으나 몸이 떨려 오줌이 전연 나오질 않았다. 애를 썼으나 허사였다.

그래서 나는 할 수 없이 '할아버지 도저히 안 되네요, 용서해 주세요'라고 했다. 그러자 노인은 '아닙니다. 정말 고맙습니다.'하고는 울음 섞인 말투로 '당신뿐이었습니다. 내말에 귀를 기울여 주는 분은 정말 당신 한사람뿐 이었습니다. 고맙습니다.'라고 말하고는 손을 합장한 채 고개를 떨어뜨리는가 싶더니 갑자기 뒤에서 있는 내쪽으로 쓰러졌다. 그때 노인의 머리가 서있는 내 몸에 닿아 밀리면서 나도 함께 넘어졌다. 노인은 눈을 뜬 채 곧 숨을 거두었다."

---

6) 原爆の秘密, 鬼塚英昭 저 p.290~291.

이 내용은 원자탄으로 인한 열 복사선에 피폭된 한 노인의 처참한 마지막 모습입니다. 정말 원자탄은 무서운 무기입니다.

다. 히로시마 시청 앞 연못의 시체들.

히로시마현, '경우회'의 '원폭회고록'에 실린 한 경찰 간부(亘春市)의 수기 내용이다.

"히로시마시에 원폭이 투하된 며칠 후 나는 4명의 과원들을 데리고 시청 부근의 사찰에 나갔다. 시가는 모두 파괴되었고 불타버려 흔적도 없었다. 도심은 불타버린 황야와도 같았다. 시청 큰 강당에 가까운 조그마한 연못에 갔을 때 그 연못 주변에서 '어머니' '어머니'하고 울부짖는 남녀들의 모습을 볼 수 있었다. 그 연못 가까이 가보니 연못 속에는 시커멓게 탄 시체들로 가득 차 있었다. 이 시체들은 모두 옷이 타버렸고 시커멓게 탄 얼굴로 누구인지 도무지 분간할 수 없는 차마 볼 수 없는 참상이었다.

원자탄이 폭발하자 이 근처에 있었던 사람들은 모두 강렬한 원자탄 복사열에 의해 심한 화상을 입었고 이로 인해 몸속에 있는 수분이 모두 말라 심한 갈증을 느끼게 되고 또 입고 있던 옷에 불이 붙어 뜨거운 열기로 고통을 이기지 못해 물만 있으면 그곳으로 뛰어 들어가 열을 식히고 갈증을 해소하다 보니 정신을 잃고 그대로 익사했다는 것이다. 이 광경을 보니 원자탄의 무서움에 또 한 번 전율했다."

라고 쓰고 있다.[7)]

이 글에서 보듯 원자탄 폭발시 발생하는 수백만 도 이상의 열

7) 原爆の秘密. p.48~49 の手記

에 의해 심한 화상으로 물로 뛰어들어 누구인지 구별조차 할 수 없는 모습의 사람들, 그리고 연못가에서 어머니의 유해라도 찾겠다는 가족들, 정말 원자탄은 무서운 무기이다.

라. 히다(肥田) 군의관 소위의 증언.

1944년도에 히로시마 육군병원에 처음 부임한 28세의 군의관 히다(肥田舜太郞) 육군 소위가 체험한 원자탄 폭발 시의 참상이다.

"1945년 8월 6일 B-29 폭격기가 히로시마 상공으로 날아왔을 때 히다 소위는 어린 소녀를 치료하고 있었다. B-29폭격기가 히로시마 상공에 날고 있음을 소리를 듣고 알고는 있었으나 이미 경계경보가 해제되었으므로 별로 신경을 쓰지 않고 환자 진료에 열중하고 있었다. 바로 이때 번쩍하는 강렬한 섬광에 이어 아주 뜨거운 열기가 히다 소위의 얼굴과 팔에 부딪힘을 느끼고 양팔로 눈을 가리고 엎드리는 순간 병원 출입문 문짝이 날아가고 불어닥친 폭풍으로 히다 소위는 공중으로 붕 떠서 어디엔가 떨어져 정신을 잃었다. 희미하게 정신을 차려보니 몸 위에는 몇 장의 다다미가 떨어져 있었고 그 위에 건물의 기둥이 히다 소위를 누르고 있었다. 히다 소위는 정신을 차리고 눈과 코, 입에 들어간 오물을 제거하고 겨우 몸을 빠져 나와 밝게 보이는 바깥쪽으로 나오니 큰 상처는 없었다.

그리고는 자전거를 얻어 타고 히로시마 시내 방향으로 가는 도중 악몽과 같은 참상과 마주쳤다.

히다 소위는 깜짝 놀라 멈추어 섰다. 어느 박물관에서나 본 듯한 몸 전체가 새까만 나체의 모습을 한 마치 '미라'와 같은 모습의 사람이 자기 앞으로 조금씩 조금씩 다가오고 있었다. 그 새까만 나체의 가슴에서 허리 아래까지 시꺼먼 넝마같은 천들이 너풀거렸고 치켜들은 검은 양손 끝에서도 검은 물이 뚝뚝 떨어지고 있었다. 얼굴과 눈은 엄청나게 부풀려 있었고 상하 입술도 크게 부풀어 얼굴 위까지 올라 있었다. 머리카락은 하나도 없고 오직 검은색의 머리 피부에서도 검은 물이 흘러 얼굴을 가리고 있었다. 몸은 나체로 작아 보이는 새까만 모습은 도저히 인간의 모습이라고 생각할 수가 없었다.

이런 모습의 새까만 사람이 자기 앞으로 가까이 다가오자 히다 소위는 숨이 막혀 움직일 수가 없었다.

다시 긴 호흡을 하고 머리를 흔들어 정신을 차려보니 상체에서 너풀거리는 넝마 같았던 것은 불에 탄 옷이 아니라 피부가 타서 부풀러 올랐을 때 그기에 강력한 폭풍으로 찢겨져 나가 너풀거리는 생피부였다. 손끝에서 흘러내린 검은 물은 붉은 피가 상처에서 흘러내리고 있음을 알게 되었다.

그리고 그 사람은 히다 소위 몇 발자국 앞에서 쓰러졌다. 히다 소위는 군의관 본능으로 다가가 맥을 짚어보았으나 이미 숨은 끊어지고 있었다.

히다 소위는 이곳에서 이 사람 외에도 죽어 가면서 고통받는 많은 시민들을 목격했다. 심한 화상으로 살아있는 시체처럼 비틀거리면서 어디론가 가고 있는 사람들!

걸을 수 없어 기어가면서 살려달라고! 물을 달라고! 애원하는 사람들로 가득 찼다.

정말 이 세상에서 지금껏 생각도 보도못한 이 참상!

지옥이 이보다 더할까 싶어 전율했다.

정말 원자탄은 무서운 무기이다.

이날 오후부터 히다 소위는 히로시마 외곽에 긴급히 설치한 야전병원에서 매일같이 실려 오는 심각한 화상 환자들과 외상 환자들을 치료하느라 눈코 뜰 새가 없었다. 이렇게 1주쯤 지나는 사이 매일같이 많은 환자들이 죽어 나갔으나 다행히 살아남은 환자들은 차츰 차츰 호전 되어가고 있었다.

그러던 어느 날 (1~2주 사이) 한 간호사가 히다 소위에게 황급히 달려와서 환자들이 갑자기 심한 고열과 피를 토하는 이상 증세를 보인다고 알려왔다. 급히 병실로 가 본즉, 어제까지 호전되어 가던 환자들이 심지어 간호사들과 농담까지 하던 그 환자들이 갑자기 심한 고열과 코와 입으로 피를 토해 내고 있었다.

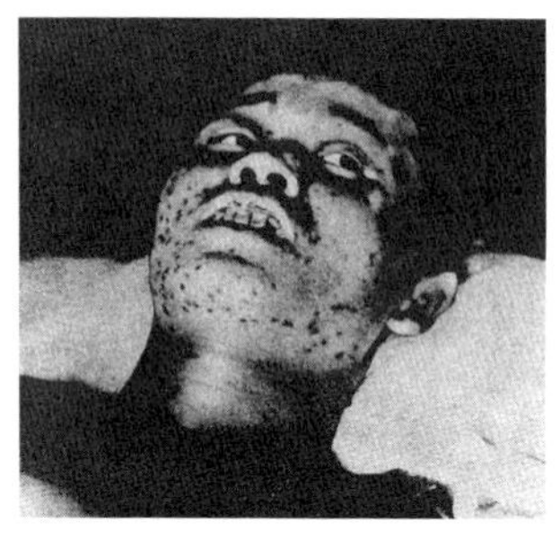

히다 소위는 환자의 입속을 검진해보니 목의 점막이 검게 괴사를 일으키고 있고 악취까지 났다. 거기에 특이한 것은 환자의 온 몸에 자줏빛 반점이 나타나고 있었다.

환자들은 고통을 참느라 손을 머리에 얹으면 머리카락이 마구 떨어져 나왔다.

히다 소위는 편도선 인후 점막에 염증이 생기면 고열이 난다는 것은 알고 있었으나 온몸에 반점이 생기고 머리카락이 빠지는 증세는 알지 못해 난감했다. 당시 선임군의관들은 '장티푸스나 이질' 증세가 아닌가 의심했으나 그것은 아니었다.

나중에 알게 된 것이지만 이 증세는 방사선에 피폭된 사람들에게 나타나는 초기 증세였다. 당시 방사선 피폭자들은 병명도 모르는 채 이렇게 병원에서 매일 같이 죽어 나갔다.

이런 방사선 후유증으로 히로시마에서 1945년 말까지 목숨을 잃은 사람은 최소한 6만 명은 되었다고 일본 정부의 발표가

있었다." [8)]

원자탄이 투하된 그 시각부터 피폭자들의 참상을 현지에서 직접 목격하고 또 피폭자들을 직접 치료한 젊은 군의관으로서 현장감 있는 생생한 증언이다.

이 증언에서 원자탄 1발로 순식간에 생지옥을 만든 현장의 증언을 보면, 정말 원자탄은 무서운 무기임을 실감하게 된다.

마. No more Hiroshima !

이 글은 히로시마에 원자탄이 투하된 날 12살의 초등학교 6학년생이었던 나카무라(內村良子)라는 소녀가 6년 후인 1951년 고등학교 3학년 학생 시절에 쓴 글이다.

"히로시마에 원자탄이 투하되기 3개월 전에 이 소녀는 학교가 집단적으로 시골로 소개 가서 공부하고 있었기 때문에 원자탄의 직접적 피해는 피할 수 있었다.

그러나 이 소녀의 가족 6명(할머니, 아버지, 어머니, 언니, 동생, 막내 남동생)은 모두 큰 피해를 입었다. 히로시마시에 원자탄이 폭발할 때 모두 한집에 있었는데 할머니와 남동생은 어떻게 되었는지 행방을 알 수 없었고, 나머지 4명은 집이 무너질 때 모두 그 속에 깔렸으나 집 앞에 있었던 소방서 대원들의 구조로 모두 무사히 구출되었다. 아버지와 동생은 아무런 외상이 없었는데 어머니와 언니는 집이 무너질 때 창문 유리조각에 의하여 등 30여 곳에 파편상을 받는 중상을 입었다.

8) 본 내용은 原子爆彈 1938~1950의 p.390~394.까지의 내용을 본 저자가 요약 정리한 것임.

외상이 없는 아버지는 행방불명된 할머니와 남동생을 찾으려고 여러 군데의 수용소를 찾아다녔으나 찾을 수가 없었다. 그리고 중상을 입은 어머니와 언니, 외상이 없다던 아버지와 동생까지도 방사선 후유증으로 모두 병원에 입원하고 있었다. 언니는 2주 만에 방사선 후유증으로 사망했다.

남은 세 사람이 병원에 있을 때 나카무라 소녀는 히로시마로 돌아와 병실에서 원자탄 후유증으로 고통받는 가족과 해후했다. 그러나 외상도 없었던 아버지와 동생은 결국 방사선 후유증으로 이 소녀가 지켜보는 가운데 숨을 거두었다.

이제 남은 육친은 어머니 한 사람 뿐, 어머니의 증세도 심각해 가늠할 수 없는 상태였다."

이 소녀는 비록 원자탄에 피폭은 안 됐지만 6명의 가족 모두를 잃은 슬픔을 감당하기에는 너무나 어려운 12세의 소녀에게 원자탄이란 이 지구상에서 없어져야 할 무기라는 것을 뼈저리게 느끼고 있었을 것이다.

그리고 이 소녀가 이 글을 쓸 때는 1950년 말경으로, 당시 한국에서는 북한의 6.25 남침전쟁으로 UN군이 낙동강에서 반격으로 한·만 국경에 도달할 무렵 100만의 중공군 개입으로 UN군은 불가피 평양-원산 선으로 철수하는 위기의 시기(1950.11.30)에 '트루먼' 미 대통령이 기자회견에서 "이 난국을 타개하기 위해 원자탄 사용도 고려할 수 있다" 라고 발표한 바 있다.[9)]

이 '원자탄 사용'이라는 보도를 본 소녀의 감상은 남달랐다.

그래서 이 소녀의 글 말미에 이렇게 계속된다.

9) 朝鮮戰爭 7권, p.12.

"한국에서 전쟁을 치르고 있는 오늘날 할 수 있는 것은 '평화의 기도뿐' 우리는 결코 히로시마를 잊어서는 안 된다. 더 이상 히로시마와 같은 원자탄으로 인한 참상을 재현해서는 안 된다.

NO more Hiroshima!, 왼손에 페니실린, 스트렙토마이신을 들고, 오른손에는 원자탄을 들고 있는 모순을 지금 바로 전 세계의 사람들이 냉정히 반성해 보지 않으면 안 된다."

라고 말하고 있다.

이 소녀는 우리에게 이렇게 절규하고 있다. 너희들이 원자탄이 얼마나 무서운 무기인 줄 아느냐? 원자탄 피해의 참혹함을 아느냐? 고 묻고 있는 듯하다. 정말 원자탄은 무서운 무기이다.

지금 이 소녀가 절규하는 이 원자탄의 1,000배나 더 무서운 수소탄을 가진 북한이 우리를 위협하고 있음을 우리 국민은 알고나 있는지?

원자탄 수소탄 피해의 참혹한 변을 당하지 않으려면 '북한의 비핵화'를 위한 국제적 압박에 맨 앞장에 서야 할 우리가 아닌가?

2. 나가사키의 참상들

히로시마에 원자탄이 폭발한 후 3일만인 8월 9일 11시 02분에 히로시마 원폭의 약 2배나 되는 원자탄이 나가사키에 폭발했다. 나가사키의 참상을 살펴보자.

가. 나가사키의 평화공원 내의 분수대.

나가사키 평화공원에 가면 평화를 염원하는 많은 구조물이 있

〈평화의 샘〉

다. 그중에서도 조그마한 연못 가운데 분수가 솟아오르는 '평화의 샘'이라는 분수대가 있다. 그 가운데 검은 비석이 눈에 띈다. 거기에는 이렇게 새겨져 있다

"목이 말라서 견딜 수가 없었습니다.
물에는 기름과 같은 것이 떠 있었습니다.
너무나 물이 먹고 싶어서 어쩔 수 없이
기름이 떠 있는 그 물을 마셨습니다."
-어느 날 어느 소녀의 수기에서-

이 글은 당시 9세의 소녀가 13세가 되었을 때 쓴 수기에 나오는 글 중 일부를 이곳에 새겨 쓴 것이다.

이 소녀(山口幸子)가 쓴 수기를 옮겨 본다.

"어머니가 아기를 낳았을 때는 공습이 계속되고 있었습니다. 우리 집 근처에도 폭탄이 떨어지곤 해서 산후 어머니의 심기가 허약해져서 아기를 두고 아무것도 할 수가 없었습니다. 아기를 받

은 조산 모의 도움으로 시내에서 떨어진 아주 조용한 산속의 조그마한 집으로 이사했습니다. 그곳은 전등도 없는 아주 한적한 곳이긴 해도 공습경보는 매일 같이 울려서 불안하기는 마찬가지였습니다. 그러나 우리 가족은 서로 의지하면서 나날을 보내고 있었습니다.

그러던 어느 날, '번쩍'하는 빛과 함께 우리 집은 무너졌고 우리 모두는 그 밑에 깔렸습니다. 그리고 부근에는 깜깜해져 아무것도 보이지 않았습니다. 겨우 이런 산속으로 죽으러 왔는가? 라는 생각이 들었습니다. 그래서 나는 예수님, 예수님 저희를 구해주소서 기도했더니 마음이 조금은 가라앉는 것 같았습니다. 그래서 엄마! 하고 소리쳤습니다. 그랬더니 가까이서 어머니의 응답이 있었고 언니와 동생 모두 무사함을 알았습니다. 그리고 모두 정신을 차려 밖으로 빠져나올 수가 있었습니다. 밖으로 나오니 다리가 후들후들 떨렸습니다.

이번에는 공장에 가신 아버지 생각이 나서 걱정을 했습니다. 그리고는 이곳에 있기보다는 공동 방공호로 가기로 했습니다. 사실 다리가 떨려서 잘 걷지를 못했습니다. 서로 붙잡고 산길을 따라 내려왔습니다. 방공호에 도착해보니 많은 사람이 들어와 있었습니다. 모두가 크게 화상을 입었거나 부상당한 것을 보고 놀랐습니다. 어머니는 아기를 꼭 껴안으면서 '세상에 종말이 온 것 같구나'라고 하셨고 우리는 무릎을 꿇고 기도했습니다. 이러는 중에 상처 입은 사람들이 계속 밀려 들어오고 있었습니다. 그들은 '포상(浦上, 지명)은 불바다가 되었다'라고 하는데 귀가 번쩍했습니다. 왜냐하면 포상에는 바로 우리 집이 있는 동네이기 때문입니다. 우리 집은 어떻게 되었을까? 걱정하면서 방공호 내의 공기가 아기에게 좋을 것 같지 않아 방공호를 나왔습니다. 그리고 산을 넘어 친척 집으로 가기로 했습니다. 가는 도중에 때때로 비행기 폭음이 낮게 들려와 그때마다 아기를 둘러싸고 길바닥에 엎드리거나 숲속으로 숨었습니다.

친척 집에 도착해보니 이곳에 있는 집들은 모두 파괴되고 집이라곤 하나도 없었습니다. 우리가 어디로 가야만 아기와 산모가 잠을 잘 수 있는 집이 있을까? 우리는 산그늘에서 겁먹고 서 있었습니다.

목이 말라 견딜 수가 없어서 물을 뜨러 가면 더러운 기름 같은 것이 물 위에 떠 있었고 그것은 하늘에서 떨어진 것 같았습니다. 처음은 마음이 안 놓여 마시지 못하고 그냥 돌아왔습니다. 도저히 물이 마시고 싶어 견딜 수가 없어서 결국 기름이 둥 둥 떠 있는 그대로 마셨습니다.

그 다음날 아버지가 머리에 붕대를 감고 지팡이를 짚으시고 우리들을 찾으러 왔습니다. 우리 한 가족이 모두 살아서 만나게 되었으니 얼마나 기뻤는지 모릅니다. 우리가 포상에 있는 집에 그대로 있었다면 모두 죽었을 것입니다. 우리를 산속의 외딴집으로 가도록 주선해 주신 조산 모는 우리의 생명의 은인입니다.

그런데 포상에 있었던 그 조산모의 가족들은 모두 죽었다는 소식 듣고 우리는 정말 슬펐습니다."

정말 원자탄은 무서운 무기입니다.
아무리 더러운 물이라도 마실 수밖에 없으니까요.

나. 물 마시고 죽어가는 열상 환자들의 모습.

이 글은 원자탄이 폭발할 당시 11살의 초등학교 학생(川崎作

江)이 15살이 되었을 때 쓴 글이다.[10)]

"1945년 8월 1일 나가사키의 포상(浦上)지역에 폭격이 심해져서 우리들은 모두 '아부라기' 계곡에 있는 큰 방공호에 들어갔다. 그로부터 매일 공습이 계속되어 1주일간을 그곳에서 지냈다.

8월 8일이 되어서야 겨우 집으로 돌아왔다. 가족 모두가 집에서 함께 모여 식사한 것은 오랜만이었다. 우리 가족은 아버지, 어머니, 형, 누나 그리고 나 모두 다섯 명이다.

오랜만에 집에서 편안히 잠자고 난 다음날 또 공습경보가 울렸다. 그러나 이날은 방공호로 가지 않고 집에서 놀고 있었다.

그러자 어머니는 '오늘은 이상하게도 위험할 것 같으니 빨리 방공호로 대피하라'라고 거듭 말했음에도 이날 따라 나는 어머니 곁을 떠나기 싫어서 머뭇거리고 있었다. 그랬더니 어머니는 도시락을 주면서 떠밀다시피 나를 방공호로 가도록 했다. 집에는 어머니와 누나 둘만 남았다. 어머니는 공습에 대비해서 물을 길어오고 덧문을 떼어 놓는 등 분주했다. 나는 어제까지 있었던 큰 방공호로 가서 놀고 있었다. 그리고 '번쩍'하는 섬광을 느끼고 닥친 폭풍에 휘날렸는지 정신을 잃었다. 그리고 정신을 차렸을 때, 그 큰 방공호 속에 사람들이 가득 차 있었다. 도대체 어디서 이런 많은 사람들이 달려왔을까? 몇 백명이나 되는지 가늠할 수가 없었다.

그럼에도 계속 들어오고 있었다. 그들은 모두 몸이 찢겨지거나 알몸인 듯 보였다. 그리고 아프다고 고통을 호소하거나 물을 달라고 애원하는 소리, 아이의 이름을 부르는 부모들의 외침, 부모를 찾는 아이들의 울음소리들이 방공호 벽에 울려 '윙윙'하는

---

10) 原子雲の下に生きて, p.31~44.

소리만이 들릴 뿐이다.

도대체 밖에서 어떤 공습이 있었는지? 물어봐도 '전멸했다'고만 말할 뿐, 아는 사람은 아무도 없었다. 나는 집에 있는 어머니와 누나가 어떻게 되었는지? 또 아버지와 형은 어떻게 되었는지 걱정이 되었다.

그리고 시간이 많이 경과되었는데도 우리 가족들은 방공호에 나타나지 않았다. 그 후 오후 5시경이 되어서야 아버지가 와서 나를 찾아 만나게 되어 얼마나 반가웠는지 몰라 울고 말았다.

방공호 속의 공기가 점점 나빠져 악취가 나서 호흡하기가 곤란할 지경이었다. 그래서 아버지와 나는 많은 사람들의 틈 사이를 뚫고 겨우 밖으로 나올 수가 있었다. 이때 나는 처음으로 공기의 맛을 느꼈다. 그리고 우리는 환자들을 임시 치료하는 곳에서 도와주는 일을 했다. 치료를 어떻게 하는지를 몰라 그저 환자에게 '무엇을 도와 드릴까요?'하고 물으면 모두 '물을 달라'고 했다.

그래서 주변에 아무리 살펴봐도 마실 수 있는 물은 아무 곳에도 없었다. 마침 방공호 앞에 적은 물통이 있었고 그 속에 오래된 아주 더러운 물이 있었으나 그것을 환자에게 먹일 수는 없었다. 그래서 내가 아주 곤란해 하니까, 방금 물을 달라던 환자가 방공호에서 나와 물통에다 입을 대고 그 더러운 물을 꿀꺽 꿀꺽 아주 맛있게 마시고는 만족한 듯 고개 들고 뒤로 물러서는 순간 넘어졌고 다시 일어나지 못했다.

그리고 또 다른 환자가 나와서 그 물을 마시고 또 죽어 갔다. 그럼에도 그 물을 계속 마시는 모습들을 보고 말렸으나 더 말릴 수가 없었다.

이것을 보고 '정말 인간은 어리석구나, 물 한 모금 마시고 죽다니?' 이렇게 생각했다.

그때 한 부인이 아들을 찾으러 왔다. 큰 소리로 아들의 이름을 불렀으나 아무런 대답이 없자, 이 부인은 물을 마시고 죽은 사람들을 한 사람 한 사람 살펴보다가 그 중 한 사람이 자기 아들임을 확인하고 그 학생을 끌어안고 가슴을 치며 대성통곡을 했다.

주변 사람들을 보고는 왜 우리 아들을 죽도록 내버려두었느냐고 울부짖었다.

그리고 저쪽에서 한 사람의 학생이 다른 사람의 부축을 받고 비틀거리면서 방공호 쪽으로 오고 있는데 자세히 보니 의과대학에 다니는 나의 형이었다. 아버지와 나는 뛰어가서 형을 부축해 왔으나 이곳에는 의사도 없고 밤이 늦어 다음 날 아침에 대학병원으로 갔다. 거기서 치료를 받았으나 상처가 중상이라 4일째 되는 날 형은 나보고 '공부 열심히 해서 세계에서 유명한 의사가 되어 달라'는 마지막 부탁을 하고는 눈을 감았다.

그리고는 형의 유해를 안고 집으로 돌아왔다. 집에 오니 집은 불에 반 이상 타버렸고 그대로 무너져 내려앉은 상태였다. 아버지와 나는 집 앞에 앉아서 어머니와 누나가 나타나기를 기다리고 있었다. 많은 사람들이 지나갔다. 그때 불현듯 혹 어머니와 누나가 무너진 집속에 깔려있지나 않을까하는 생각이 떠올랐다.

그래서 그 다음날부터 우리는 무너진 집을 파보기로 했다. 파고 또 팠지만 아무것도 없었다. 그렇지만 파기를 계속했다. 하루종일 팠는데 마침내 거무스름한 것이 보여 정신을 가다듬어 넓게 파들어가니 사람의 시체인 것 같았다. 좀 더 파들어가니 전신이 나왔는데 몸은 검게 타버린 형체였다. 드디어 머리가 나왔는데 머리는 타지 않고 그대로였다. 누나였다. 그 얼굴을 보고 나는 그만 울고 말았다.

이제 남은 것은 어머니 뿐, 나는 다음날도 다음날 도 계속 끈기 있게 계속 팠다. 드디어 옆집 가까이서 어머니와 옆집 할머니가 서로 마주보고 무언가 속삭이고 있는 듯한 모습의 시체를 찾아냈다. 우리는 어머니와 누나의 시체를 계속 그대로 둘 수가 없었다. 마침 시에서 다비(시체를 태우는 것)가 시행되어 1구씩 태웠고 누군지 모르는 시체는 한꺼번에 태웠다. 시내 이곳저곳에서 시체 태우는 연기가 솟아올랐다.

아버지와 나는 세 사람의 유해를 각각 항아리에 담아 시골로 가고 있었다……."

이 11세의 소년은 방공호 앞에서 물을 달라고 애원하는 화상 환자들이 물 한 목음에 목숨을 잃는 애절한 모습을 보고 인간의 무상함을 느끼고, 또 사랑하는 가족의 유해 항아리를 안고 시골로 가면서 무엇을 생각하고 있었을까?

정말 원자탄은 무서운 무기임에 틀림없다.

다. 나가사키 의과대학 궤멸의 날.

이 내용은 1945년 8월 9일 나가사키 상공에 원자탄이 폭발할 당시 폭발지점으로부터 850m 떨어진 곳에 있는 나가사키 의과대학의 한 교수(小路俊彦)가 이날의 피폭 상황을 '나가사키 의과대학 궤멸의 날'이라는 증언록에 쓴 글이다.[11)]

"이날 11시 02분 원자탄이 폭발했을 때 대학의 일부 교실에서는 강의가 진행되고 있었다.

제5 강의실에서는 학부 1학년생 73명이 수강 중에 있었다. 이때 B-29폭격기인 듯한 대형 항공기 소리가 들리더니 갑자기 '번

11) 原爆の秘密(鬼塚英昭,著), p.200~203.

쩍'하는 섬광이 강의실을 비추고 곧이어 굉장한 폭음과 함께 유리창이 깨지고 목조건물인 강의실은 일순간에 붕괴되고 화재까지 발생했다. 무엇이 일어났는지도 모르는 사이에 다수(40명)의 학생들은 압사되거나 화재로 소사되었다. 나머지 33명은 유리창에 의한 파편상, 골절상, 화상 등으로 피를 흘리면서 붕괴된 강의실로부터 필사적으로 탈출하고 있었다. 그러나 탈출에 성공한 학생들에게는 또 방사선 장애가 기다리고 있었다. 이들은 모두 8월 16일까지 전원 사망했다.

그리고 제4강당에는 410명의 많은 학생들이 수강 중에 있었는데 이들 중 한사람도 남김없이 전원 사망했다는 기록이 있다.

결국 제4, 5강의실에 있었던 학생 483명은 전원 100%가 사망했다는 것이다."

그리고 이 증언록에 '유족의 수기'도 게재되어 있다.

붕괴된 대학 건물에서 탈출에 성공한 1년생인 土橋弘基군을 잃은 아버지(土橋青英)의 애끊는 사연의 수기를 소개하고 있다.

"의과대학 학생들이 모두 사망했다는 소식에 놀란 학부모들은 시골에서 올라와, 흔적도 없어진 학교 근처에서 혹시나 하고 아들들을 찾느라 아우성이었는데 그곳에서 土橋씨는 천우신조로 아들을 만나 집으로 돌아 올 수 있었다.

아들은 원자탄이 폭발되자 교실이 무너진 그 더미 속에서 다행히 죽지 않고 살아있었다. 있는 힘을 다해 머리 위에 덮어 씌워진 장애물들을 해치고 불타는 건물에서 빠져나와 보니 몇몇 동료가 있어서 함께 탈출을 했다. 모든 건물은 파괴되었고 시가지는 불타고 있어 도무지 방향을 찾을 수 가 없어서 헤매다가 그사이 해는 저물고 할 수 없이 산속에서 하룻밤을 새우고 나니 갈증과

배고픔을 느꼈으나 주위에 식량이나 물을 구할 수가 없었다. 마침 근처 밭에 호박이 있어 그것을 따서 그대로 먹고 배고픔을 면했다. 그러다가 하늘의 도움으로 학교 근처에서 부모님을 만나게 되었다는 것이다. 집으로 돌아온 아들은 외상은 없음에도 구토 증세를 일으키면서 식사를 제대로 하지 못하고 몸은 쇠약해지기만 했다.

가족들은 죽다 살아온 아들을 위해 온갖 정성을 다해 간호했다. 아버지는 혹시 산에서 따먹은 호박 때문이 아닌가 의구심이 들었으나 극진히 간호했다. 가족들의 극진한 간호에도 불구하고 집에 온지 1주일도 채 못 되는 8월 16일 가족들이 보는 앞에서 아들은 숨을 가두었다.

의과 대학생 아들을 잃은 아버지는 자기가 아들을 죽였다고 자책감을 품고 매년 8월 16일이 되면 향을 피우고 아들의 영혼을 위로하고 있다고 했다.

이 아버지가 왜 아들을 자신이 죽였다고 자책을 하느냐면 아들이 중학교(지금의 고등학교)를 졸업할 때 인문대학으로 가기를 원했는데 아버지는 나가사키 의과대학이 일본에서 손꼽는 대학이고 또 집에서도 통학할 수 있는 거리이니 의과대학 가기를 권유했다. 아들은 아버지의 뜻을 받아드려 인문대학을 포기하고 나가사키 의과대학에 입학하게 된 것이라 했다. 만약 그때 아들 뜻대로 인문대학으로 갔었더라면 원폭에 피폭되지 않고 죽지도 않았을 것이다. 즉 아버지의 권유가 아들을 죽게 만든 것이라고 자책하고 죽을 때 까지 아들에 속죄하면서 살아 갈 것이라고 했다."

이 아버지의 가슴에 사무친 이 한은 원자탄의 산물이다. 원자탄은 정말 무서운 무기이다.

라. 어머니의 기적.

이 글은 나가사키에 원자탄이 폭발했을 때 10살의 초등학생(萩野 美智子)이 4년 후에 쓴 글이다.[12)]

"우리는 부모님 슬하에 5남매(4녀1남)의 단란한 가정이었다.

위로 두 언니와 나, 다음이 남동생 그리고 두 살짜리 막내가 전부다. 1945년 8월 9일 11시경, 두 언니와 나 세 사람은 2층 방에서 놀고 있었고 동생들은 아래층에 있었다.

이때 어머니는 우리들에게 '불조심하라'는 말을 남기고 밭으로 나가셨다. 나는 언니들과 함께 정신없이 놀고 있었는데 그때 '번쩍'하는 벼락과 같은 섬광이 비쳤고 그 순간에 우리 집은 무너졌다. 그 밑에 나는 깔려버렸다.

무너진 벽 사이 빈틈으로 보니 두 언니가 보였다. 그리고 '언니!'하고 소리쳤다.

바로 두 언니들이 와서 벽에 깔린 나를 빼내려고 했으나 나올 수가 없었다. 둘째 언니가 나보고 조금만 기다려, 큰언니가 사람들을 데리고 올 거야 했다. 나는 몸을 비틀며 나오려고 안간힘을 썼으나 나올 수가 없었다.

이어 큰언니가 4~5명의 해군병사들을 데리고 왔다. 그들의 도움으로 나는 겨우 빠져 나올 수가 있었다.

밖에 나와 보니 나는 깜짝 놀랐다. 아침에 그렇게도 맑은 하늘이 시커먼 구름으로 덮인 무서운 하늘로 변하고 있었다.

우리들은 정신이 없어 방공호로 피신하려 했다. 바로 그때 집 아래층에서 '도와주세요!'하는 소리가 들렸고 그 소리는 분명 남동생의 소리임을 직감하고 그때서야 동생들 생각이 떠올랐다.

---

12) 原子雲の下に生きて, p.24~31.

그 소리를 들은 큰 언니가 제일 먼저 그 쪽으로 달려가서 쌓인 기왓장들을 들어내고 남동생을 끌어내고 밖으로 막 나오려 하고 있을 때 옆방 쪽에서 어린아이의 울음소리가 또 들려왔다.

그 울음소리를 듣고 가보니 2살짜리 막내동생이 무너진 대들보에 한쪽 다리가 눌려 나오지 못하고 울고 있었다. 나를 구해준 해군병사들을 다시 불러 함께 대들보를 들어 올리려 했으나 꼼짝도 하지 않았다.

막내는 눌린 다리가 아프다고 울면서 버둥거렸다. 그러나 우리들은 어떻게 할 수가 없었다. 해군병사들도 도저히 할 수 없다고 하면서 다른 곳의 구조를 위해 가버렸다. 이제 남은 사람은 우리 형제 네 사람 뿐 우리들로서는 어떻게 할 수가 없었다.

이때 저쪽 편에서 우리가 있는 쪽으로 화살같이 뛰어오는 사람이 눈에 띄었다. 머리카락은 제멋대로 흐트러졌고 옷을 입지 않은 알몸상태와 같은 몸으로 큰소리로 우리를 부르면서 뛰어오고 있었다. 그는 우리 어머니였다. 우리는 '어머니!'하고 큰소리로 불렀다.

우리는 어머니가 와서 마음은 놓였으나 대들보에 한쪽 발이 눌려 빠져나오지 못하고 아파하는 2살짜리 동생을 본 어머니의 얼굴은 새파랗게 질렸다. 그리고 집에는 불이 붙어 연기와 열기는 우리 쪽으로 자꾸만 다가오는데, 지금 동생을 구하지 못하고 바라보고만 있는 우리는 정말 안절부절 하고 있었다. 이 막다른 상황에서 어머니는 울고 있는 막내동생을 내려다보고 있었고 동생의 적은 눈은 밑에서 어머니를 쳐다보고 있었다.

그때 어머니는 큰 눈을 굴리며 무거운 대들보의 모양새를 훑어보고는 대들보 밑의 적은 틈을 찾아 그 사이에 몸을 끼어 넣고는 대들보 1개를 오른쪽 어깨에 대고 아랫입술을 콱 깨물고 마치

역도선수가 혼신의 힘을 쓰듯 어깨에 온힘을 집중하니 이때 푸시시 소리가 나면서 대들보가 약간 위로 움직였다. 그때 큰 언니가 재빠르게 막내의 발을 빼냈다.

이것은 정말 기적이라 아니할 수 없다. 젊은 수병 4사람이 들어 올리지 못한 대들보를 어머니가 어떻게 움직일 수 있었을까? 어머니만이 할 수 있는 초능력일까? 4년이 지난 지금도 나는 그때의 어머니를 생각한다.

어머니는 동생을 껴안고 울음을 터트렸고 우리 형제들 모두 어머니를 붙들고 마음껏 울었다.

어머니는 그때야 정신이 들었는지 우리들 얼굴을 하나하나 어루만지시더니 갑자기 넘어지듯 푹석 주저앉아 버렸다.

그때서야 우리도 정신이 들어 어머니를 찬찬히 볼 수가 있었다.

어머니는 집 가까이 있는 밭에 나가서 점심때 우리 가족이 먹을 찬을 만들려고 가지를 따는 중에 원자폭탄에 피폭된 것이다.

그리고 우리 집이 무너진 것을 보고 자신은 어떻게 되었는지도 모른 채 우리들 걱정으로 마구 뛰어왔던 것이다.

어머니가 입은 상의와 몸빼(하의)는 불에 타 갈기갈기 찢어져 너풀거렸고 그 찢어진 옷 사이로 보이는 피부는 심한 화상으로 너덜너덜하게 늘어져 있었다. 머리카락은 대부분 타버렸고 타다 남은 짧은 머리카락만이 남아 있을 뿐이었다. 그리고 대들보를 들어 올린 우측 어깨에서는 붉은 피가 약간씩 흘러내리고 있었다.

그리고 정신없이 앉아 있던 어머니는 갑자기 쓰러지시고 고통으로 몸부림치시다가 그날 밤 늦게 돌아가셨다. 우리 형제들은 어머니를 붙들고 한없이 울었다.

그때에 아버지가 비틀거리면서 달려왔다. 달려온 아버지도 큰 화상을 입고 있었다."

이 참상은 일본 나가사키 시내에서 원자폭탄에 피폭된 한 가족이 체험한 삶과 죽음의 현장을 우리들에게 생생하게 알려 주고 있다. 원자탄이 얼마나 무서운 무기인가를.

마. 죽은 동생을 업은 원폭 소년.

금년 1월 1일 '프란시스코' 교황님께서 신년 카드에 '죽은 동생을 업은 원폭소년'의 사진을 넣어 보냈다는 미국 CNN 뉴스가 보도된바 있다.[13].

원폭에서 살아남은 한 소년이 죽은 동생을 업고 화장터에서 차례를 기다리고 있는 장면으로, 미국의 사진사 '조 오더널'이 당시 나가사키에서 찍은 것이다. 이 소년의 슬픔은 피가 흐르는 굳게 다문 입술에서 엿볼 수 있다고 했다. 이 사진을 교황님께서 직접 선택한 것은 최근 북한의 핵 프로그램 강행과 미국의 핵 옵션이 거론되는 상황에서 원자탄이 얼마나 무서운 무기인가를 알리는 경고 메시지로 볼 수 있다.

그리고 이와 유사한 '그림'이 히로시마에서 전시된바 있다. 1949년 '松室一雄'씨(당시39세)의 그림으로, 1945년 8월 원자탄이 폭발할 때 현장에 있었던 생존자로, 사라지지 않는 당시의 기억을 더듬어 '축 늘어진 죽은 어린 아이를 업고 가는 한 어머니'의 애절한 모습이 영영 지워지지 않아 그렸다는 작품으로 1949년

13) 세계일보. 2018. 1. 1

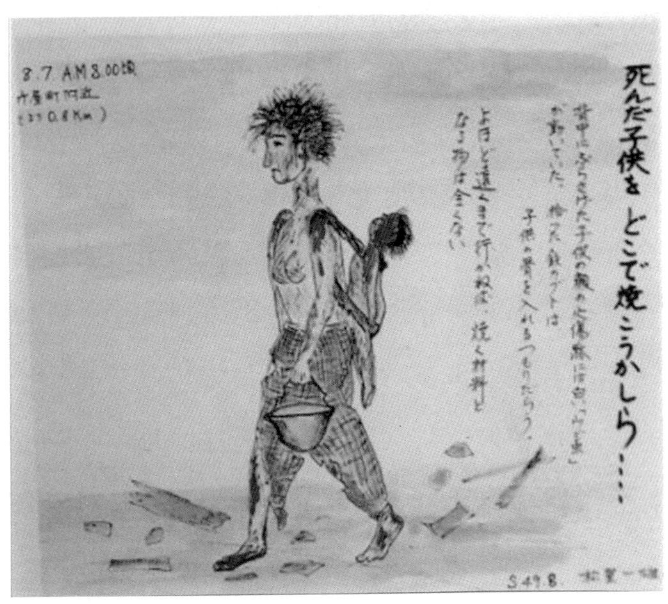

NHK 히로시마 방송국에서 발표된 작품이다.

이 그림의 여백에 '등에 업힌 죽은 어린이의 화상 입은 얼굴에는 구덩이가 움직이고 있었다. 어머니가 주워 들고 있는 철모는 어린이의 뼈를 담겠지, 꾀 멀리까지 가지 않으면 (어린이를 화장할 때 쓸)태울 나무도 없을 텐데.'라고 쓰여져 있다.

정말 참담한 내용의 사진과 그림이다.

'죽은 동생을 업고 있는 소년' 아마도 이 소년은 부모 형제들도 모두 잃고 혼자만 살아남아 누구도 동생을 화장시켜줄 사람이 없어 죽은 동생을 손수 업고 화장장에 왔을 것, 이 소년도 피폭되어 입술에 피를 흘리면서도 굳게 담은 입술의 모습에서 우리는 무엇을 읽어야 하나?

그리고 '축 늘어진 죽은 아이를 업고 어디서 주운 철모를 든 어머니'의 처참한 모습에서 우리는 무엇을 다짐해야 되는가?

정말 원자탄은 무서운 무기이다, 이런 참담한 모습을 두 번 다시 이 지구상에서 재현되어서는 안 될 것이다.

지금 우리는 우리의 지척에 원자탄과 수소탄을 들고 우리를 위협하는 북한과 대치하고 있다. 우리는 반드시 북한의 핵을 억제해야할 절체절명의 위기에 처해 있다. 이 위기를 벗어날 대책은 있다. 의지의 문제일 뿐이다.

제4절 수소탄은 원자탄보다 1,000배나 더 무서운 무기

일반적으로 수소탄은 원자탄보다 1,000배나 더 무서운 무기라고 말한다. 이 말은 미국이 최초로 수소탄 실험을 했을 때 그 위력이 10.4Mt이었다. 히로시마에 투하된 원자탄 12.5Kt에 비하면 약 1,000배나 된다고 해서 나온 말이다.

미국 수소탄의 아버지라는 Edward Teller 박사는 '수소탄의 위력을 원자탄 위력에 비교하면 장난감(Toy)이다'라고 표현한 바 있다. 그리고 수소탄은 원자탄과는 달리 그 위력을 크게 하려면 이론상 얼마든지 크게 만들 수 있기 때문에 이런 표현을 쓴 것으로 생각된다.

미국이 실험한 최대 수소탄 실험은 15Mt이였고, 소련이 실험한 최대 수소탄은 50Mt이었다. 이들 수소탄의 위력은 히로시마 시에 투하된 원자탄의 1,200배와 4,000배나 되는 엄청난 대 위력이다.

앞 절에서 히로시마에 12.5Kt 1발의 원자탄으로 도시는 황야와 같은 폐허의 도시가 되고 33만의 시민 중 1950년까지 총 20만 명이 사망했음을 미루어 보면 Mt급 수소탄 1발이 대도시에 투하되면 형언하기 어려운 참혹한 대량 인명 피해와 대량 파괴가 날 것은 상상하기 어렵지 않다.

실제 1Mt의 수소탄이 대도시에 투하되는 경우 얼마만한 대량 피해가 날 것인가를 시뮬레이션 한 내용이 있다. 이 내용을 요약 정리 해 본다.

1. 일본 도쿄에 1Mt의 수소탄 폭발시 모의시험 결과

일본 최대 도시이며 직경 37km인 인구 1,200만 명이 살고 있는 도쿄에 1Mt의 수소탄이 폭발하면 어느 정도의 피해가 발생할 것인가를 1984년 8월 5일, 일본에서 분석한 자료[14]가 있다. 그 내용을 요약 소개하면 다음과 같다.

· 도쿄 타워가 있는 상공 2,400m에서 1Mt의 수소탄을 폭발시켰다. 직경 1,800m의 거대한 불덩어리(화구)가 만들어지며 강철도 녹일 수 있는 섭씨 5,000도의 고열이 방

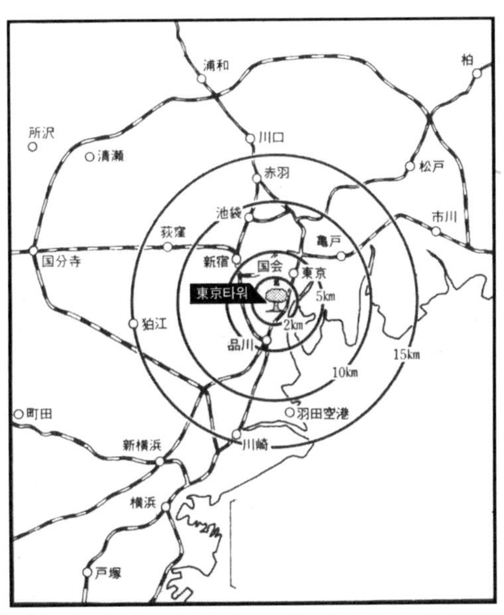

1Mt수소탄이 도쿄 상공에 폭발시 피해반경

14) 일본 '원자력 독본' p.120.

출되어 바로 그 밑에서 놀고 있는 어린이들을 순식간에 소사 증발시키고, 건물에 화재를 일으킨다. 열복사선에 이어 도쿄에서 약 6km 떨어진 신주쿠(新宿)지역에 충격파가 닥쳐서 빌딩 등을 파괴하고 4,000톤의 유리파편이 폭포의 거센 물이 떨어지듯 사방으로 날아가서 노출된 사람들을 사상시킨다.

· 반경 5km 이내에서 달리던 400대의 차량과 고속도로상의 3,500대의 차량들을 모두 날려 불태워 버린다.

· 도쿄만 내에 있는 연료탱크와 유조선 등이 폭발하여 도쿄만은 불바다가 된다.

이렇게 되어 반경 2km 이내에 있는 인원 30만 명은 즉사하고, 5km 이내에 있는 인원 300만 명 역시 거의 전원 사망하게 된다. 10km 이내의 600만 명은 대부분 사망하고 15km 이내의 1,000만 명중 생존자는 극히 적을 것으로 판단하였다.

이렇게 일본의 수도 도쿄에 1Mt의 수소탄 단 1발로 1,000만 명에 가까운 시민이 살상되는 처참한 결과가 발생하리라고 분석한 이 내용을 TV로까지 방영한 바 있다. 이처럼 일본은 원폭 피해에 민감하다.

2. 서울시에 1Mt의 수소탄 폭발시 예상되는 피해

구 분	서 울	도 쿄
인 구	1,000만	1,200만
직 경	34km	37km

일본 도쿄시에 수소탄 폭발의 모의 시험한 내용을 보면서 간

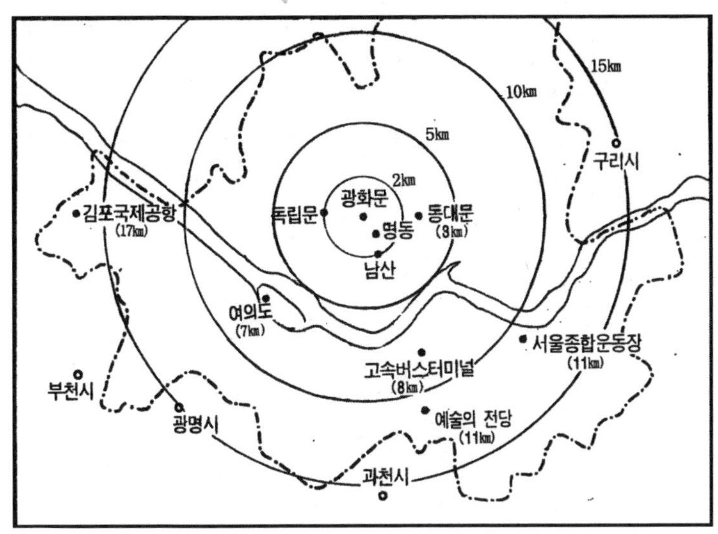

서울시광화문 네거리를 중심으로 한 반경

과할 수 없는 것은 도쿄의 인구와 면적이 서울시와 너무나 유사하다는 점이다.

그래서 도쿄에서 모의 실험한 자료를 그대로 인용해서 서울시에 적용시켜 검토해 보면 다음과 같은 예상판단이 가능하다.

· 광화문 네거리 상공 2,400m에 1Mt의 수소탄이 폭발되었다고 가정한다.
· 광화문 네거리에서 2km 이내에 있는 모든 사람들은 즉각 사망하고 지상건물은 완전 파괴되어 텅빈 폐허의 공간이 될 것이다.
· 5km에서 10km 이내에 있는 사람들은 모두 사망하고 지상건물들은 초속 62m의 강풍[15)]으로 완전 파괴되고 철근 콘크리트 건물의 뼈대 일부만이 앙상하게 남을 것이다.

15) 초속 50m의 강풍은 달리는 기차를 날리고, 초속 25m의 강풍은 수목을 뿌리 채 뽑는다.

· 15km 이내의 사람들 대부분은 사망 또는 부상을 당할 것이고 살아남은 사람들마저도 대화재로 인한 산소 부족으로 호흡곤란을 일으켜 질식할 수도 있을 것이며 지상 건물은 완파 또는 반파될 것이다.

서울시의 주요시설과 사람들의 90%이상이 15km 범위 내에 있으므로 1Mt의 수소탄 단 1발로 대량살상, 대량파괴의 피해를 입을 것이 예상된다.

수소탄의 위력을 이해하는 한 저널리스트는 '서울 광화문 상공에 1Mt의 수소탄이 폭발하면 서울의 어디라고 할 것 없이 사람의 흔적은 자취도 없이 사라지고 말 것이다'라고 표현한 바 있다.

지금 분석해 본 바와 같이 단 1발의 1Mt 수소탄으로 한국 인구의 1/5인 1,000만 명이 살고 있는 서울의 대도시를 일순간에 잿더미로 만들 수 있는 대재앙을 불러일으키는 무서운 무기가 바로 수소탄임을 우리는 분명히 인식할 필요가 있다.

이런 엄청난 대재앙을 가져올 수 있는 수소탄을 북한이 개발하고 제6차 핵실험을 하고 '수소탄 실험을 성공적으로 실시했다'고 발표했다.

북한은 원자탄보다 더 무서운 수소탄을 보유했다고 발표했는데 우리 국가의 존립과 국민의 생존을 수호할 안보 책임 당사자들은 어떤 대비책을 강구하고 있는지 궁금하다.

제5절 핵 EMP탄은 국가를 대재앙으로 몰고 갈 무서운 무기

1960년대까지 핵무기가 폭발시 발생하는 폭풍, 열, 방사선으로 인해 피폭지역에 인명살상과 시설의 파괴, 방사선 오염지역의 형성 등의 피해를 입히는 것을 핵무기의 3대 효과라 했다. 1970년대에 와서는 폭풍, 열, 방사선 효과 외에 그때까지 알려지지 않았던 '전자맥동효과(EMP)'라는 것을 추가하여 핵무기 4대 효과라 하고 있다.

전자 맥동(EMP: Electronic Magnetic Pulse)효과라는 것은 핵무기를 폭발시키면 전체 에너지 중 약 15%는 방사선으로 방출된다. 이 방사선 중 가장 강력한 감마선은 전자기파로 반도체나 전자제품에 파손 또는 기능 장애를 일으키게 된다는 사실을 알게 되었다.

특히 핵무기를 고공에서 폭발시키면 이 전자기파는 광범한 지역으로 확산되어 이 지역 내에 있는 각종 전자장비, 통신망, 컴퓨터 네트워크 등 인프라까지도 파괴 또는 장애를 일으키게 하므로 군사작전에 큰 영향을 미치게 된다.

2000년대에 접어들면서 미국, 러시아, 중국과 같은 핵보유국들을 중심으로 EMP 효과에 대한 연구개발이 가속화 되고 있다.

전쟁목적에 사용하는 EMP에는 핵무기 폭발로 인해 광범위한 지역에 전자장비를 마비시키는 '핵 EMP'와, 핵을 사용하지 않고도 일반 고폭약으로 전자기파(EMP)를 기계적으로 방출하는 장치를 내장한 탄두를 제작하여 미사일의 탄두, 포탄, 폭탄으로 사용하는 '비핵 EMP'가 실용화되고 있다.

둘 다 전자장비 등을 마비시키는 효과는 동일하나 다만 그 효과 범위가 크거나 작다는 것이 다를 뿐이다. 이 절에서는 핵 EMP에 대해서 주로 언급한다.

1. 고공 핵실험시 이상 현상 발생에 대한 연구

1962년 7월 9일 한밤중에 태평양 상에 있는 환호의 섬 존 스톤(Johnston)에서 1.45Mt의 수소탄을 400km나 되는 고공에서 폭발 실험(실험 계획 명: Starfish Prime)을 실시했다. 이때 존 스톤 섬에서 약 800km 떨어진 곳에 있었던 군 관측장비가 파손되었고, 또 1,287km나 떨어져 있는 하와이 섬에서 전혀 예상하지 못했던 이상 현상이 발생하게 되어 핵실험자들을 놀라게 했다.

하와이 섬에서 번개와 같은 섬광이 순간적으로 밝게 비추었고 동시에 전기시설에 순간 전압을 급상승시켜 각종 전기회로의 차단기가 떨어지고 또 전기 퓨즈도 끊어져 하와이 호놀룰루 시가의 300개 가로등이 모두 꺼지는가 하면 각 가정의 전기도 꺼짐으로서 암흑의 도시가 되었다.

당시 도시에 설치되었던 전화교환기 시스템, 도난 경보기도 대부분 오작동 되거나 마비되었다. 이런 예상하지 못했던 이상 현상 발생으로 미국의 핵 과학자들은 이 현상에 대한 원인을 규명하기에 나섰다.

이때부터 과학자들은 핵폭발 시 섬광이 하와이에서 목격되었고, 섬광 자체가 강력한 전자파이고 또 핵폭발 시 발생한 강력한 감마(γ)선이 작용한 어떤 형상임을 직감하고, 연구결과 핵폭발로 일어난 고성능 전자기파(EMP)에 의한 것임을 확인하였다.

2. EMP(전자기파: Electronic Magnetic Pulse)의 발생 원리.

EMP의 발생 원리는 1925년 미국의 노벨 물리학상 수상자인 Arthur H, Compton 교수 (1892~1962)가 발견한 '콤프톤 효과(Compton effect)'와 연결된다. 콤프톤 교수는 '강력한 에너지 상태의 광자나 감마선이 원자 번호가 비교적 낮은 산소(O)나 질소(N) 원자핵과 부딪히면 핵 외곽의 전자를 방출 시킨다'는 것을 발견했다.

핵무기가 폭발시 발생하는 감마선은 지구상에서 가장 강력한 것으로, 고에너지의 감마선이 산소와 질소의 원자 핵 외곽의 전자와 충돌하면 전자는 감마선의 에너지를 받아 '고에너지 전자'로 전환함과 동시에 원자핵으로부터 튕겨 나가게 된다. 튕겨나간 '고에너지 전자'는 지구 자체가 자기(磁氣)를 띄고 있는 '지구자기장(地球 磁氣場)'과 연계되어 큰 물결형(사이클로트론)의 운동을 하면서 강력한 전자기파(電磁氣波:EMP)를 발생하면서 광범위한 지역으로 확장해 나간다.

EMP가 지나가면 그 지역에 있는 전자기기에 순간적으로 과전압이 부가되어 모두 파괴되거나 장애를 일으켜 작동 불능기기가 되어 버린다.

또 EMP파는 전기가 흐르는 도체(전기선이나 안테나선)를 따라 흐르게 되므로 지하시설에 연결되어 있는 전자기기에도 피해를 입히게 된다.

EMP의 발생으로 인한 피해 범위는 핵무기 폭발시 나타나는 3대 효과의 피해 범위보다 훨씬 더 광범위한 지역까지 미친다는 것이 EMP 효과의 특징이다.

3. EMP 운용의 효과 및 모의실험 결과

EMP 운용을 위한 모의실험 결과를 보면 EMP 운용이 장차 전쟁에 중요한 영향을 미치게 될 것임을 알 수 있다.

가. EMP 운용의 효과

EMP의 발생 원리에서 언급한 바와 같이 EMP발생에는 두 가지 방식이 있다. 하나는 핵무기가 폭발시 자동적으로 발생하는 EMP를 이용하는 방식(핵 EMP)이고, 또 하나의 방식은 핵폭발 없이 고폭 화약의 폭발에너지를 이용해 EMP를 기계적으로 발생시키는 방식(비핵 EMP)이다.

'핵 EMP'는 핵 위력과 폭발고도에 따라 수100km에서 수1,000km 까지 EMP 효과를 발생시킨다.

'비핵 EMP탄'은 포탄이나 폭탄(항공기 투하) 또는 미사일 탄두에 탑재시켜 사용함으로 크기에 제한이 있어 EMP 효과 반경은 수 백미터에 불과하다. 그래서 비핵 EMP 개발국가들은 피해범위를 수 킬로미터로 넓히는 개발에 주력하고 있다.

EMP의 효과는 '핵 EMP'나 '비핵 EMP' 모두 상대 전자기기의 파괴 및 장비를 마비시키는 효과발생은 동일하나 그 효과범위가 다를 뿐이다. 핵 EMP는 효과범위가 광범위함으로 통상 전략적으로 운용하고, 비핵 EMP는 소규모 주요시설 등 점표적에 전술적으로 운용한다.

EMP 사용에 대한 기대 효과는 근본적으로 상대의 전자장비를 파괴내지는 마비로 "전쟁의 주도권"을 잡는데 있다. 좀 더 구체적으로 언급하면 EMP 효과에 극히 취약한 것은 반도체를 구성하는 소자(素子)들이다. 이 소자들은 회로의 도선 굵기가 가늘어 큰 전류가 갑자기 흐르면 견디지 못하고 파괴된다. 특히 최신의 IC회로는 낮은 유도전압에도 쉽게 EMP의 영향을 받아 파괴되거나 작동 불능이 된다. 그러므로 오늘날 정보화시대의 첨단장비의 지휘, 통신, 정보 장비들 모두 컴퓨터 및 전자장비로 되어 있어 핵 EMP가 이런 각종 장비에 방사 되면 대부분 파괴되거나 기능장애를 일으키게 되어 정상적 전쟁 지휘를 어렵게 만든다.

직접적인 군 전자시설 외에도 지역 내에 있는 국가의 주요 인프라(발전시설, 전력 공급 망, 통신체계, 교통체계 등)를 파괴 내지는 마비시킴으로 상대지역에 대혼란을 야기시킬 수 있다. 각 가정에도 모든 전기 및 전자제품, 컴퓨터, 휴대전화 등 전자기기가 모두 정지되는 상황이 발생될 수 있다. 이런 EMP 효과를 전략전술적으로 운용할 수 있다면 전쟁에서 주도권을 잡는 것은 어렵지 않다.

EMP 효과의 전략적 운용을 구상해 보면, 적 지역 중앙부 고고도에 단 1발의 대 위력 핵폭발로 EMP를 방사하면 적 지역 전체를 마비 혼란에 빠트릴 수 있다. 또 전술적으로도 적의 대함대가 집결된 상공에 소 위력의 핵 EMP나 비핵 EMP탄 여러 발을 발사하면 함대와 항공기, 레이더, 방공망 등이 순간적 제어기능과 방공기능을 무력화시킬 수 있다.

이런 EMP의 기대효과는 정상적 핵운용보다는 핵 EMP 운용이 한 단계 높은 수준의 신무기 체계라 할 수 있다.

핵 EMP를 아직 실전에 사용된 바 없으므로 EMP 효과범위에 대한 자료는 충분하지 않다. 그러나 미국 군부와 의회에서는 핵 EMP 사용에 대한 우려와 대응책 마련에 부심하고 있다. 우리나라에서도 EMP에 대한 관심이 날로 고조되고 있다.

나. EMP 모의실험 결과

(1) 미 본토에 대한 모의실험 결과.

1997년 미 하원의 '국가안보위원회'에서 "위성에서 발사되거나 또는 ICBM의 핵탄두로 네브래스카 주 상공 50km에서 Mt급 핵무기를 폭발시켰을 때 발생하는 EMP로 인해 미국 전역과 캐나다 일부 및 멕시코까지 모든 종류 컴퓨터 회로들이 사실상 장애를 일으켰다는 증언이 있었다"[16]

미 하원 군사위원회 산하에 'EMP 소위원회'를 구성하였고, 여기서 2007년도에 발간한 'EMP 보고서'에 의하면, "IMt 핵무기를 지상 40km~400km 상공에서 핵탄두를 폭발시켜 EMP를 발생시키는 경우, 즉각적으로 미국 내 주요 전기 및 전자 인프라가 방해 받거나 파괴될 수 있다. EMP 효과는 미국사회에 재앙과 같은 사태를 가져올 위협의 하나다"라고 주장했다.[17]

같은 미 하원 'EMP 소위원회'의 2010년 7월 22일 보고서에

16) 뉴스한국 2008. 12. 17.
17) 뉴스한국 2008. 11. 12.

의하면 "북한이 EMP탄을 개발하고 있어 미국을 위협할 가능성이 있다"는 지적을 했다. 미 공화당은 2016년 9월 채택한 '정강정책'에서 "핵무기 하나만 높은 고도에서 폭발해도 미국의 전력망과 핵심 기간시설들이 붕괴하고 수 백만 명의 목숨이 위험해진다. 그리고 북한이 핵과 미사일을 보유하고 있어, 핵 EMP 공격이 이론적 걱정거리가 아닌 진짜 위협이 되고 있다"고 했다.[18)]

이처럼 미국은 적국으로부터 핵 EMP 공격을 예상하고 자체 핵 EMP 뿐만 아니라 비핵 EMP도 개발하고 있다.

(2) 한반도에 대한 모의실험 결과.

2008년 우리 국회 국정 감사에서 북한의 EMP탄 개발에 대한 질의에 국방장관이 답변하기를 "군은 북한이 EMP탄을 개발할 가능성을 두고 대처해 나갈 것이다"라고 했다.

한국 ADD는 "2015년 개발 목표로 EMP탄을 현재 연구개발 중이라고 했다"[19)]

2009년 6월, 한국 국방 연구원(KIDA)은 국회에서 "북한이 소형 핵탄두를 EMP 탄 형태로 활용하고 있다. 20Kt의 핵무기를 동해 상공 40~60km 상공에서 폭발시킬 경우 인명 살상은 없으면서도(북한을 제외한) 한반도 전역의 전자장비를 탑재한 무기들이 무력화 될 수 있다"고 했다.[20)]

2009년 3월, 한국 원자력 연구소는 "서울 상공 400km 고도에서 100Kt 핵무기를 폭발 시켰을 때 발생하는 EMP 전자기파가

18) 조선일보 2016. 12. 20.
19) 연합뉴스, 2009. 6. 26.
20) 연합뉴스, 2009. 6. 26 / 조선일보, 6.25.

미치는 범위를 시뮬레이션 한 결과, 서울 상공에서 남쪽 방향으로 최대 170km떨어진 곳까지 영향을 미칠 수 있다"고 했다. "그리고 최대의 전자기 출력이 발생하는 지점은 핵폭발 지점으로부터 100km 떨어진 위치에서 최대 80Kv/m로, 이곳에서는 보호받지 못한 통상적인 전자장비는 모두 파괴 또는 고장을 일으키게 된다."고 했다.[21]

여기서 주의를 끄는 대목은 서울 상공에서 핵무기가 폭발했을 때, 왜 북쪽보다는 남쪽으로 EMP의 효과가 더 많이 미치는가 하는 것이다.

EMP의 발생 원리에서 언급한 바와 같이 핵폭발 시 발생하는 빛(광자)인 감마선은 주변의 산소와 질소 등의 원자핵 외곽의 전자를 '고에너지 전자'로 튕겨 나가게 하면 이 전자는 지구상의 자기력과 연계되어 지구 자기장의 영향을 받는다. 이 지구 자기장의 흐름의 분포가 서울 상공을 기점으로 북쪽보다는 서울 남쪽으로 EMP의 에너지가 더 많이 퍼지도록 되어 있다는 것이다. 즉, 지구자기장의 분포로 인해 서울 상공에서 핵 EMP를 사용할 경우 지구자기장의 환경이 남쪽으로 분포되어 있음을 알 수 있다.

원자탄 100Kt나 Mt급 위력의 핵무기 1발로 인명 피해를 줄 수 있는 피해 범위의 반경은 약 20~40km 범위일 것이다. 그러나 EMP의 효과 범위는 이보다는 훨씬 큰 수 100km에서 1000km 이상이나 멀리 미침을 알 수 있다.

그러므로 인명 살상이나 시설의 파괴 없이 전자 및 전기 인프라만 가동을 멈추게 되면 발전소를 비롯한 전기 통신 등 시설이

21) 월간 미리터리 리뷰, 2009. 3월호.

마비됨으로써 모든 산업의 불가동과 통신의 불통으로 큰 혼란을 가져올 것이 분명하다.

특히 오늘날 군이 사용하는 첨단 무기의 대부분은 전자장비이고 C^4I 지휘체제, 방공망 체제, 전력망, 통신망 등의 마비로 전쟁수행이 어렵게 될 수 있다. 그래서 이 EMP에 대한 방호시설을 준비하고 있으나 완전한 방호는 매우 곤란한 것으로 알려지고 있다.

2017년 2월 2일 '메티스' 미 국방장관이 방한 시 타고 온 전용기(Doomsday Plane)는 핵 EMP 공격에 완벽하게 방호되어 있는 항공기이다.[22)]

우리나라에서도 군의 주요 전쟁지휘 시설의 방호에 대한 국회의 질의도 있었으나 나름대로 방호시설을 보강하고 있다는 국방부의 답변이 있었음(2016.12.12)을 미루어 볼 때 우리 군도 북한의 핵 EMP 공격에 대비(방호시설)하고 있고 또, 비핵 EMP 공격무기도 개발 중에 있는 것으로 알려지고 있다.

4. EMP의 실전 사용전례.

핵 EMP가 실전에 사용된 바는 없으나, 비핵 EMP가 실전에서 사용된 것은 2003년도 이라크전에서 미군이 실험적으로 사용된 것으로 알려지고 있으나 정확한 데이터는 알려지지 않고 있다. 다만 당시 이라크군의 지하 깊숙이 있는 지휘통제센터(후세인의 지하궁전)와 화생무기 공장들을 파괴시키기 위해, 당시 재래식 정밀유도 무기로는 도저히 파괴 불가능했었다. 이때 정밀 유도 폭탄과

22) 조선일보, 2017. 2. 3.

순항 미사일의 탄두에 비핵 EMP 탄을 장착하여 목표상공에서 폭발시켰다. EMP 효과 피해 범위 내에 있었던 이라크군의 시설과, 민간 산업시설, 가정집까지도 모두 정전이 되고, 절대 요새라고 자랑하던 '지하궁전' 시설도 안테나와 전기선으로 침투한 EMP(전자기파)로 인해 내부의 통신시설이 파괴 내지 마비되자 이라크군은 거의 저항도 하지 못한 채 무력화되었다고 전해지고 있다.

오늘날 현대전의 기본은 정보전과 네트워크를 중시하는 C^4I 체계 및 첨단 장비로 운용되고 있는바 EMP사용으로 이들이 마비됨으로써 전쟁 수행 능력이 격감될 것도 충분히 추정가능하다.

5. 북한의 EMP

핵 EMP 또는 비핵 EMP가 장차 전쟁에서 운용될 새로운 무기체계로 각광을 받고 있다. 현재 북한은 핵을 실질적으로 보유하고 있고, 비핵 EMP까지 개발하고 있다는 정보가 사실화됨에 따라 우리도 그 대비책을 강구하여야만 한다.

가. 북한의 EMP 개발

북한은 최초 핵실험 2년 전인 "2004년도에 러시아로부터 EMP탄을 개발한 과학자로부터 EMP탄에 관한 주요정보를 사들였다"고 미 CIA의 '피트 프라이' 핵전문가가 미 의회 청문회에서 보고했다.

이를 확인 해주듯 2013년 11월 4일, 한국 국정원장은 국회 국정 감사에서 "북한은 김일성 시대부터 러시아제 비핵 EMP탄 도입을 추진해왔었고 이후 도입한 EMP탄을 복제, 100m~300m 반경 범위의 비핵 EMP탄 자체개발을 추진하고 있다"고 했다.[23)]

2009년 6월 26일, KDIA소장은 국회에서 "북한은 핵무기를 살상무기로 사용하기 보다는 한국군의 무기체계를 무력화시킬 수 있는 EMP탄 형태로 활용할 수 있을 것이고, 또 북한의 EMP탄 개발 수준은 전력화에 이를 정도이며, EMP탄으로 도발한다면 첨단 전자장비를 보유한 우리 군의 전략적 우위는 무의미해질 수 있다."고 했다.

2015년 6월, 미 하원 군사 위 증언에서 '마이클 풀린' 백악관 국가안보 보좌관(당시 Trump정권 내정자)은 "북한은 이란과 핵무기 뿐만 아니라 EMP 무기들에 대한 전문지식도 상호 교환해 왔다"고 했다.

지난해 연말 2016년 12월 19일, 아산정책 연구원의 "2017년도 전망"이라는 보고서에서 미국 Trump 당선자와 미 공화당 주류가 북한의 EMP 무기화를 우려하는 대상임을 지적하면서 "북한은 핵 EMP 발생으로 파괴력이 매우 강력한 '공중폭발' 실험을 감행할 가능성이 있다"고, 핵 EMP 실험 전망까지 한 바도 있다.

위 내용들을 정리해 보면, 북한은 러시아의 EMP탄 기술을 2004년도 비밀리에 도입하고 이를 복제한 비핵 EMP탄을 제조, 전력화 수준에 이르고 있음을 알 수 있다. 거기에다 2006년 10월, 최초 핵실험부터 지금까지 여섯 차례의 핵실험으로 장차 핵 EMP도 전력화할 수 있을 것으로 추정했었는데, 제6차 핵실험 후 김정은은 '이제 우리(북한)도 핵 EMP 공격도 가능하게 되었다'고

23) 연합뉴스, 2013. 11. 4.

한바 있음으로 북한의 핵 EMP 공격은 현실화되었다 할 수 있다.

나. 우리의 EMP 대비책.

핵 EMP에는 핵 EMP로 대응하는 것이 최상의 방책이다.

그러나 우리는 핵 미보유로 핵 EMP를 운용할 능력이 없다. 그러나 비핵 EMP탄을 탑재한 정밀유도탄으로 조기에 북한의 핵 EMP능력을 정밀 파괴시키는 방법도 고려해 볼 수 있다. 또 적의 핵탄두를 요격할 수 있는 고 고도 요격미사일(사드 또는 SM-3, 이지스 어쇼어, 등 미사일)의 대비도 고려할 수 있다.

그리고 EMP에 대한 시설의 방호방책도 고려되어야 한다.

그러나 우리가 어떤 대비책을 강구해도 우리의 비핵 EMP탄 만으로는 북한의 핵 EMP를 완전히 억제하는 데는 한계가 있다. 그러므로 우리는 보다 적극적인 대책 수립이 필요한 시기이다.

6. 핵 EMP 공격은 정말 무서운 재앙을 가져올 수 있다.

한국과 같은 좁은 국토에 대 위력의 핵 EMP 공격을 가해 온다고 가정해 보면 정말 상상하기 끔직한 대재앙을 가져올 수 있다. 상상하기 조차 싫지만 최악의 상황에 대비하는 것이 국가안보이기에 상정을 안 해볼 수도 없다.

만일 서울 상공에 1Mt급 수소탄을 고공에서 폭발시켜 핵 EMP 공격을 감행한다고 가정해 보면 일순간에 한국의 모든 전자기반시설의 가동을 중단시키게 될 것이다. 전력체계의 가동이 중단되면 모든 자동화 시스템은 자동적으로 중단되고, 전력체계, 통신체계, 교통체계도 모두 마비된다. 개개인의 주변도 암흑천지다. 전기는 꺼지고 냉난방시설의 작동은 안 되고, 아파트의 엘리베이터도 중단되고, 수돗물도 끊기고 물과 식량이 떨어져도 어디에서 구입하기도 어렵다. 환자가 구조를 요청할 수도 없다. 도로상에 차량의 움직임도 없는 빈 거리, TV 라디오도 말이 없다. 정말 무서운 재앙이 닥치는 공포속의 삶이 될 것이다.

단 1발의 대 위력 핵무기를 고공에서 폭발, 핵 EMP 효과를 시도하면 정발 끔찍한 대 재앙을 가져올 수 있는 것이 핵 EMP이다.

정말 원자탄은 무서운 무기임에 틀림없다.

제3장 수소탄 개발의 기본개념

일반적으로 핵분열무기인 원자탄에 대해서는 잘 알려지고 있으나 수소탄에 대한 이해는 미진하다. 수소탄은 말 그대로 수소원소를 이용하는 무기임으로 '수소탄'이라고 한다. 또는 '핵융합무기'라고도 하고, 일명 '열핵무기'라고도 한다. 이들 명칭처럼 수소탄은 수소 핵을 융합시켜야하고 또 융합에 필요한 초고온의 열을 얻기 위해 핵분열무기를 수소탄의 기폭제로 사용해야 되는 등의 복잡한 수소탄 융합의 원리를 이해하는 것이 요구된다. 핵융합 원리를 이용한 '증폭 핵분열탄'의 진전은 수소탄 설계의 전 단계이다. 그리고 세계 최초의 수소탄 설계인 Teller-Ulam Design의 기본개념은 수소탄은 어떤 무기인가의 실체를 알려준다.

제1절 수소탄의 핵융합 개념

수소탄의 핵융합에 사용되는 핵물질은 자연계에 존재하는 92개 원소 중 가장 가벼운 수소원소를 사용한다.

수소원소에는 3가지의 동위원소가 있다. 즉 경수소(^1H), 중수소(^2H), 3중수소(^3H)이다. 이중 중수소와 3중수소가 핵융합이 비교적 쉽고 또 가장 많은 에너지를 방출함으로 수소탄 제조시 핵융합 물질로 사용한다.

자연계에 존재하는 전체 수소원소 중에 대부분(99.984%)이 경수소이고, 중수소는 0.0156%, 3중수소는 10~17%로 거의 없는 상태다. 중수소는 일반 담수나 바닷물에서 채취가 가능하나 3중수소는 리튬(Li)원소에서 획득하게 된다. 리튬원소는 고체 상태로 자연계(리튬광산이나 염호 속)에 존재한다.

리튬원소에 중성자를 반응시키면 3중수소(^3H)를 얻을 수 있다.

일반적으로 리튬원소를 원자로에 넣어 중성자 반응으로 3중수소를 획득한다.

$$^6Li + n \rightarrow {}^4He + {}^3H$$

그리고 리튬원소는 중수소와 잘 화합하여 '중수소화리튬(^2H ^6Li)' 화합물이 된다.

이 중수소화 리튬화합물에 중성자를 반응시키면 He이 생성되면서 3중수소와 중수소(Li과 화합하고 있던 중수소)가 생겨나서 핵융합반응을 일으킬 준비를 하게 된다.

$$^{2}H\ ^{6}Li + n \rightarrow {}^{4}He + {}^{3}H + {}^{2}H$$

이들 2개의 수소 핵이 핵융합을 일으킬 요건(초 고열과 고압)을 갖추어 주면 핵융합이 이루어지고 에너지를 방출하게 된다.

$$^{2}H + {}^{3}H \rightarrow {}^{4}He + n \rightarrow 17.6\ MeV$$

중수소와 3중수소가 융합할 때 헬륨(^{4}He)으로 변환되고 1개의 고속 중성자가 발생함과 동시에 17.6 MeV의 에너지가 방출하게 된다.

그러나 2개의 수소핵을 융합시키는 자체가 대단히 어렵다. 왜냐하면 수소의 원자핵은 전기적으로 +인 양자와 전기를 띄지 않는 중성자로 구성되어 있기 때문에 원자핵 자체는 전기적으로 +이다. +인 2개의 핵이 융합하려면 가까이 근접시켜야 하는데 전기적으로 +인 2개의 핵이 근접하면 서로 반발하게 됨으로 근접시킬 수가 없다. 그러나 1조분의 1cm까지 근접시켜 주면 상호 핵력(核力)이 작용해서 핵융합을 이룰 수 있다. 그러므로 상호 반발력을 초과하는 강력한 어떤 세력(힘)으로 핵력이 작용하는 거리까지 근접시켜 주기만 하면 되는데 이를 위해서는 1억도 상당의 초고온과 고압이 필요하다. 그런데 1억도 상당의 초고온은 화학적으로 얻을 수가 없다. 그러나 우라늄과 같은 무거운 원소가 핵분열 때 즉 핵분열탄(원자탄)이 폭발할 때 1억도 이상의 초고온을 발생한다는 것과 폐쇄된 공간 내에 초고온은 초고압을 형성한다는 것을 우리는 알고 있다.

그러므로 핵분열탄이 폭발할 때 발생하는 1억도 이상의 초고온을 핵융합에 활용하면 핵융합반응을 일으키게 하는 요건을 만들어 주게 된다. 그래서 핵분열무기는 핵융합무기의 기폭제로 사용된다. 핵분열무기가 없으면 핵융합무기는 만들 수 없다. 오늘날 핵분열무기 보유국만이 핵융합무기를 보유한 이유도 바로 여기에 있다.

만일 핵분열무기를 보유한 국가가 아직 핵융합무기를 개발하지 못했다면 다음 수순은 핵융합무기인 만큼, 곧 핵융합무기로 가는 것은 당연하다 할 수 있다.

다만, 수소탄 개발로 가는 과정 중에 그 전 단계로 증폭 핵분열탄의 과정을 거치고 있다. 이는 수소탄의 핵융합을 확인해 보는 시험단계로 이용할 수 도 있고 또 한편으로 핵분열을 증폭시키는 수단으로 이용하고 있기 때문이다.

제2절 증폭 핵분열탄의 개념

1945년 8월 일본에 투하된 우라늄 핵무기와 플루토늄 핵무기에 내장된 우라늄과 플루토늄 핵물질은 모두 핵분열을 하지 못하고 각각 1.4%와 14%만이 핵분열을 했고, 나머지 대부분은 핵분열을 하지 못한 80~90%이상의 핵분열물질(미 핵분열물질)은 낭비시키는 결과가 되었다.[1] 그래서 이 미 핵분열 물질을 추가로 핵분열을 시켜 그 위력을 증대시켜 보자는 시도가 증폭 핵무기 개

1) Teller-Ulam Design. P.4.

발의 기본개념이다. 앞 절에서 중수소와 3중수소가 핵융합반응을 일으키면 고속 중성자가 발생됨을 확인했다.

$^{2}H + ^{3}H \rightarrow ^{4}He + n$ (고속중성자)

이때 발생된 고속중성자를 핵분열무기 폭발시 발생된 미분열 핵물질에 추가적으로 핵분열반응을 일으키게 함으로서 위력을 증폭시킬 수 있다는 것이다.

그래서 핵분열 무기 내부에 중수소와 3중수소 가스를 소량 주입시켜 놓고 핵분열무기를 폭발시키면 초고온과 고압으로 핵융합반응이 일어남으로서 고속중성자가 발생되어 이 고속중성자가 핵분열 반응을 증가시켜 주게 된다는 것이다.

이것을 Boosting(핵 증폭)이라하고 이 방법을 이용한 핵분열무기를 '핵융합 증폭 핵분열탄'(Fusion Boosted Fission Bomb)이라 한다. 통상 '증폭 핵분열탄'또는 '증폭 탄'이라한다.

증폭 핵분열탄은 동일한 질량의 핵분열물질을 사용한 일반 핵분열탄 위력의 300~400%의 위력을 발생한다.[2)]

그러므로 증폭 핵분열탄은 핵분열물질의 경제적 사용이 되고 한정된 핵분열물질로 동일 위력의 핵무기 수를 늘일 수도 있는 이점이 있다. 증폭 핵분열무기와 일반 핵분열무기의 구조상의 차이점은 아래 그림처럼 일반 핵분열무기는 맨 중심부에 중성자원(중성자 발생장치)을 배치하나, 증폭 핵분열탄은 맨 중심부에 중수소와 3중수소 가스를 주입하고 중성자원은 핵분열물질 그 외곽에 설치하는 것만 다를 뿐 그 이외는 일반 핵분열무기의 구조와 꼭 같다.

---

2) Teller-Ulam Design, P.47.

〈일반 핵분열무기 와 증폭 핵분열무기〉

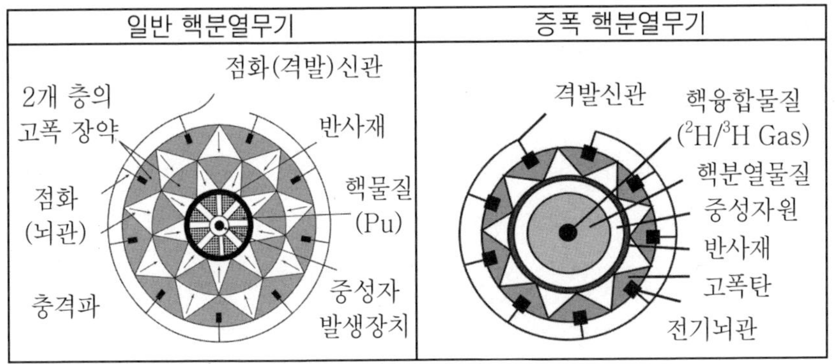

일반 핵분열탄의 폭발과정은 먼저 점화신관(전기뇌관)이 작동하면 고폭 장약(Implosion)의 폭발력이 내부로 그 압력이 추진된다. 이때 분리되었던 핵분열물질(Pu)의 조각들이 모두 안쪽으로 몰리면서 완전한 구형(球形)으로 형성되고 초임계질량 상태가 된다. 이때 중성자원에서 중성자가 발생되어 핵분열물질을 충격함으로서 연쇄반응이 일어나 핵폭발이 일어나게 된다.

증폭 핵분열탄의 폭발과정은 맨 먼저 핵분열물질의 핵폭발로 인하여 1억도 이상의 초고열이 발생한다. 이 초 고열은 맨 중심부에 있는 핵융합물질을 반응시켜 핵융합을 시킴으로서 고속중성자를 발생시킨다. 이 고속 중성자는 미 핵분열물질에 추가적인 핵분열을 일으킴으로서 핵분열량의 증가로 핵 위력이 증가된다.

이 증폭 핵분열탄은 핵융합반응을 이용하는 측면에서는 수소탄의 핵융합과 동일하다. 다만 소량의 핵융합물질을 사용하고 많은 핵분열물질을 사용하는데 차이가 있다. 그리고 증폭 핵분열탄 제조는 수소탄 제조보다는 용이하기 때문에 일반적으로 핵분열탄 제조 그 다음 단계가 증폭 핵분열탄 제조가 된다. 그리고 그 다음

단계로 수소탄 제조로 나아가고 있다. 그러므로 증폭 핵분열탄을 제조할 수 있는 나라는 곧 수소탄 제조가 가능할 것으로 판단되고 있다.

오늘날 핵보유국들은 모두가 증폭 핵분열탄을 제조하고 있다. 이는 핵물질의 경제적 사용이 되고 또 핵탄두를 크게 하지 않고도 핵 위력을 증폭할 수 있다는 이점이 있기 때문이다.

제3절 Teller-Ulam Design의 기본개념

미국의 Los Alamos 핵연구소의 핵 공학자 Edward Teller 박사와 Stanis-Marcin Ulam박사가 공동 설계한 수소폭탄(습식)이 1952년 11월 1일, 세계 최초로 실험에 성공하고 1954년도에는 실전용 수소폭탄(건식)실험에 성공했다. 이때 사용된 상세한 설계도는 아직까지 비밀로 분류되어 발표되지 않고 있으나 1972년부터 미국 에너지성(DOE)에서 제한적으로 비밀 해제된 내용을 중심으로 수소탄 구조설계를 추정해 설계한 것이 'Teller-Ulam Design'으로 알려지고 있다.

1. Teller-Ulam Design의 기본 구조

Teller-Ulam 설계의 기본 구조는 2개 단계로 구성되어 있다. 다음 페이지 그림과 같이 윗부분이 반원형인 원기둥 형태의 외형을 하고 있다. 외곽에는 강철 케이스로 둘러싸고 있다.

내부 윗부분의 구형(球形)장치는 제1단계의 기폭장치로 소형의 압축식 핵분열 무기(또는 증폭 핵분열탄)가 설치되어 있다. 그 아랫부분이 제2단계의 핵융합 폭발장치가 기다란 원통형으로 설치되어 있다.

〈Teller-Ulam의 추정 설계도〉

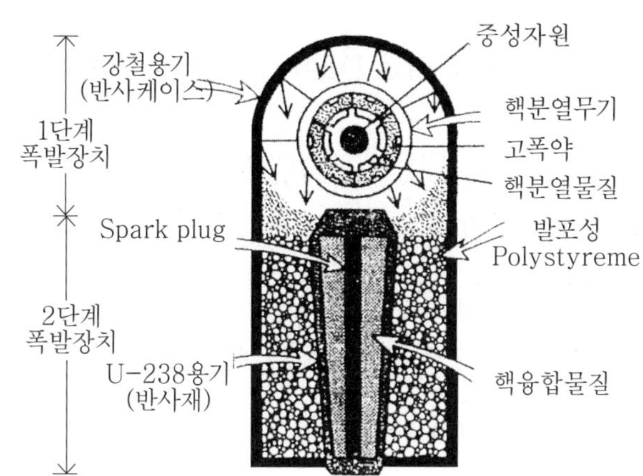

이 기다란 원통형은 3중 구조로 되어 있다.

3중구조의 맨 가운데에 Spark Plug가 설치되어 있는데 이것은 구멍뚫인 파이프 모양으로 Pu-239 또는 U-235의 핵분열물질로 되어 있다. 이 Spark Plug 외곽에는 핵융합물질인 중수소화 리튬(^{6}Li ^{2}H)이 둘러싸고 있다. 이 중수소화 리튬 아래 위 외곽에 반사재(U-238)가 둘러싸고 있다. 이렇게 3중 구조의 원통형이 가운데 위치하고 있다. 그리고 이 외곽 공간(원통형 융합장치와 강철 케이스사이의 공간)에 발포성 Polystyrene 수소탄이 가득 채워져 있는 구조이다.

〈3개단계 수소탄〉

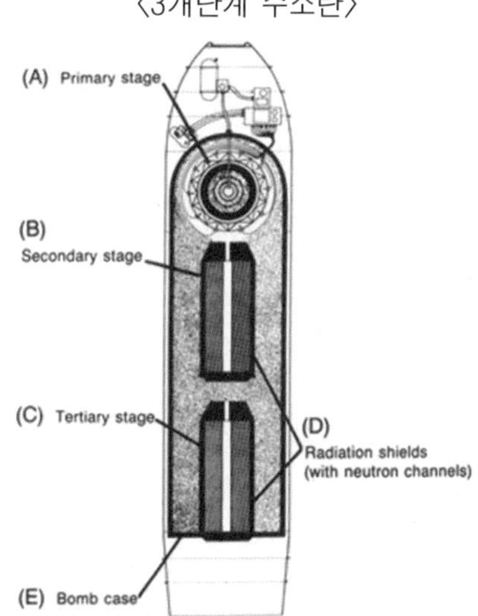

여기서 보다 큰 위력의 수소탄을 제조하려면 제2단계 아래에 우측의 그림처럼 또 하나의

핵융합장치를 추가하여 3개 단계로 제조하게 된다.

2. Teller-Ulam Design의 폭발 기본개념

폭발의 기본개념은 제1단계의 핵분열탄의 폭발로 1억도 이상의 초고온과 고압을 발생시켜 제2단계의 핵융합장치에 핵융합반응을 일으킬 수 있는 요건을 만들어 준다. 제2단계는 핵융합반응으로 폭발을 일으키게 된다. 여기까지가 순수한 수소탄 폭발의 기본개념이다. Teller-Ulam Design에는 제2단계의 핵융합폭발에 이어 반사재인 U-238의 추가적인 핵분열 폭발을 일으켜 수소탄의 위력을 더 증가시켜주게 설계되어 있다.

가. 제1단계의 폭발 과정

제1단계는 소형의 핵분열탄(또는 증폭 핵분열탄)폭발이다. 핵분열탄의 핵폭발 과정은 이미 널리 알려진 내용이다. 앞항의 그림(Teller-Ulam의 추정 설계도)에서와 같이 먼저 점화장치(전기 뇌관)를 작동시켜 고성능 내폭형 폭약을 폭발시키면 핵분열물질을 압축시켜 초임계질량상태에 도달 핵분열 반응(연쇄반응)을 일으킨다. 핵분열반응으로 강력한 X-선이 방출되어 제1단계 외곽의 반사케이스에 반사되어 제2단계 폭발장치의 전 주변 안쪽으로 전이 방사된다. 즉 제1단계 폭발장치의 핵심은 강력한 X-선을 방사하여 이 X-선을 제2단계 폭발장치로 이전시키는 과정이다.

나. 제2단계의 폭발 과정

제2단계의 폭발 과정(핵융합과정)은 제1단계에서 방출된 X-선이 제2단계 핵폭발장치 외부에 채워진 발포성 폴리스티렌에 방사하게 된다. X-선에 방사된 폴리스티렌은 플라스마(plasma)[3] 현상이 발생해 수천만도 이상의 초고온과 고압으로 제2단계 폭발장치의 전 외곽에서 반사재를 안쪽으로 압축하게 된다.

압축을 받은 반사재는 다시 안쪽에 있는 핵융합물질을 압축하게 되고, 이때 맨 가운데 있는 Spark Plug(U-235) 역시 고온 고압으로 압축되어 자동 핵분열(연쇄반응)을 일으켜 1억도 이상의 고온과 중성자를 방출한다. 그리고 이 Spark Plug 주변을 감싸고 있는 핵융합물질(중수소화 리튬)은 Spark Plug로부터 방출된 중성자와의 반응으로 중수소와 3중수소를 만들고, 이미 형성된 고온 고압이 가세하여 핵융합반응을 일으키면서 고속 중성자를 방출하고 막대한 에너지 방출로 수소탄 폭발이 일어난다.

그런데 Teller-Ulam Design에는 핵융합 물질 외부에 반사재(U-238)가 감싸고 있다. U-238은 핵분열 시 발생하는 중성자로는 핵분열을 일으키지 못하나 핵융합 시 발생하는 강력한 고속 중성자는 U-238을 핵분열 시킬 수 있다. 그래서 이 반사재(U-238)는 다량의 강력한 고속 중성자에 의해서 일시에 핵분열을 하게 되므로, 이로 인해 추가적인 대량의 에너지가 발생하고 동시에 핵분열 생성물질도 발생해 광범한 지역에 방사능 물질(Fall out)로 오

3) 고체물질에 계속 열을 가하여 온도를 올려주면 액체, 기체를 거쳐 아주 높은 온도에서 전자와 핵이 분리된 채 고루 섞여 분포된 상태가 되는데, 이러한 상태의 물질을 '플라스마'라고 한다. 이는 물질의3가지 형태인 고체, 액체, 기체와 더불어 '제4의 물질 상태'로도 불린다.

염시키게 된다.

이처럼 Teller-Ulam Design은 제1단계 핵분열(Fission), 제2단계 핵융합(Fusion), 그리고 또 핵분열(Fission)의 3개 과정을 거쳐 폭발하므로 '3F탄'으로도 불린다. 그러나 단계는 2개 단계이다.

실제 1954년 3월 1일, 비키니 섬에서 핵실험한 수소폭탄(Castle Bravo)은 15Mt의 위력이었는데 맨 마지막 U-238(반사재)의 핵분열 위력이 10Mt으로 전체위력의 2/3나 차지했다.

일반적으로 수소탄은 큰 위력의 핵무기 제조 시에 많이 사용되고 있다. 50Kt이상의 핵무기는 수소탄으로 제조 시 가장 효율적이라 한다.[4] 그리고 현재 수소탄 보유국에서 운용하는 수소탄의 Design은 모두 Teller-Ulam Design을 사용하고 있다.

다. 수소탄(2개 단계) 폭발과정의 그래픽

앞항에서 Teller-Ulam Design의 폭발과정을 단계적으로 살펴보았으나 실제는 전 과정이 순간적으로 거의 동시에 일어난다.

Two stage thermonuclear weapons라는 책자에 실린 그래픽이 독자의 이해에 도움이 될 것 같아 싣는다.

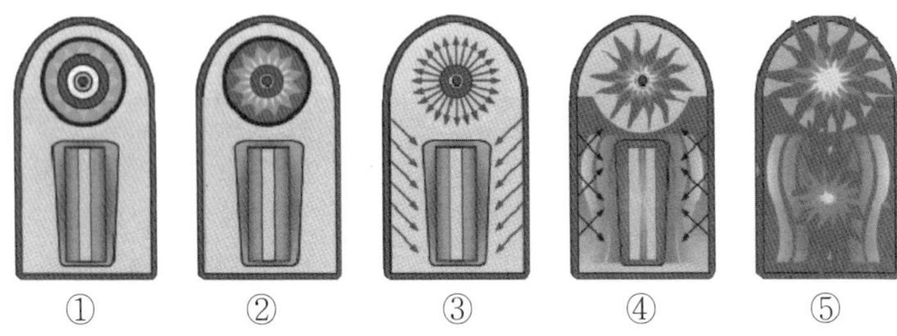

4) Teller-Ulam Design. p.1.

① 그림은 수소탄 탄두가 폭발하기 전의 도면으로 윗부분의 원형은 제1단계의 증폭 핵분열탄이고 아랫부분은 제2단계의 핵융합 폭발장치이다.

② 도면은 제1단계에서 기폭장치의 점화로 핵분열물질을 초임계질량상태로 압축하여 핵분열반응을 시작하는 도면이다.

③ 도면은 제1단계의 핵분열로 방출되는 X-선이 강철케이스에 반사되거나 제2단계 폭발장치 쪽으로 방사되어 Polystyrene Form을 조사하여 플라스마 상태로 만드는 도면이다.

④ 도면은 플라스마 상태가 됨으로서 초고온과 고압으로 제2단계의 외곽(반사재)을 압축하고 이어 맨 가운데의 Spark Plug가 초고온과 고압을 받아 핵분열을 시작하는 도면이다.

⑤ 도면은 중수소화 리튬은 핵융합반응을 시작하고, 핵융합반응으로 방출된 고속 중성자는 반사재인 U-238을 핵분열시킨다. 그리고 화구를 형성하기 시작하는 도면이다.

①로부터 ⑤까지의 도면과 같이 하나의 영화 Film처럼 연속적, 순간적으로 폭발을 일으켜 하나의 큰 불덩어리(화구)를 형성, 하늘로 치솟아 오르면서 막대한 에너지를 열과 폭풍과 방사선으로 지상에 방출하게 되는 것이 수소탄의 폭발과정이다.

제4장 수소탄 보유국의 수소탄 개발과정

수소탄 공식 보유국은 미국, 러시아, 영국, 중국, 프랑스의 5개국이다. 이스라엘은 원자탄이나 수소탄 실험을 아직까지 한 적이 없고 NCND 정책을 고수하고 있다. 그럼에도 원자탄과 수소탄까지도 보유하고 있다고 알려져 있다. 그리고 인도와 북한은 핵실험을 하고는 수소탄 실험을 했다고 주장하고 있다. 파키스탄은 핵실험 후 수소탄의 전 단계인 '증폭 핵분열탄' 실험이었다고 주장했다. 수소탄을 개발했거나 개발 중에 있는 국가들은 모두가 원자탄 개발 때와 마찬가지로 자국의 안보를 위해, 또는 경쟁국보다 대 위력의 핵무기 확보를 위해 개발해 왔음을 알 수 있다. 또 수소탄 제작은 원자탄 제작보다 경제적이라는 측면에서도 개발되고 있다. 이들 국가들의 수소탄 개발 과정을 살펴보자.

제1절 미국의 수소탄 개발

미국의 수소탄 개발과정은 미국의 원자탄 개발 계획인 '맨해튼' 계획이 본격적으로 시작될 때부터 수소탄 개발에 대한 이론적 수준의 계획은 논의되고 있었다. 1945년 7월 미국의 세계 최초 핵실험이 있은 후 세계 제2차 대전이 끝난 4년 후인 1949년 9월 23일 소련이 미국 다음으로 원자탄 실험을 하자 전 세계는 충격을 받았다. 맨해튼 계획에 참여했던 과학자들은 소련의 원자탄 개발은 예상보다 5년 정도 앞당겨 졌다고 우려를 표명했다.

한편 정치 군사 전략가들은 제2차 대전 후 서방국가가 공산블록보다 힘의 균형이 우세했으나, 소련의 원자탄 실험으로 장차 힘의 균형이 반전될 것을 우려하고 있었다. 이렇게 되자 일반 원자탄 보다 강력한 '슈퍼 무기'(Super Bomb)를 즉각 만들어야한다는 주장과 또 이들의 주장을 반대하는 논쟁이 가열되고 있었다.

1. 로스 알라모스(Los Alamos) 연구소의 수소탄 연구

수소탄 개발에 대한 최초의 아이디어는 1941년 Enrico Fermi 박사가 Edward Teller 박사에게 제시했다. 이때부터 Teller 박사는 맨해튼 계획이 집중적으로 추진되는 가운데서도 독자적으로 수소탄 개발에 대한 연구에 집착하고 있었으나 원자탄 개발에 전력 추구하는 로스 알라모스 연구소의 연구진으로부터 호감을 사지 못했다. 그러나 1945년 7월 대망의 원자탄 실험이 성공하고, 세계 제2차 대전이 끝난 후 로스 알라모스에 남아 있던 물리학자들은 그때부터는 Teller 박사가 집착했던 수소탄 열핵반응에 대한 연구를 시작하게 되었다. 특히 핵융합에 필요한 1억 도의 고온 획득이 가장 어려운 문제였는데, 원자탄 폭발시 발생하는 1억 도의 고온을 이용할 수 있게 됨으로써 핵융합 반응의 가능성을 더욱 높이게 되었다. 이들 물리학자들은 2개의 팀으로 나누어 연구를 시작했다.

한 팀은 비교적 큰 핵분열 물질 폭발로 발생하는 에너지(고온)로 비교적 소량의 핵융합 원료를 융합시키는 것을 목표로 연구를 진행했고, 또 한 팀은 소량의 핵분열 물질 폭발로 발생하는 에너지로 비교적 대량의 핵융합 원료를 융합시키는 것을 목표로 연구를 하고 있었다.

1946년 6월 연구결과를 보고서로 작성 발표했다. 결론은 '수소탄 개발은 가능하다'는 것이었다.

이 보고서 〈Report of Conference on the Super〉 작성에 참여한 학자들은 Edward Teller 박사를 필두로 Stanislaw Ulam, John Von Neuman, Emil Klaus Fuchs 들이었다. 이렇게 로스 알라모스 연구소에서는 수소탄 개발의 가능성을 확인한 Teller 박사와 Ulam 박사를 위시한 학자들은 수소탄 개발 연구에 더욱 열중하고 있었다.

1949년 9월 23일, 소련의 원자탄 실험이 성공하자 '슈퍼 무기' 개발에 대한 논쟁이 가열되었다. 당시 로스 알라모스의 과학자 중에도 수소탄 개발에 대한 찬반이 엇갈리고 있었다. 그동안 수소탄 연구를 계속해온 Teller 박사를 위시한 Ulam 박사, 그리고 E O. Lawrence 박사는 "서로의 위협에 대처하는 방법은 수소탄을 만드는 것"이라고 주장했고, Robert Oppenheimer 박사, David E. Lilienthal 같은 과학자들은 "수소탄 개발은 인류의 미래를 극단적으로 위협하게 될 것이다"라고 수소탄 개발을 강력 반대했다. 이와 같이 미국의 정계, 학계, 로스 알라모스까지 '슈퍼 무기' 개발 논쟁은 1949년 말까지 계속되었다

2. 대통령의 '슈퍼 무기' 개발 검토 지시

1950년 1월 31일, 트루먼 대통령은 미국 원자력 위원회(AEC)에 "수소탄 개발의 연구와 논의를 계속하라"는 지시를 내리고, 논의결과를 보고하라고 했다. AEC는 대통령의 지시에 따라 원자력 자문회의(GAC)에서 수소탄 개발 여부를 논의하도록 했다. GAC 자문회의 의장은 Oppenheimer 박사였고, 당시 미국 최상의 물리학자들과 핵 기술자들이 대부분 포함된 핵 전문가들로 구성되어 있었다. 이들은 소집되어 수소탄 개발이 국가안보 목적에 부합하는지 여부를 3개 Section으로 나누어 논의했고 그 결과를 각각 발표했다.

제 1 Section은 수소탄 개발보다 원자탄 개발을 계속하고, 전술적 투발 수단 개발이 필요하다고 했다.

제 2 Section은 수소탄 사용은 군사목표 뿐만 아니라 민간인 살상을 더 많이 가져올 수 있다고 반대했다.

제 3 Section은 수소탄 개발은 중단되어야 한다고 했다.

이상 3개 Section 모두가 수소탄 개발에 반대한다는 결론을

도출해서 이 결과를 원자력 자문회의(GAC)의 이름으로 대통령에게 보고했다. 이 보고를 받은 트루먼 대통령은 추가적인 의견을 듣고자 백악관 안전 보장회의(NSC)에 '특별 자문위원회'를 구성하여 수소탄 개발에 관한 자문을 추가로 받기로 했다.

'NSC 자문위원회' 구성은 미국원자력위원회(AEC) 의장인 Lilienthal과 국무장관(Dean Acheson), 국방장관(Lovis Jhonson)등이 포함되었다.

자문회의의 첫 회의는 1949년 11월 30일에 열렸고 AEC의장인 Lilienthal은 GAC의 결론(수소탄 개발반대)을 지지한다고 하고 Super Bomb 개발에는 반대한다고 했다. 그러나 국무장관과 국방장관은 수소탄 개발을 지지했다.

그 다음날 (11월 31일) 자문회의 마지막 날에 전날 수소탄 개발을 반대했던 AEC의장 Lilienthal은 두 장관의 의견을 받아 드리고, 수소탄 개발은 계속되어야 함을 인정하고 대통령에 건의하는 수소탄 개발승인 초안에 동의했다.

그래서 합참 의장은 1950년 2월 24일, 대통령에게 수소탄 개발을 승인해 줄 것을 건의했다. 대통령은 NSC 자문위원회의 논의 결과를 다시 청취 후 1950년 3월 10일, 수소탄 개발을 승인하고 이에 따른 '3중수소 생산로'와 '수소탄 투발 수단'까지 승인했다. 이로부터 미국의 수소탄 개발은 본격적으로 시작되었다.

3. Teller-Ulam Design으로 수소탄 실험

대통령의 수소탄 개발 승인에 따라 이미 그동안 연구 설계된 수소탄 실험을 3번에 걸쳐 실험하기로 계획했다. 맨먼저 George shot으로 부터 Ivy Mike shot, Castle Bravo shot이라는 코드네임의 실험이다.

① George Shot 실험

이 실험은 기본적인 수소탄 실험이 아니고 수소탄 실험을 위한 핵융합 반응 여부와 고속 중성자의 핵분열 작용 등을 실험해보는 증폭 핵분열탄 성격의 실험이라 할 수 있다. 실험은 1951년 5월 9일, 태평양 환초인 Eniwetok 환초에서 실시되었다.

핵분열무기(원자탄)에 소량의 핵융합물질을 넣어 핵융합반응으로 생긴 고속중성자가 핵 위력을 증가시키려는 설계였는데 계획대로 진행되어 225Kt의 큰 위력을 달성했다.

② Ivy Mike Shot 실험

이 실험은 George shot 실험 6개월 후인 1952년 11월 1일, 태평양 환초(Elugela 환초)에서 실시되었다. 이번 실험의 설계는 Teller-Ulam의 2개 단계의 기본설계에 의한 최초의 수소탄 실험이었다. 실험 결과 10.4Mt이라는 엄청난 위력이 달성되었다. 이 위력은 일본 히로시마에 투하된 원자탄 12.5Kt의 약 1,000배에 달하는 위력이다. 그래서 수소탄은 원자탄 위력의 1,000배나 된다는 말이 생겨났다.

lvy Mike Shot이 폭발하자 수초 이내에 큰 불덩어리(화구)가 형성되고 그 크기가 반경 약 4.8km의 거대한 버섯구름이 되어 하늘로 솟아 올라갔고, 핵실험장인 '에루게라(Elugela)'의 적은 섬은 없어져 버렸다. 그곳에는 깊이 61m 직경 3.2km의 거대한 호수 하나가 생겨났다. 이번 실험에서 설계된 Teller-Ulam 설계는 1단계에 상당이 큰 핵분열탄을 사용했고, 2단계의 핵 융합원료의 하나인 2중 수소는 극저온(-250℃)의 액체 상태로 사용되었다. 이 극저온 유지를 위한 장비의 무게만 20t에 달했다. Ivy Mike의 전체 무게는 무려 80t에 달했다. 최초의 수소탄 실험에서 10.4Mt의 대 위력 달성은 대 성공이었으나 실전에 사용할 핵무기로서는 적합하지 못했다.

③ Castle Bravo Shot 실험

Castle Bravo Shot 실험의 목적은 Ivy Mike shot 실험으로 나타난 Teller-Ulam 설계의 문제점을 개선한 새로운 설계에 의한 군사적 사용의 적합성을 검증하는 실험으로 계획된 것이다. 가장 중요한 변화는 액체로 된 2중수소 대신에 고체의 중수소화리튬(^{2}H ^{6}Li)을 사용함으로써 획기적으로 중량을 감소시킨 것이다. Castle Bravo shot 실험은 1954년 3월 1일에 일명 "Shrimp"라는 코드네임으로 항공기에 탑재하여 투하 실험을 했다. 실험 결과 위력은 15Mt으로 과학자들이 예상한 것보다 2.5배나 되는 대 위력이었다. 이 위력은 미국의 수소탄 중 최대의 위력이고 또 미국의 최초로 무기화 한 수소탄이다. 미국은 Castle Bravo Shot 실험으로 Teller-Ulam 설계로 된 수소탄 실험은 성공적으로 완성되고 장차 보다 소형화되고 다탄두 수소탄 방향으로 발전되어갔다.

〈미국의 수소탄 실험〉

실험일시	코드네임	융합물질	위력
1951.5.9	George shot	수소탄 전 실험	225Kt
1952.11.1	Ivy Mike shot	T-U설계, 액화중수소 사용(습식)	10.4Mt(무게 80톤)
1954.3.1	Castle Bravo Shot	T-U 설계 중수소화 리튬사용(건식)	15Mt

4. 소형화 및 다탄두 수소탄

미국은 1954년 Castle Bravo Shot 실험으로 항공기로 투하할 수 있는 수소탄 무기화를 달성한 후부터는 다종의 투발수단으로 운반할 수 있는 Teller-Ulam 설계의 소형화 되고 다탄두 무기로 개발하기로 전환하였다. 그 후 아래와 같은 실험 명으로 여러 번의 실험을 계속하여 발전시켜 나갔다.

Romio Shot : 11Mt, Koon Shot : 0.1Mt,
Union Shot : 6.9Mt, Yankee Shot : 13.5Mt,
Nectar Shot : 1.69Mt

1960년대까지 직경 0.5m 무게 320kg의 소형 탄두(W-47)가 제작되어 폴라리스 잠수함에 운영되었다. 1970년대 중반까지 소형 탄두 개발이 완성되었고, 이어서 Teller-Ulam 설계의 변형으로 MIRV가 개발되었다.

제2절 소련의 수소탄 개발

미국의 핵무기(원자탄)가 일본 히로시마, 나가사키에 투하 된지 3년이 지난 1948년까지도 소련은 원자탄 실험도 하지 못하고 있는 차제에 소련의 정보망으로 부터 미국의 Teller 박사의 초창기 고전적 수소무기라고 알려진 "최신 연구 보고서"가 비밀리에 입수되어 소련에게는 원자탄 개발 완성 시기를 앞당기는 중요한 계기가 되었다. 또 한편으로는 미국이 원자탄보다 위력이 큰 슈퍼무기(수소탄)를 개발하고 있다는 정보에 큰 충격을 받았다.

이 보고서와 정보는 미국의 맨해튼 계획으로 로스알라모스에서 오펜하이머 박사, 텔러 박사와 같은 핵개발의 주축 과학자들과 함께 연구하고 있던 독일 태생 Klaus Fuchs가 1948년 3월 13일, 소련 첩보기관에 비밀리에 보고된 것이다.

〈Klaus Fuchs가 소련에 보고한 설계도(추정)〉[1]

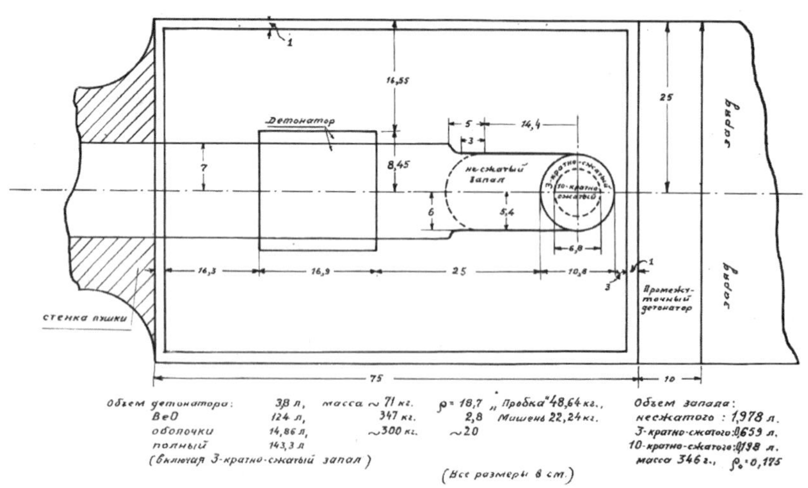

1) Building the H-bumb P.99.

보고된 3일 후 '베리야'는 당시 핵융합에 관한 독자전인 연구를 하고 있는 모스크바 화학물리연구소의 '제루도 윗츠(Zel'dovich)'에게 이 보고서를 보여주면서 내용을 철저히 검토해서 '소련의 슈퍼 무기를 만들라'고 지시했다.

'베리야' 는 또 '소련 아카데미 물리학 연구소' 책임자인 '이 고루 담'에게도 슈퍼 무기의 설계도를 검토하라고 지시했다. '이 고루 담'은 당시 젊고 유능한 물리학자인 27세의 Andrey Sakharov(사하로프)와 Vitaly Ginburg 등을 스카우트하여, 이 문제(슈퍼 무기)에 대한 검토와 연구를 시작하게 하였다. 소련 과학 아카데미 물리학 연구소에서는 '사하로프'가 주축이 되어 2개월여에 걸쳐 '젤도 윗츠(Zel'dovich)'가 보낸 연구서(Fuchs의 보고서 내용 포함)를 검토하고 문제점을 제시했다. 그 사이(1949.8.29) 소련의 최초 원자탄 실험도 성공하게 된다.

1. First Idea

사하로프는 소련 최초의 원자탄 실험 성공을 기반으로 하고 또 Fuchs의 연구서도 검토한 후 사하로프 자체의 슈퍼 무기에 대한 새로운 설계를 고안하게 되어다. 이 사하로프의 새로운 설계도는 일명 'Layer-Cake'형이라 불리게 되었다. 그 설계 형태가 2중수소와 3중수소 그리고 U-238을 교대로 포게는 형식으로 마치 Layer-Cake와 같은 형태로 해서 붙여진 이름이다.

이 Design을 소련에서는 First Idea라 했다. 이때부터 소련의 수소탄 개발이 발전되어가는 과정의 설계 Idea를 Second idea,

Third idea로 불리면서 발전하게 된다.

이 First Idea(Layer-Cake)의 기본원리는 Pu 핵분열탄이 이 중수소와 3중수소를 융합시키는 고온과 압력을 발생시키는 기폭제 역할을 한다.

중수소와 3중수소가 융합하게 되면 고속 중성자가 발생된다.

고속중성자는 다음 층에 있는 U-238을 핵분열시킨다. 이렇게 되면 핵융합(2H+3H)과 핵분열(U-238)에서 막대한 에너지가 방출하게 된다는 것이다.[2)]

이 기본 원리에 따라 설계도를 완성하고, 최초의 수소탄 실험을 하기까지는 소련이 최초의 핵분열실험(1949년 8월)으로 부터 4년의 연구기간을 거쳐 일단 준비를 마친 것이 1953년 초엽이었다. 이 First Idea의 설계는 하나의 단계로 이루어졌다. 이 사이에, 미국은 1952년 11월 1일, Ivy-Mike shot 수소탄 실험(2단계 설계)으로 무려 10.4 Mt이라는 슈퍼 위력 달성에 성공하고 있었다. 최초의 수소탄 실험 준비를 마친 소련은 1953년 8월 29일 'RDS-6'라는 실험 명으로 실시되었다.

적어도 미국과 대등한 Mt급 위력이 달성될 것으로 기대하고 있었다. 그런데 실험 결과는 400Kt 위력에 불과했고, 특히 핵융합으로 방출된 에너지는 전체 위력의 15~25%로 핵분열탄의 위력을 증폭시키는 결과를 보여주었을 뿐이었다.

Mt급 위력을 달성하지 못한 소련은 Layer-Cake Design으로는 미국의 Mt급 슈퍼 무기 위력 달성이 어렵다고 판단하고 추가적인 Design 개발 연구가 다시 시작되었다.

---

2) 原子爆彈 1938~1950年, P.521.

2. Second Idea

사하로프가 그의 회고록에서 언급한 바에 의하면 이미 1948년 11월에 Ginburg가 '핵분열에 중수소화 리튬(^{2}H ^{6}Li)을 사용하면 중성자의 충격에 의해서 중수소와 3중수소를 발생 시킨다'는 이론을 제기한 바 있었는데 '우리는 여기에 주목하지 않았다'고 했다. 그리고 1953년 8월 28일의 'RDS-6' 실험 후에야 Ginburg의 이론에 주목하고, 사하로프는 중수소와 3중수소 대신에 '중수소화 리튬'을 사용하는 것으로 제안하고, 이것을 'Second Idea'라 했다. 이 Second Idea에서 '중수소화 리튬'의 사용은 상온에서 비 방사성 고체로 취급이 용이하다. 그리고 방사성 기체인 3중수소 취급시의 문제점이 해소되고 또 중수소와 3중수소의 기체를 액체로 전환시킬 때 필요한 냉각장치가 필요 없다는 장점이 있었다. 그래서 중수소화 리튬이 있는 곳에서 Pu핵분열탄이 핵분열 할 때 발생하는 중성자가 중수소화 리튬을 충격하게 되면 중수소화 리튬은 He원자핵과 중수소 및 3중수소가 발생되고 또, 핵분열시 발생된 고온과 고압은 발생된 중수소와 3중수소를 융합시킬 수 있게 된다. 이 융합반응으로 막대한 에너지가 방출된다는 이론을 발전시키면 Mt급 수소탄 제조가 가능할 것이라는 전망으로 화학물리연구소의 'Zel'dovich'팀도 사하로프 박사팀을 지원하기에 이르게 되었다.

Second Idea와 First Idea의 중요한 차이점은 이중수소와 3중수소를 액체화하여 융합시키는 거대한 냉각 장치 대신에 고체인 중수소화 리튬을 사용함으로서 편리하게 융합시킬 수 있다는 점이 달랐으나 Mt급 위력을 달성할 수 있을 것인가에 대한 의문으로 추가적인 연구가 필요하다고 판단한 사하로프 박사는 Second Idea의 이론을 더욱 발전시키는데 몰두한다.

3. Third Idea의 발전과 RDS-37 수소탄 실험

1953년 후반에 물리학자 Victor Davidenco는 수소탄 내부에 1단계와 2단계로 별도 구분하는 '단계화'하는 2개 단계 체계로 개발되어야 한다는 제안을 해왔다. 그리고 1954년 초반에 Sakharov와 Yokov Zel'dovich는 핵융합 반응 전에 핵분열탄에서 방출되는 X-선에 의해서 제2단계를 압축할 수 있다는 '방사선 내부 방출'이라는 획기적인 내용을 발견했다. 그래서 '사하로프'는 이때부터 수소탄은 2단계로 단계화하여 방출되는 X-선을 제2단계에서 핵융합을 일으키게 하는 압축체계를 개발하기에 이르게 된다. 이것을 사하로프는 Third Idea라고 했다.

이 Third Idea Design에 의한 수소탄 실험은 1955년 11월 22일, 'RDS-37'이라는 실험 명으로 항공기로 투하하여 1.6Mt의 위력을 달성함으로써 소련으로서는 최초의 Mt급 수소탄 실험을 성공하게 되었다. 소련의 'RDS-37'수소탄 실험을 보고 미국의 일부에서는 Teller-Ulam Design이 소련에 누설된 것이 아닌가 하는 의혹을 제기하는 사람도 없지 않았다.

4. Tsar Bomba(짜르 봄바)실험 (1961.10.31)

소련은 1955년 11월 처음으로 Mt급(1.6Mt) 수소탄을 실험하는데 성공하였으나 이보다 1년 전인 1954년 3월 미국이 실시한 Castle Bravo shot의 위력 15Mt에 비하면 1/10정도의 위력이었다.

당시 미소간의 핵 경쟁이 치열했던 상황 속에서 소련 흐루시초프 수상은 1961년 7월 '미국보다 더 큰 위력의 수소탄을 터뜨리라'는 지시를 하게 된다. 이 지시에 따라 16주간이라는 짧은 기간에 3개 단계 설계의 수소탄(Tsar Bomba)을 설계하여 'RDS-220'이라는 실험 명으로 1961년 10월 30일, 소비에트 연방 북극해의 '노바야 제믈랴'제도 상공 4.2km 고도에서 'Tu-95v'폭격기로 투하 폭발시켰다.[3] 실험 결과 위력은 50Mt으로 지금까지 어떤 나라에서도 개발 실험한 적이 없는 세계 최대의 위력이었다.[4]

또 이 실험에서는 97%가 핵융합 에너지의 방출이었다. 이 수소탄의 반사재는 U-238을 사용하지 않고 대신 납(lead)을 사용했기 때문에(납은 핵분열 하지 않음) 50Mt의 위력이었지만, U-238을 사용했었더라면 100Mt의 위력이 방출되었을 것으로 판단되고 있다.

실제 50Mt의 위력만 하더라도 700km 떨어진 곳에서도 충격파가 감지되고, 900km떨어진 곳의 창문이 파괴된다. 만일 독일 베를린 상공에서 50Mt의 수소탄이 폭발했다고 가정하면 영국 런던 시내의 창문이 파손될 수 있는 위력이다.

그리고 수소폭탄을 제조할 수 있는 나라는 수소탄 위력을 이론적으로 100Mt이상 얼마든지 더 큰 위력의 무기를 만들 수는 있

3) 상계서, p.576.
4) 상계서, p.576.

으나 50Mt위력의 무기도 사용할 만한 군사적 표적이 이 지구상에 없다는 것이다. 이런 군사적 측면에서 보면 소련의 50Mt수소탄 실험은 냉전시대의 전시적인 실험이었다고 할 수 있다.

〈소련 수소탄 개발 IDEA의 실험〉

Idea	실험명 및 년도	위 력	내 용
First Idea	RDS-6. 1953.8.29.	400Kt	· Layer-Cake형 1단계 설계 · Fission-Fusion 무기 · Fusion:위력의 15-25%
Second Idea	1953-1955	이론의 발전	· Ginberg의 '중수소화리튬사용' 제의
Third Idea	RDS-37. 1955.11.22.	1.6Mt	· Davidenco의 2단계 · 사하로프와 Zel 'dovich의 방사선 내부 방출 이론 · 2개 단계 설계(Teller-Ulam 설계와 거의 동일)
Tsar Bomba	RDS-220. 1961.10.31.	50Mt	· 3개 단계 설계 · 반사재로 납 사용, 위력 감소시킴

제3절 영국의 수소탄 개발

영국의 수소탄 개발계획은 미국과 소련보다는 늦게 시작되었다. 1954년도 William Penny경을 수소탄 개발 책임자로 임명하여 Aldermaston에서 연구가 시작 되었을 때는 수소탄 개발능력은 아주 기초적인 수준이었다. 그러나 이때 미국이 Castle Bravo shot(15Mt) 수소탄 실험 때 참관하여 수소탄 개발에 대한 많은 자료 수집이 가능했다.

그리고 1955년 당시 영국의 '이든'수상은 수소탄 연구진들이 수소탄 개발에 실패하거나 지연되어도 대신 대 위력 핵분열탄을 개발해도 좋다는 계획을 승인했다. 그래서 영국의 수소탄 개발팀은 수소탄 개발실험을 Operation Grapple이란 작전명으로 1차와 2차 두 번에 걸쳐 실시하기로 계획했다.

1. 1차 Operation Grapple실험

1차 Operation Grapple 실험은 수소탄 시작품 실험(Device)으로 1957년 전반기에 3번에 걸쳐 실시되었다.

① 최초의 시작품 실험은 Green Grant 테스트로 300Kt의 위력 달성으로 미국 소련과 같은 Mt급 위력 달성에는 미치지 못했다.

② 두 번째 실험은 Orange Harald 테스트로 이 실험의 결과는 720Kt 위력을 달성했으나 이 실험은 핵분열탄 실험으로 소량의 핵융합 반응을 포함시킨 실험(증폭 핵분열탄)으로 핵분열탄으로는 최고 위력의 핵무기였다.

③ 세 번째 실험은 Purple Grante 테스트로 수소탄의 두 번째 시작품 실험으로 150Kt 위력에 불과했다.

이렇게 1차 Operation Grapple 실험은 끝나고 2차 실험을 준비하고 있었다.

2. 2차 Operation Grapple 실험은 수소탄 실험으로 1957년 9월 이후에 4번에 걸쳐 실시되었다.

① 첫 번째 실험은 1957년 11월 18일에 Grapple X Round C 라는 명칭으로 실시되었다. 이번 실험은 Teller-Ulam Design과 같은 2개 단계 설계로 실험했다. 실험 결과 1.8Mt 위력 달성으로 영국 최초의 Mt급 수소탄 실험이었다.

② 2번째 실험은 1958년 4월 28일, 항공기로 부터 공중 투하로 실시되어 3Mt의 위력을 달성했다. 이것은 영국의 최대 위력의 수소탄이다.

③ 3번째 실험부터는 소형 수소탄 실험으로 전환하여 1958년 9월 2일 공중 투하로 실시되었는데 1Mt의 수소탄이었다.

④ 4번째 실험 역시 소형 수소탄 실험으로 1958년 9월 11일 실시되어 1Mt의 위력이었다.

영국의 Mt급 수소탄 실험 시에는 미국 참관인을 초청하였고 이때부터 미국과 영국은 '핵무기 상호 교환'에 합의하고, 이것이 연계되어 미국과 영국의 '상호 방위동맹'으로 발전하게 되었다.

이 후 미국은 소형 핵탄두 'MK-28'의 설계도를 영국에 이전했다.

〈영국의 수소탄 실험〉

작 전 명	실험년도	코 드 명	위 력	기 타
1차 Operation Grapple	1957년	Green Grante	300Kt	핵융합 시작품
〃	1957년	Orange Harald	720Kt	증폭 핵분열탄
〃	1957년	Purple Grante	150Kt	핵융합
2차 Operation Grapple	1957.11.8.	Grapple X Round C	1.8Mt	2개단계 핵융합
〃	1958.4.24		3Mt	영국 최대수소탄
〃	1958.9.2.		1Mt	소형 핵탄두
〃	1958.9.11.		1Mt	소형 핵탄두

제4절 중국과 프랑스의 수소탄 개발

중국은 프랑스보다 2년 늦게 원자탄을 개발 했으나 수소탄 개발에는 프랑스보다 1년 2개월 앞서 수소탄 보유국 대열에 합류했다.

1. 중국의 수소탄 개발

중국은 핵 보유 5개 선진국 중 맨 마지막으로 1964년 10월 16일 원자탄 핵실험을 했다. 1953년 스탈린이 사망한 후 흐루시쵸프가 정권을 장악한 후 모택동에게 '핵무기를 개발하는 데는 엄청난 비용이 들므로 사회주의 국가에서는 우리만 갖고 있으면 되니까 중국은 핵개발을 하지 말라'고 권고했다.

그러나 중·소간 원자력 협정을 체결하고 기초적인 핵 기술을 이전하고 있었다. 그러나 한국전쟁 기간에 미국으로 부터 핵 위협을 받은바 있는 중국은 핵개발의 필요성을 실감하고 소련으로 부터 원폭의 모형과 도면 자료의 제공을 요청했으나 거절당하고 거기에 더하여 1959년 6월 소련은 일방적으로 '중소 원자력 협정' 파기를 선언했다.[5)]

이렇게 되자 모택동은 1959년 6월의 수모를 기억하자며 '우리가 바지를 못 입는 한이 있어도 핵을 개발 해야겠다'고 결심하고 이때부터 '596핵개발 프로젝트'를 가동하기 시작했다.

이렇게 하여 중국은 핵개발에 전력을 투구하여 5년 4개월만인

5) 中國,核ミサイルの標的, p.97.

1964년 10월에 중국 최초의 원자탄 실험에 성공하여 핵 보유 선진국 대열에 서게 되었다.

이때는 이미 미국, 소련, 영국의 3개국은 Mt급 수소탄을 보유하고 있었으므로 중국은 수소탄 보유국 대열에 빨리 진입하기 위해 원자탄 개발 시부터 수소탄 개발도 병행 연구하고 있었다. 그래서 중국은 최초 원자탄 실험에 성공(1964.10.)한 후 수소탄 개발에 박차를 가하여 1966년 5월에 수소탄 1차 기초실험을 거친 뒤 같은 해 12월에 2차 기초실험을 실시했다.

그리고 1967년 6월 17일, 중국 남서쪽에 위치한 Lop Nor 핵 실험장에서 Teller-Ulam design에 의한 수소탄 실험을 실시하여 3.31Mt의 위력 달성에 성공했다. 수소탄 보유국들은 중국이 최초의 원자탄 실험으로부터 불과 32개월 만에 수소탄 실험에 성공하는 굉장한 빠른 속도에 놀랐다.

특히 중국보다 앞서 원자탄 실험에 성공한 프랑스는 큰 충격을 받았다.

여기서 우리가 주목할 것은 당시 미국과 소련으로부터 핵 위협을 당한바 있는 중국은 Mt급 수소탄 보유로 대미, 대소 '최소 핵 억제력'을 확보하고자한 자강 노력의 의지가 남달랐다는 것이다.

〈중국의 수소탄 실험〉

실험일	실험내용	위 력
1966.5.	1차 기초 수소탄 실험	?
1966.12.	2차 기초 수소탄 실험	?
1967.6.17.	Teller-Ulam design	3.31Mt

2. 프랑스의 수소탄 개발

프랑스의 수소탄 개발과정에 대해서 알려진 것은 거의 없다. 프랑스는 1950년대 말까지 원자탄 개발을 하지 못한 채 미국의 핵우산 아래 소련의 핵위협을 억제하고 있었다.

드골장군의 집권으로 미국과 소련, UN의 반대에도 불구하고 자주국방을 위한 핵개발을 시작하여 1962년 2월에 중국보다 2년 빨리 핵보유국이 되었다. 그리고 미국, 영국, 소련의 수소탄 개발을 보면서 당시 미국의 수소탄 설계로 알려진 Teller-Ulam Design 쪽으로 개발을 시작했으나 미국과 영국의 비협조로 굉장한 어려움을 겪고 있던 중 중국의 수소탄 개발에 충격을 받고 개발에 박차를 가하여 결국 중국보다 2년 뒤진 1968년 8월 'Campus'라는 실험명으로 Teller-Ulam Design과 같은 2개 단계 설계로 최초 수소탄 폭발장치(Device)실험으로 2.6Mt의 위력을 달성함으로써 가장 늦게 수소탄 보유 5개국 대열에 합류할 수 있었다.

프랑스의 수소탄 개발에서 주목할 것은 미, 영, 소의 반대에도 불구하고 투철한 자주국방 사상으로 독자적으로 수소탄을 개발했고 이후 수소탄을 탑재한 원자력 잠수함으로 제2격 능력을 갖추어서 지금 이 순간에도 가상 적국의 사정거리 내의 해저에 위치하여 프랑스의 안보를 지키고 있다는 점이다.

제5절 기타 국가의 수소탄 개발

공식적 수소탄 보유국 5개국 외에 이스라엘은 원자탄이나 수소탄 실험을 한 적이 없고 또 핵 보유선언을 한 적도 없다. 그러나 국제사회는 이스라엘이 수소탄을 보유했을 것으로 알고 있다.

그리고 인도와 북한은 수소탄 실험을 했다고 선언했고, 파키스탄은 수소탄의 전 단계인 증폭 Pu원자탄을 실험했다고 주장하고 있다.

1. 이스라엘의 수소탄 개발

이스라엘은 지금까지 어떤 핵실험을 한 적이 없다. 그럼에도 국제사회는 원자탄 및 수소탄 보유국으로 널리 알려져 있다. 일반적으로 군사전문가들은 이스라엘이 80발 내외의 핵무기(수소탄 포함)를 보유하고 있으리라고 판단하고 있다. Teller-Ulam Design의 저자는 '비록 공식 통계는 아니지만 이스라엘은 Mt급 수소탄 핵탄두를 포함하여 최대한 400발을 보유하고 있다고 판단된다'고 말하고 있다.[6)]

이러한 추정을 하게 된 배경은 '미국의 수소탄의 아버지'라고 불리는 Edward Teller 박사는 20여 년간 이스라엘의 일반 핵 문제에 대한 자문과 지도를 해왔었고 이스라엘 '텔아비브' 대학에서 이론 물리학 강의를 계속 해왔었다.

그리고 미 CIA 국장은 이스라엘의 핵능력에 관해서 Teller 박

---

6) Teller-Ulam Design. p.40.

사로 부터 신뢰할 만한 정보를 얻고 1976년 미 의회에서 '이스라엘의 핵능력을 확신한다'고 증언한 바 있다.

이후 Teller 박사는 언론에 '이스라엘은 핵무기를 보유하고 있다. 그들은 핵실험을 하지 않고도 핵폭발을 확신하는데 충분한 능력을 가지고 있다. 그리고 이스라엘이 NCND 정책을 일관하고 있는 것은 핵실험을 하게 되거나 핵 보유 선언을 하게 되면 국제사회에서 많은 문제를 야기하리라는 것을 알고 있기 때문이다'라고 했다.[7)]

그리고 이스라엘이 핵실험을 했으리라고 의심받는 사건도 있었다.

이를 소개하면, 남아공에서 남쪽으로 2,000km 떨어진 Edward Island 제도의 하나인 Marion Island에는 남아공의 과학 아카데미가 운영하는 기상 관련 연구시설이 있다. 이 Marion 섬 인근에서 1979년 9월 22일 핵폭발이 있었다고 미국의 'Vela 6911' 정보위성이 감지했다. 미국에서 조사위원회를 구성 조사했으나 오늘날까지 누가 여기서 핵폭발을 일으켰는지 알지 못하고 있다. 이 핵폭발은 남아공과 이스라엘의 공동 핵실험이었을 것으로 추정은 하지만 양국 모두가 부정하고 있기 때문에 지금까지 'Vela Incident'의 수수께끼로 남겨지고 있다.[8)]

2. 인도의 수소탄 개발

인도는 1974년 5월 18일, 첫 원자탄 실험을 실시했고, 그

7) H-Bomb vs A-Bomb : What's the Difference?
8) http://blog.naver.com/paltizan/220650512997.

후 24년 동안 핵실험을 실시하지 않았다. 1998년 5월 11일, 'Shaki-1'이라는 핵실험을 실시했다. 실험 후 인도는 '이번 수소탄 실험은 성공적으로 실시되었다. 이 핵 장치는 2개 단계의 열핵무기(수소탄)였고 45Kt의 위력을 달성했다. 이 위력은 당초 기대했던 200Kt보다는 훨씬 적었다'고 발표했다.[9)]

또 수소탄 실험 당시 실험장 준비위원장인 'K, Santhanam'박사는 '수소탄 위력은 기대한 것보다 적었다'고 했다. 그러나 이 실험에 참가한 일부 인도 과학자들은 이 발표에 의구심을 갖고 있어 논쟁이 되었다.[10)]

그리고 수소탄 위력으로는 저 위력이 여서 수소탄 실험인지 의심하는 전문가들도 있었다. 또 어떤 학자들은 수소탄의 전 단계인 증폭 핵분열탄(Boosted Fission)이 아닌지 하고 의심하는 전문가(Jim Hamphries)도 있었다.

미국의 지질 조사국은 '세계 125개소의 지진 탐지소에서 탐지한 자료를 종합해본 결과 60Kt 위력으로 인정되며 이것은 인도가 발표한 56Kt와 거의 일치한다'고 했다.

지금까지 발표된 내용들을 보면 수소탄 실험이 맞는지? 또는 수소탄으로는 위력이 적다는데 의심을 가진 전문가들 사이에 논쟁이 있어 왔다. 저 위력이라 해도 기술 수준에 따라 수소탄 실험일 수도 있고 또 증폭 핵분열탄 실험이라 해도 핵융합 반응을 이용하는 것이므로 이미 24년 전에 핵분열탄 실험을 성공시킨바 있는 핵 기술을 감안하면 수소탄 실험이 아니라고 단정하기 어렵다.

---

9) Is India Building Thermonuclear Weapon? by Zachary Keek.
10) Teller-Ulam Design. P.11.

이 문제는 장차 추가적인 핵실험으로 확인될 것이다.

그리고 인도의 핵 보유고에 대해서 공식 발표한 바 없으나 약 40~90발의 핵탄두를 보유하고 있을 것으로 추정한다. 물론 이 중에는 수소탄 탄두는 얼마나 포함되어 있는지는 알 수 없다.

3. 파키스탄의 수소탄 개발

파키스탄은 인접국가인 인도와 1947년부터 1971년 사이에 3차례의 전쟁을 치렀다. 모두 열세한 전력으로 파키스탄의 패배로 끝났다. 그리고 1974년도에 인도가 핵실험에 성공하자 더욱 다급해진 파키스탄은 핵개발에 총력을 기우렸다. 그로부터 24년이 지난 1998년 5월 11일에 인도의 제2차 핵실험이 있었고 이때 인도는 수소탄을 폭발시켰다고 주장했다. 이 발표에 파키스탄은 큰 충격을 받았음에 틀림없다.

파키스탄은 인도의 제2차 핵실험 2주 후인 1998년 5월 28일과 5월 30일에 Balochistan주의 Chagai hill과 Kharan 사막에서 'Chagai-1', 'Chagai-2'라는 실험 명으로 5월 28일에 5번, 5월 30일에 1번 모두 6번의 핵실험을 실시했다.

이 실험 중 처음 5번은 '우라늄 탄' 실험이었고 마지막 실험은 '플루토늄 탄'이었다.

실험 후 '이번 실험은 모두 증폭 핵분열탄(Boosted U/Pu Fission Bomb)실험이었다'고 발표한 것이 특이했다.

이는 곧 수소탄 실험으로 갈 것임을 시사하는 내용이라 평가된다.

파키스탄의 핵실험 위력은 모두 저 위력이었고 가장 큰 위력은 5Kt, Pu 증폭탄으로 확인되었다. 파키스탄은 18Kt라고 주장했으나 이것은 설계상의 위력이었던 것으로 전문가들은 판단하고 있다.[11)]

현재 파키스탄은 100~120발의 핵분열탄을 보유하고 있으나 수소탄 실험을 한 적은 없다. 그러나 파키스탄은 숙적인 인도가 수소탄 실험을 한 이상 인도와의 핵 경쟁에서 균형을 확보 하려면 수소탄 개발을 추진하지 않을 수 없을 것이다.

증폭 핵분열탄을 실험한지 20년 가까이 됨으로 그 동안 수소탄 개발을 추진해 왔을 것이므로 수소탄 실험은 언제라도 가능할 것으로 추정된다.

4. 북한의 수소탄 개발

북한은 2015년 12월 10일, '우리(북한)는 수소탄을 개발했다' 라고 발표했다. 그로부터 1개월도 채 안된 2016년 1월 6일, 제4차 핵실험을 하고, '수소탄 실험을 성공적으로 실시했다'고 주장했다. 이때 탐지된 지진파의 진도는 4.8이었다.

북한의 제4차 핵실험에 대한 한·미 당국의 분석 결과는 '위력은 6Kt정도이고 북한이 주장하는 수소탄 실험은 아니고 증폭 핵분열탄이다'라고 발표했다. 그리고 전 세계의 핵 전문가들은 이 분석 결과 발표에 동의했다. 그러나 비록 증폭 핵분열탄이라 해도 멀지 않는 장래에 수소탄 개발이 가능할 것으로 예상했다.

11) The Nuclear Express. p.258.

그리고 8개월 후인 2016년 9월 9일, 제5차 핵실험을 실시했으나 특별한 발표는 없었고 핵 위력만 10Kt로 증가했을 뿐이었다. 그로부터 1년 후인 2017년 9월 3일, 제6차 핵실험을 하고는 수소탄 실험에 성공했다고 발표했다. 이때 지진파의 진도는 5.7 또는 6.3으로 위력은 70~160Kt로 다양한 분석이 발표되었다. 한국 국방부는 위력은 70Kt, 핵종에 대해서는 방사능 물질이 포집되지 못해 확증하지 못해 발표는 하지 않았으나 증폭 핵분열탄으로 기울고 있었다. 그러나 미국을 위시한 일본, 중국은 모두 핵 위력을 140Kt~160Kt로 분석했고 미국의 38 노스는 250Kt라고 발표했다. 핵종은 수소탄으로 분석하는 것으로 보였다. 북한이 수소탄을 개발했는지에 대해서는 제4장에서 상세히 확인할 것이다.

제5장 북한의 수소탄 개발

북한은 이미 6차례의 핵실험을 실시했다. 2015년 12월 10일, 김정은은 수소탄 보유선언을 하고, 1개월도 채 안된 2016년 1월 6일, 제4차 핵실험했다. 그리고 수소탄 실험에 성공했다고 했다.

그런데 한·미 정보당국과 세계의 핵전문가들은 수소탄은 아니고 '증폭 핵분열탄' 수준이라고 했고, 실제 핵 위력도 약 7Kt정도로 수소탄이라 하기에는 위력이 너무 적었다. 그리고 2016년 9월 9일, 제5차 핵실험(위력 10Kt)을 실시했고, 2017년 9월 3일, 제6차 핵실험을 하고는 또 한 번 수소탄실험을 성공적으로 실시했다고 발표했다.

제6차 핵실험의 위력을 한국 국방부는 70Kt, 미국을 위시한 일본과 중국은 약 150Kt 내외로 각각 다르게 분석했고, 핵종(핵의 종류)에 대해서는 확실한 언급이 없었다. 그러나 100Kt이상의 위력이고 1년 8개월 전의 제4차 핵실험이 '증폭 핵분열탄'으로 평가했으므로 이번은 수소탄일 가능성에 무게가 실리는 것 같았다. 그러나 수소탄으로 확증하려면 핵폭발 후 발생하는 방사능 물질(He) 채집에 기대했었는데 채집의 실패로 확증을 하지 못했다.

북한은 제6차 핵실험은 성공적인 수소탄 실험이었다고 대내적으로 대대적인 축하행사를 벌이기도 했다.

그런데 우리 국방부는 100Kt에도 못 미치는 70Kt로 발표하고 증폭 핵분열탄에 무게를 둔다는 보도도 있었다.

그러나 북한은 수소탄을 보유했다고 김정은이 신년사에서도 발표했고. 최근(2018.2.23) 북한 노동신문에서는 '황제폭탄이라 불리는 수소탄을 보유하고 있고 대륙 간 로켓에 장착하는데 성공했다'고 했다. 우리의 입장에서는 북한이 핵을 보유하면서 수소탄까지 보유하게 되었다면 우리의 대비책은 달라져야한다.

그러므로 과연 북한이 수소탄 개발능력이 있는지를 검토해 보지 않을 수 없다. 그래서 제5장에서는 북한의 수소탄 개발능력에 대해서 검토해 보고자한다.

제1절 북한 수소탄 개발의 시작

북한이 수소탄개발을 시작한 것은 2003년으로 거슬러 올라간다.

이무렵 북한은 1994년 미·북 제네바 핵합의에 의해 북한의 모든 핵시설을 동결하고 핵개발을 하지 않는다는 조건으로 북한에 경수로 2기를 건설해 주기로 한 합의에 따라 함남 신포지역에

1,000Mwe 경수로를 건설 중에 있었다. 이렇게 한반도에는 비핵화 무드가 조성되던 시기에, 북한은 미·북 핵합의를 위반하고 비밀리에 조잡한 Pu핵무기 1~2발을 만들고 있었고 또 우라늄 핵개발 프로그램까지 진척시키고 있음이 밝혀졌다. 이로 인해 경수로 사업이 중단되자 북한은 또 두 번째 NPT 탈퇴를 선언하고 동결되었던 폐연료봉을 재처리하겠다고 선언하는 등 한반도에 다시 긴장을 고조키고 있었던 시기가 2003년 전 후의 상황이다.

이러한 시기에 북한 김정일은 비밀리에 수소탄 개발 계획을 진행시키고 있었음이 나중에 확인되었다.

북한은 1998년도부터 '과학 기술 5개년 계획'을 진행시키고 있었다. 2003년도부터 시작되는 '제2차 과학기술 5개년 계획(2003~2007)' 중 국가과학원 연구과제에 다음과 같은 2가지 프로젝트가 포함되고 있었다.

① 하나는 중수소(^{2}H)와 3중수소(^{3}H)를 융합하는 기술 연구이고 ② 또 하나는 리튬원소($_{3}Li$)에서 리튬-6(^{6}Li)을 분리하는 기술연구였다.[1)]

우리는 앞의 제3장 수소탄의 핵융합개념에서 수소탄은 중수소와 3중수소가 융합할 때 막대한 에너지의 방출로 수소탄을 만들 수 있다는 것을 알아봤고, 또 핵융합 핵물질인 중수소는 물 분해에서 획득이 가능하나 3중수소는 물 분해로서는 거의 얻을 수 없으므로 고체원소인 리튬원광에서 리튬원소(Li-6)를 분리해 낸 다음 중성자반응으로 3중수소를 얻을 수 있다고 했다.

바로 이와 같은 내용이 북한의 제2차 과학 기술 5개년 계획 연

1) 통일연구원 보고서, 2015. 9. 17.

구과제에 포함되어 있다는 것은 과학자들에게 수소탄개발을 시작하라는 독재국가의 지상명령이라 할 수 있다. 이렇게 2003년도에 북한의 수소탄 개발은 시작된 것이다.

그리고 3년 후인 2006년도에 수소탄의 기폭제가 되는 핵분열탄(원자탄) 최초 실험(2006.10.9)에 성공했다. 이는 수소탄 개발자들에게는 큰 힘이 되었을 것이다. 그리고 그 4년 후인 2010년도에 '핵융합 반응을 성공시켰다'는 보도가 북한 노동신문에 대서특필했다.[2)]

이때만 해도 한국에서는 '북한이 핵융합에 성공했다'는 보도는 '허풍'이라고 일축했다. 그리고 2016년 1월 6일, 제4차 핵실험을 하고 북한은 수소탄실험이라고 주장했을 때 우리는 '증폭 핵분열탄'으로 평가했다. 그러나 증폭 핵분열탄이라 해도 핵융합반응을 이용하는 것이므로 장차 수소탄 개발로 다가 가고 있을 것으로 주목하고 있었다.

그리고 1년 8개월 만인 2017년 9월 3일, 북한은 제6차 핵실험을 하고는 또 수소탄 실험이라고 주장했다. 이번 핵실험 결과 위력은 70Kt~150Kt 내외 또는 250Kt의 위력 평가로 수소탄일 가능성도 있었으나 위력만으로 단정하기도 어렵다. 그래서 이번 북한의 핵실험이 수소탄 실험 여부를 분석해 보고 그 대비책을 강구해야 할 것이다.

---

2) 노동신문 '핵융합 반응을 성공시키는 자랑찬 성과를 이룩했다', 2010. 5. 12.

제2절 북한 수소탄 개발능력 분석

김정일이 시작한 수소탄은 그 완성을 보지 못하고 2011년 12월에 사망하자 김정은이 이를 계승하여 4년만인 2015년 12월 수소탄 보유선언을 하고 이어 4차례의 핵실험을 하고 이 중 제4차와 제6차 핵실험을 수소탄 실험이라고 주장했다. 그러나 수소탄 실험이라는 확증이 되지 않고 있다. 그래서 과연 북한이 수소탄을 개발할 능력이 있는지를 분석해 보고자 한다.

일반적으로 수소탄 개발능력을 분석할 때는 (1) 지도자의 개발의지, (2) 수소탄 제조의 핵 원료 획득 가능성, (3) 개발 연구 기간의 충분성, (4) 개발 기술 수준의 정도, 의 4가지 요소로 분석한다.

1. 지도자의 개발 의지

북한과 같은 공산독재 체제하에서 지도자의 개발 의지는 개발자금과도 관계가 있어 절대적이다. 북한은 김일성 시대부터 핵개발이 시작되었고, 김정일 시대에 고농축 우라늄 개발과 수소탄 개발을 시작했다. 김정은 시대에는 수소탄 개발을 완성시켜 최대의 치적으로 내세우기 위해서도 수소탄 개발 의지는 누구보다도 강력하다. 제4차와 제6차 핵실험을 하고는 수소탄 실험이라 하고 '하늘이 무너져도 핵개발 중단이나 핵 포기는 없다'고 할 정도로 수소탄 개발 의지는 절대적이라 할 수 있다.

2. 수소탄 제조의 핵 원료 획득 가능성

수소탄 제조의 핵 원료는 중수소(^2H)와 3중수소(^3H) 및 리튬($_3Li$)원소이다. 중수소는 물이나 바닷물에서 전기분해를 통해 획득가능하나 3중수소는 물을 전기분해 해서는 초극미량(10의-17%)밖에 획득할 수 없고 대신 리튬원소($_3Li$)에서 획득한다.

리튬원소는 북한에서는 채광된다. 2017년 UN의 보고서에 의하면 북한은 리튬원소를 온라인상으로 수출하고 있다는 보고가 있을 정도로 생산되고 있다. 리튬원소의 원광에는 ^6Li가 7.5%, ^7Li가 92..5% 함유되어있다. 리튬 원광에서 ^6Li을 분리해 낸다. 분리된 ^6Li는 북한 영변 핵 단지 내에 있는 5MWe원자로 속에 넣어 중성자 반응으로 3중수소를 획득하게 된다.

$$^6Li + n \rightarrow {}^4He + {}^3H$$

미국 ISIS연구소 '올브라이트' 소장은 2015년 9월 16일, '북한은 5MWe 흑연 감속로 에서 3중수소를 획득할 방사선 조사 채널(irradiation channel)을 설치하고 있다'고 밝힌 바 있다. 이처럼 북한은 ^6Li 을 특수시설이나 가동 중인 원자로에 넣어 3중수소를 획득할 수 있고, 중수소는 물이나 바닷물에서 채취할 수 있으므로 수소탄 제조의 핵 원료인 중수소와 3중수소의 획득은 가능하다. 그리고 중수소화리튬(^2H ^6Li)은 고체로 수소탄 원료로 직접 사용함으로 이를 위해서는 ^6Li 획득은 긴요한데 북한에서는 광산에서 직접 Li 획득이 가능함으로 수소탄 제조를 위한 원료 획득에는 아무런 문제가 없다.

3. 수소탄 연구기간의 충분성

수소탄 개발은 원자탄을 기폭제로 하기 때문에 통상 원자탄 최초 실험으로 부터 수소탄 최초실험까지의 기간을 수소탄 개발 연구기간으로 추산한다. 수소탄 보유 5개국의 연구기간을 확인해 본 결과, 미국은 1945년 7월 16일에 최초 원자탄 실험을 했고 수소탄 최초 실험은 1952년 11월 1일에 실시했으므로 7년 4개월이 소요되었다. 러시아는 4년 3개월, 영국은 5년 1개월, 프랑스는 8년 6개월, 중국은 2년 8개월로, 평균 5년 4개월이 소요되었다.

북한의 최초 원자탄실험은 2006년 10월 9일이었고 제4차 핵실험(2016.1.6)이 수소탄 실험이었다면 9년 3개월이 소요되었고, 제6차 핵실험(2017.9.3)이 수소탄 실험이었다면 10년 10개월이 소요된 것이다. 수소탄 보유 5개국의 평균개발 연구기간 5년 4개월보다 그리고 가장 오랜 기간이 소요된 프랑스의 8년 6개월보다도 더 긴 연구 개발기간을 가졌으므로 북한의 수소탄 개발 연구기간은 충분한 기간이었다고 분석 된다

4. 북한 수소탄 개발의 기술 수준

북한의 제4차 핵실험은 증폭 핵분열탄 실험이었고, 제6차 핵실험은 증폭 핵분열탄인지 또는 수소탄인지 확인은 안 되었으나 최소한 증폭 핵분열탄이라 해도, 2017년도의 북한의 핵 기술은 중수소와 3중수소를 융합시킬 수 있는 기초적 수준에는 도달하고 있음은 확실하다 할 수 있다. 그리고 북한은 제6차 실험 후 발표문에서 2개 단계의 수소탄 실험이라고 밝히긴 했으나 Teller-

Ulam Design의 완전한 2개 단계의 수소탄개발 수준에 도달했는지는 확인할 수는 없다. 다만 북한은 그 방향으로 가고 있음은 확실하다 할 수 있다.

미국은 1951년 5월 9일, George Shot 핵실험을 했다. 이 실험은 핵분열탄에 소량의 핵융합물질을 넣어 실험한 것으로 225Kt의 위력을 달성한 실험이었다. 즉 증폭 핵분열탄 실험으로 수소탄 실험 전에 핵융합 시작품 성격의 실험이라 할 수 있다.

이 실험이 있은 1년 6개월 후인 1952년 11월 1일, Ivy Mike Shot 실험으로 미국은 최초의 수소탄 실험(10.4Mt)에 성공했다.

소련은 1953년 8월 29일, 'RDS-6' 핵실험을 했다. 이 실험으로 핵분열에서 핵융합으로 이루어지는 실행과정을 점검하는 수소탄 시작품 성격의 실험으로 400Kt 위력을 달성하는 실험이었다. 이로부터 2년 3개월 후인 1955년 11월 22일, 'RDS-37' 수소탄 실험을 실시하여 1.6Mt의 위력 달성에 성공했다.

이처럼 미국과 소련은 2개 단계의 완전한 수소탄 실험을 하기 1년 6개월과 2년 3개월 전에 핵분열에서 핵융합과정을 점검하는 확인 차 시작품으로 핵실험을 실시한 것을 미루어 볼 때 북한의 제4차 핵실험(증폭 핵분열탄 실험)은 분명한 수소탄 전 단계의 시작품 성격의 핵실험이었음을 알 수 있고, 그로부터 1년 6개월 후인 2017년 9월 3일, 제6차 핵실험은 수소탄 실험이라는 확증은 안 되었으나 완전한 수소탄 실험일 가능성을 배제할 수 없다. 그러므로 북한의 수소탄 개발 수준은 수소탄 개발 수준에 도달 했을 것으로 분석된다.

지금까지 북한의 수소탄 개발의 능력 분석을 4가지 요소에 의

해서 분석해 본 결과, 김정은의 강력한 수소탄 개발 의지와 수소탄 개발에 필요한 핵물질은 모두 북한 내에서 획득 가능하고 또 2003년부터 시작된 수소탄 연구 개발은 지금까지 15년의 연구기간에 6차례의 핵실험에서 얻은 핵 기술은 2개 단계의 완전한 수소탄 실험을 할 수 있는 수준에 와 있을 것으로 종합적 분석이 가능하다.

제3절 북한의 제6차 핵실험

북한은 제6차 핵실험을 실시하기 2개월 전 7월에 두 차례나 대륙 간 탄도로켓 '화성-14형' 시험사격에 성공했다. 그리고 '화성-14형' ICBM에 탑재할 핵탄두를 완성했는지에 대한 관심이 집중되는 시기에 북한은 대륙간 탄도로켓에 탑재할 수 있는 수소탄 핵탄두를 개발했다고 노동 신문이 공개했다.

그리고 같은 날 오후에 제6차 핵실험을 실시했다.

1. 제6차 핵실험 전 수소탄 탄두 공개

북한의 제6차 핵실험이 실시되기 전날 "김정은 위원장은 북한 '핵무기 연구소'를 방문하여 새로 제작한 대륙간 탄도로켓의 탄두부에 장착할 수소탄을 보아 주시었다"는 보도와 함께 새로 제작했다는 땅콩 형태의 수소탄 탄두를 앞에 놓고 설명을 듣는 모습을 2017년 9월 3일자 노동신문에 크게 보도했다

노동신문 보도 내용을 보면, "김정은 동지는 핵무기 병기화에

서 일대 전환을 일으킨데 대한 노동당의 전략적 의도에 맞게 최근에 높은 단계의 핵무기를 연구 제작하는 자랑찬 성과를 이룩했다. 그리고 핵탄 위력을 타격 대상에 따라 수 10kt로부터 수 100kt급에 이르기까지 임의로 조정할 수 있는 우리의 수소탄은 거대한 살상 파괴력을 발휘할 뿐만 아니라 전략적 목적에 따라 고공에서 폭발시켜 광대한 지역에 대한 초강력 EMP 공격까지 가할 수 있는 다기능화된 열핵 전투부(탄두)다"라고 했다.

또 "분열 및 열핵 장약을 비롯한 수소탄의 모든 구성 요소들이 100% 국산화되고 무기급 핵물질 생산 공정으로부터 부분품 정밀 가공 및 조립에 이르기까지 핵무기 제작에 필요한 모든 공정들이 구체화되었다. 우리는 앞으로 강력한 핵무기들을 마음먹은 대로 꽝꽝 생산할 수 있게 되었다"고 했다.

이 노동신문 발표 내용을 보면, 김정은은 수소탄 핵실험 전에 '핵무기 연구소'에서 수소탄 제작이 완성되었다는 보고를 받고 제작된 수소탄 탄두를 직접 살피는 모습을 제6차 핵실험 수 시간 전에 공개한 것으로 추정된다.

2. 제6차 핵실험

노동신문이 수소탄 탄두를 공개한 그날 2017년 9월 3일 12시 29분, 함북 길주군 풍계리 핵실험장에서 제6차 핵실험이 실시되었다.

핵실험 2시간 30분 후인 15시에 조선 중앙TV에서 '중대성명'이 발표 되었다.

"이번 수소탄 실험은 대륙 간 탄도로켓 전투부에 장착할 수소탄 제작에 새로 연구 도입한 위력 조정기술과 내부구조 설계 방안의 정확성 및 믿음성을 검토 확정 하기 위해 진행됐다. 실험 측정 결과 총 폭발 위력과 분열 대 융합 위력 비를 비롯한 핵 전투부의 위력 지표들과 2단열(2개 단계의 뜻) 핵무기로서 질적 수준을 반영하는 모든 물리적 지표가 설계 값에 충분히 도달했으며 이번 실험이 이전에 비해 전례 없이 큰 위력으로 진행됐지만 지표면 분출이나 방사선 물질 누출 현상이 전혀 없었고 주위 생태 환경에 그 어떤 부정적 영향도 주지 않았다는 것이 확증됐다"고 했다. "특히 우리의 설계 및 제작 기술이 핵탄의 위력을 타격 대상과 목적에 따라 임의로 조정할 수 있는 높은 수준에 도달했다는 것을 명백히 보여줬으며 핵무력 완성의 완결 단계 목표를 달성하는데 매우 의의 있는 계기가 되었다"고 했다.

제6차 핵실험 전 후의 북한 발표 내용 중 군사적으로 주목할

만한 대목을 간추려 보면,

① 이번 핵실험은 대 위력의 2단 구조 수소탄 실험이다.
② 대륙 간 탄도 로켓에 장착할 수 있는 수소탄 실험이다.
③ 수소탄 위력은 수10kt에서 수100kt 위력으로 임의 조정할 수 있다.
④ 초강력 EMP 공격이 가능해 졌다.
⑤ 핵무력 완성 단계에 도달했다. 는 주장이다.

가. 북한의 주장에 대한 분석

제6차 핵실험 결과를 북한의 주장과 내외신 보도들, 그리고 핵 전문가들의 추정내용들을 중심으로 분석해 본다.

(1) 제6차 핵실험은 대 위력의 2단 구조 수소탄 실험인가?

9월 3일 인공지진을 관측한 한국 기상청은 최초 인공지진 규모를 5.6으로 발표했었고 추가 분석으로 5.7로 수정 발표했다. 이번 핵실험의 위력은 제5차 핵실험의 10Kt 위력의 5~6배나 된다고 했다.

한국 합참은 "9월3일 12시 29분 경, 북한 풍계리 일대에서 규모 5.7의 인공 지진파를 감지했고 이 인공지진은 북한의 제6차 핵실험으로 추정된다"고 했다.

한국 국방부는 "인공지진 진도 규모 5.7로 위력은 70Kt의 '증폭핵분열탄'으로 분석 된다"고 했다.

한국 국정원은 "진도 5.7로 100Kt 수소탄으로 판단된다"고 했다.

이날 미국 지질 조사국(USGS)은 최초 지진규모 5.2에서 6.3으로 수정 발표했다. 그리고 미국의 정보기관들과 '디플로메트'(외교안보 전문지)는 이번 실험의 폭발위력은 140Kt로 추정 된다고 발표했다.

그리고 예외적으로 미국의 38노스는 최초 120Kt로 판단했었는데 추가 분석으로 250Kt로 배로 수정 발표했다.

한국을 제외한 미국, 일본, 중국은 진도 6.1~6.3으로 모두 한국보다는 높게 지진파를 감지했고 위력도 150Kt 내외 및 250Kt까지 높게 판단했다.

이번 제6차 핵실험은 수소탄 실험인가 하는 의문은 일반적으로 진도 6.0 이상이면 위력 100Kt로 판단하고 수소탄일 가능성이 높다고 추정한다.

그리고 제6차 핵실험 전 공개한 수소탄 탄두의 형태로 보면 땅콩 형태로 앞부분의 불룩한 형태는 수소탄 1단계의 핵분열탄이고 뒷부분의 불룩한 형태는 수소탄 2단계의 핵융합 시스템으로 추정 된다 그리고 전선으로 연결된 아래 부분은 발사 장치 통으로 보여진다고 핵 전문가들은 추정하고 있다.

미국의 고위 관리는 "이번 핵실험이 수소탄실험이라는 북한의 주장에 사실과 부합되지 않는 것은 없다"고 했다.

일본의 도쿄 공대 핵공학 '시와다' 교수는 "2단계 시스템을 취하는 표준적인 수소폭탄 형태를 하고 있다"고 했다.

또 일본 방위 정책국장(前田哲)은 "북한이 수소탄 실험에 성공했을 가능성을 부정할 수 없다"고 했다.

그리고 제4차 핵실험(2016.1.6) 시 북한은 수소탄 실험이라고 주장했으나 한국을 비롯한 서방 국가들은 모두 증폭 핵분열탄으로 판단했다. 그리고 증폭핵탄은 수소탄의 전 단계로 핵융합을 이용함으로 머지않아 수소탄 실험을 할 것으로 예상해 왔다. 이로부터 1년 8개월이 지난 지금 수소탄 실험을 했다 해서 이상할 것은 없다.

이번 제6차 핵실험 결과를 각국이 발표한 내용을 정리하면 다음과 같다.

〈각국이 발표한 진도, 위력, 핵종〉

국	진도	위력	핵종
한국	5.7	70Kt/100Kt	증폭핵탄/수소탄
일본	6.1	160Kt	수소탄
중국	6.3	156Kt	수소탄
미국	6.3	140Kt/250Kt	수소탄

이번 제6차 핵실험 결과 증폭 핵분열탄인가 수소탄인가 하는 문제는 위력 면에서는 최소70Kt 에서 최대 250Kt에 이르는 증폭 핵분열탄 또는 수소탄일 수 있고, 수소탄인가 하는 문제는 북한의 발표는 2단계의 완전한 수소탄실험이라고 주장하고 있으나 확증이 되지 않고 있다. 다만 여러 측면에서 전문가들의 분석으로서는 수소탄이었을 가능성을 배제하지 않고 있다.

(2) 화성-14형 대륙 간 탄도 로켓에 장착할 수 있는 수소탄인가?

김정은이 핵무기 연구소를 방문, 수소탄 탄두에 대해 보고를 받고 있을 때 그 뒤 벽면에 〈화성 14-형의 탄두(수소탄)〉이라고 크게 적혀져 있었다. 그리고 이날 노동신문은 "김정은 위원장이 화성-14형 탄두(수소탄)를 시찰했다"고 보도했다.

이를 미루어 보면 이번 핵실험은 화성-14형에 탑재 시킬 수 있는 크기와 중량의 수소탄 탄두를 제작 실험한 것으로 추정할 수 있다.

그리고 공개한 땅콩 형 탄두를 전문가들이 분석한 결과는 그 길이가 약 1m라고 했다. 이를 기준해보면 폭은 약 0.5m정도가 될 것으로 추정된다. 이 정도의 크기면 소형 탄두로 평가된다는 것이다.

2017년 9월 4일, 한국 국방부 장관은 국회에서 "이번 제6차 핵실험을 통해 핵탄두는 500kg 이하로 소형 경량화에 성공한 것으로 추정한다"고 했다.

지난 7월 화성-14형 탄도 로켓 시험사격에 성공했을 때 "화성-14형 탄도 로켓은 탄두 600~700kg으로 10,000km이상 비행 가능한 대륙 간 탄도 미사일로 평가 했다.

그리고 미국의 정보기관들은 "북한의 ICBM 핵탄두는 소형 경량화되었다"고 보고한 바 있다.

이와 같은 내용들을 종합해보면 공개한 땅콩 형 수소탄 탄두가 실물이었다면, 이번 실험한 수소탄 탄두는 화성-14형 탄두에 탑재 가능 하다고 추정할 수 있다.

(3) 수소탄 위력을 수10kt 에서 수100kt 위력으로 임의 조절 가능한가?

이 기술은 핵 선진국에서는 오래 전에 개발 실전배치하고 있는 기술이다. 이미 실전배치된 미국의 B-61계열 핵폭탄은 모두 0.3kt에서 340kt까지 위력 조정이 가능한 핵탄이다.

미국이 2020년에 배치할 계획인 'B61-12' 최신형 스마트탄 역시 4단계 위력 조정이 가능한 핵탄이다.

북한이 핵탄두의 위력 조정이 가능하다는 발표 이외의 확증할 근거는 없다. 다만 수소탄을 개발한 수준의 기술 정도와 핵 보유 선진국들이 이미 보유한 기술이므로 가능할 것으로 추정된다.

(4) 초강력 EMP 공격은 가능할 것인가?

핵무기가 폭발하면 핵 EMP 효과가 나타난다는 것은 이미 알려진 내용이다. 그런데 특별히 수소탄 개발이 성공했다고 발표하는 자리에서 핵 EMP의 공격이 가능하게 되었다고 김정은이 강조하고 나선 것은 특별한 의미가 있다고 할 수 있다.

미국 하원의 '핵 EMP 소위원회'에서 2007년도에 발간한 'EMP 보고서'에 의하면 "1Mt핵무기를 미 대륙 중앙 상공 40km~400km에서 폭발 시 미국의 주요 전기 및 전자 인프라가 파괴되어 미국사회에 대재앙을 가져올 수 있다"고 했다.

또 미국의 전 전략방위국(SDI) '핸리 쿠퍼' 국장은 2017년 9월 WSJ 기고문에서 "핵 EMP는 상대적으로 정확성 부담이 작고 대기권 재진입 기술도 걱정할 필요가 없다. 김정은 정권은 첫 번째 공격수단으로 직접적인 핵미사일 공격 보다는 핵 EMP를 선택할 가능성이 크다"고 주장한 바 있다.

이런 핵 EMP의 전략적 사용을 알고 있는 듯 김정은은 "수소탄은 거대한 살상 파괴력을 발휘할 뿐만 아니라 전략적 목적에 따라 고공 폭발로 광대한 지역에 초강력 EMP 공격까지 가할 수 있게 되었다"고 발표했다. 그러므로 북한이 미 본토에 핵 공격을 가하고자 할 경우 그때까지 재진입 기술이 완성되지 못한다 하더라도 핵 EMP 공격은 가능하다는 것이다.

이런 내용들을 종합해 볼 때 북한은 수소탄 실험에 성공했고 앞으로 Mt급 수소탄을 만들 수도 있을 것이다. 그리고 Mt급 수소탄을 운반할 ICBM급 화성-14형 탄도미사일은 이번 시험사격에 성공했음으로 장차 언제라도 미국 상공에 핵 EMP 공격을 가할 수 있는 능력을 갖게 되었음을 미국에 과시하는 협박성 발언으로 추정할 수 있다.

(5) 북한은 핵무력 완성단계에 도달 되었나?

북한의 핵무력 완성은 핵탄두를 탑재한 ICBM과 잠수함 탑재 탄도 미사일 등이 미 본토를 타격할 수 있는 기술이 완성되고 수 10기 이상의 탄도미사일을 실전 배치되어 제2격을 가할 수 있는 능력을 확보했을 때를 이를 것이다.

이런 기준으로 보면, 이번 화성-14형 ICBM에 탑재할 수 있는 수소탄 실험만으로 핵무력을 완성했다는 북한의 주장은 성급한 주장이라 할 수 있다. 왜냐하면 북한이 핵무력 완성에 이르기까지에는 아직도 해결해야 할 문제들이 남아 있기 때문이다.

화성-14형의 시험사격은 두 차례 모두 고사계 사격으로 10,000km 비행이 가능하다고 판단했다. 그러나 정상 각도로 사격 시에도 과연 달성할 수 있을 것인지는 확증할 수 없다. 이것은 어디까지나 이론상의 계산이기 때문이다.

그리고 정상 각도 사격 시와 고사계 사격 시 대기권에 재진입 문제는 다르다. 이것 역시 정상 각도로 실사격을 해야만 확증될 수 있다.

그러므로 정상 각도의 실거리 사격을 실시해야만 재진입 문제와 ICBM 달성 문제가 확증된다.

그리고 현재 북한이 보유한 잠수함의 잠항거리와 SLBM(북극성-1형)의 사정거리가 미 본토 위협을 가하기에는 부족한 문제가 남아 있다.

또 미국을 위협할 수 10기 이상의 ICBM과 SLBM의 전략자산을 실전배치하기까지에는 많은 예산과 많은 시간이 요구되는 문제도 남아있다.

과연 북한의 '핵무력 완성'이 언제쯤 달성될 것인지의 판단은 시간이 더 필요하다.

이번 제6차 수소탄 실험과 화성-14형 ICBM 시험사격 등을 전후 한 북한이 주장한 내용들을 5개 항에 걸쳐 분석해 보았다.

종합적으로 보면 화성-14형에 탑재할 수소탄 실험은 성공했다고 추정되나 이것만으로 핵무력이 완성되었다고는 할 수 없다. 이번 수소탄 실험으로 대 위력 핵무기를 생산할 길이 열렸고 화성-14형으로 ICBM 사정거리를 이론적으로 가능하게 되었으나 아직도 해결해야 될 문제점들이 남아있다.

그러나 북한의 핵미사일 기술 고도화의 속도가 빠르게 진전됨을 감안하면 그리 머지 않는 장래에 그들의 ICBM, SLBM, IRBM을 개량하고 탄두에 수소탄을 탑재하여 유사시 우리를 지원할 미 본토와 미 군사기지를 사격권 내에 있다고 위협할 수 있을 가능성은 예상할 수 있다. 그리고 재진입문제가 해결 전이라도 핵 EMP

공격은 가능하다고 할 수 있다.

나. 북한의 수소탄 개발의 의미

북한은 제4차 핵실험(2016.1.6)을 했을 때 수소탄을 개발했다고 발표했으나 한·미 정보 당국은 수소탄에는 못 미치는 증폭 핵분열탄(6Kt)라고 평가했다. 제5차 핵실험(2016.9.9)도 증폭 핵분열탄(10Kt) 수준으로 평가됐다.

그러나 제6차 핵실험에서는 100Kt~250Kt에 이르는 대 위력의 수소탄으로 평가되었다. 북한으로서는 20년만의 수소탄 실험 성공에다 장거리 탄도 미사일 화성-14형에 탑재할 수 있는 수소탄 탄두를 개발했다는데 북한 스스로 큰 의미를 부여하고 시민 경축대회까지 개최했다.

그리고 새로 개발된 수소탄은 북한의 전략목적에 부합되게 운용하고 핵 EMP로 운용할 수 있게 되었다는 의미까지 부여하고 있다. 이번 핵실험에 부여한 의미는 모두가 미국에 대한 전략적 핵 운용에 관한 것이다.

수소탄은 일반 핵분열무기(원자탄)와는 달리 100Kt이상의 Mt급 대 위력의 핵무기를 만들 수 있다는 특징이 있다.

대 위력의 수소탄 1발이면 상대 적국에 치명적인 피해를 줄 수 있는 가공할 무기로 평가된다.

북한이 이런 가공할 대 위력의 수소탄과 ICBM 개발능력까지 보유함에 따라 장차 핵무력을 완성하여 우리의 동맹국인 미국 본토에 위협을 가하게 되면 미국과 우리의 대북 핵전략의 패러다임을 대폭 수정 할 수밖에 없는 문제가 제기된다는 중요한 의미를 갖게 되는 것이 북한의 수소탄 개발이라 할 수 있다.

북한은 화성-14형 탄도미사일 시험사격 성공과 제6차 핵실험 성공 후 '핵무력 완성'이라고 대내외에 과시했다. 그로부터 3개월이 채 안된 2017년 11월 29일, 북한은 화성-15형 탄도미사일 시험사격에 또 성공했다. 화성-15형은 화성-14형 보다 사정거리가 긴 13,000km로 미 본토의 어느 곳이나 사격이 가능하게 되었다. 화성-15형 시험사격 성공 후 김정은은 '오늘 비로소 국가 핵무력 완성의 역사적 대업과 로켓강국 위업이 실현되었다'라고 선언하고 나섰다. 화성-15형 ICBM의 시험사격 성공은 화성-14형 ICBM의 성공 때보다 미국에 대한 위협은 강화되었다 할 수 있음으로 우리의 대북 대비책도 수정되어야 할 것이다.

제6장 북한의 장거리 탄도미사일 개발

북한이 수소탄을 개발 보유한다 해도 투발수단을 갖지 못하면 수소탄의 전략적 위력을 발휘할 수 없다. 특히 북한이 항상 주장하듯 '미국의 적대시 정책을 중지하라, 평화 협정을 맺자, 미군의 전쟁 자산을 철수하라, 조선반도의 핵문제는 철저히 우리와 미국 사이에 해결해야할 문제이다' 등은 모두 미국에 대한 요구사항이다.

북한이 이를 달성하려면 1차적으로 미국의 동맹국과 동맹국에 전개된 미군전력에 위협을 가할 수 있어야하고 종국적으로는 미 본토에 대한 위협을 가할 수 있어야 한다. 미국의 동맹국이나 미 본토까지 원자탄이나 수소탄으로 위협을 가하려면 중장거리 탄도미사일(IRBM/ICBM)이 있어야 가능하다.

그래서 북한은 원자탄 개발이 가시화되는 1975년도부터 탄도미사일 개발을 위해 중국과 공동으로 600km의 단거리 탄도미사일 연구를 시작했으나 중국의 문화혁명으로 1년 만에 중단되고 그때부터 독자적으로 탄도탄 개발을 시작했으나 지지부진했다. 그러던 차 1981년도에 이집트로부터 소련의 Scud-B 탄도미사일을 입수하여 이를 복제 개발연구하기 시작했다.

그리고 핵개발 분야도 진전되어 소련에서 도입한 소형 연구용 원자로 IRT-2000에서 소량의 Pu생산 기술을 확인하고, Pu 대량 생산을 위한 5MWe원자로(흑연 감속로)를 1985년도부터 자력으로 건조하기 시작하게 된다.

같은 시기 1985년에 Scud-B 탄도미사일을 복제한 'Scud-B 개량형 탄도미사일(사정거리 320~340km)'을 생산하고, 1990년 6월에는 사정거리가 600km에 달하는 Scud-C탄도미사일 개발을 성공시킴으로써 단거리 탄도미사일 개발을 완성했다.

이후 1990년부터는 Scud 미사일 개발 기술을 기반으로 본격적으로 중·장거리탄도미사일 개발에 착수한다. 본 장에서는 북한의 중·장거리탄도미사일과 잠수함 발사 탄도미사일(SLBM) 개발에 대해 중점적으로 살펴본다.

제1절 Scud-B/C 및 노동-1호 탄도미사일

북한의 Scud-B 탄도미사일 개발은 1981년도부터 시작된다.

Scud-B탄도미사일을 개발하기 6년 전인 1975년도에 중국과 공동으로 사정거리 600km의 'DF-61(동풍-61)'이라는 명칭의 탄도미사일 개발을 시작했다. 약 1년 간 양국 기술자들이 공동으

로 참여하여 개발이 진행되었으나 중국의 문화혁명 DF-61탄도미사일로 취소하게 됨에 따라 북한 독자적으로 탄도미사일을 개발하기 시작했다.

DF-61 탄도미사일의 제원

사정거리	600km
탄두중량	1,000kg
전 장	9m
직 경	1m
유도장치	관성유도
연 료	액체연료
로 켓	1단로켓

1. Scud-B 개량형 탄도미사일 (1985년)

1979년 당시 북한의 관성 유도방식의 탄도미사일을 개발할 만한 인력이나 기술을 보유하고 있지 못했다. 그래서 소련의 단거리 탄도미사일 Scud-B 미사일을 획득, 복제하는 과정에서 기술을 터득하려고 계획하고 Scud-B미사일 획득을 시도했으나 여의치 않았다. 이런 차제에 1980년 북한은 이집트와 '탄도미사일 공동 개발 협정'을 체결하고 소련제 Scud-B 탄도미사일 수기와 이동발사대 차량(MAZ-543)를 제공받기로 합의함에 따라 Scud-B탄도미사일 개발의 길이 열리게 되었다. 이집트와의 협약에 따라 1981년 북한은 이집트로부터 소련제 Scud-B 탄도미사일 2기와 이동발사대 차량(MAZ-543P)를 비밀리에 인수받아 이를 분해하여 역추적 공법으로 설계도를 작성하였다. 이 설계도에 따라 Scud-B 탄도미사일을 복제하는데 3년이 소요되어 1984년 4월과 9월에 화대군 미사일 시험장에서 3번 이상의 시험발사를 실시하여 동해상에 낙하시킴으로서 미사일 복제 시제품 생산에 성공하였다. 그리고 북한은 Scud-B 탄도미사일 원설계에 약간의 수정을 가해서 새로운 미사일의 시제품을 생산하여 1985년 시험사격을 실시해 본 결과 사정거리가 Scud-B 탄도미사일 보다 20~40km 연장되는 성과를 거두었다. 이 새로운 미사일의 성능을 소련제 Scud-B 탄도미사일과 비교해 보면 탄두 중량과 외형은 동일하나 사정거리가 증가된 탄도미사일이라 하여 서방측에서는 'Scud-B 개량형 탄도미사일'이라 했다. 이 Scud-B 개량형 탄도미사일의 사정거리가 20~40km 연장된 것은 Scud-B 탄도미사일의 로켓엔진(모터)을 개량한 것으로 분석되고 있다.

북한이 이렇게 Scude-B 개량형 탄도미사일 개발에 성공하고 대량생산에 들어가 실전배치하게 된다.

그리고 1987년부터 88년까지 Scud-B 개량형 탄도미사일 100기를 이란에 수출했다.

2. Scud-C 개량형 탄도미사일 (1990.6)

Scud-B 개량형 탄도미사일 개발에 성공한 북한은 한국의 절반이상(대전-군산)을 사정권 내에 두었으나 이에 만족하지 않고 한국 전체를 사정권 내에 넣을 수 있는 600km 사정의 탄도미사일 개발을 1988년도부터 시작했다. Scud-B 탄도미사일 System의 간단한 개량으로 사정거리를 연장시키려는 개념의 계획이었다.

이 개념의 중점은 Scud-B 탄도미사일의 연료탱크와 산화제탱크를 확장시켜 그 용량을 증가시키는 것과 탄두의 중량을 감소시킴으로서 사정거리를 연장시키는 개념이다.

이 개념 계획에 따라 1988년부터 미사일 사정거리 연장 개량사업은 평양시 승호구역 독골동에 위치한 미사일 공장에서 시작되었다. 1989년 후반에 이르러 북한은 Scud-B 개량형 탄도미사일의 탄체 직경은 늘리지 않고 탄체 중앙부분의 연료 및 산화제탱크 부분만을 1m 연장하여 연료와 산화제의 탱크용량을 증가시키고 탄두중량은 700kg으로 감소시키고 명중률을 높이기 위하여 관성유도방식을 약간 개선시킨 미사일의 시제품을 제작완료하게 된다.

이 시제품에 대한 최초의 발사시험은 1990년 6월 함북 화대군 시험장에서 발사하여 동해에 낙하시킴으로서 성공을 거두었다.

이때 발사된 미사일의 성능은 사정거리가 600km에 달하고 탄두중량은 700kg, 명중률은 다소 개량되었다고 하나 사정거리의 연장에 따라 CEP는 1~2km 되는 것으로 분석되고 있다. 이 새로운 미사일은 소련의 초기 Scud-C 탄도미사일의 사정거리 550km보다 약간 증가되었고 또 소련의 Scud-C 탄도미사일과 구분하기 위해 'Scud-C 개량형 탄도미사일'로 명명하게 되었다.

이 Scud-C 개량형 탄도미사일과 Scud-B 개량형 탄도미사일을 비교해 보면 탄체의 직경은 동일하고 길이만 1m 길어진 것 외에 외형에 달라진 것은 없으나 사정거리가 거의 배로 연장된 것이 다르다. 사정거리 600km의 의미는 제주도를 포함한 한국 전역이 사정권 내에 들어감으로서 한국으로서는 북한 미사일 위협에 완전히 노출되게 되었다는 점이다.

이 Scud-C 개량형 미사일은 1991년도 이란에 100기, 시리아에 60기의 미사일과 이동발사대 차량(TEL) 12대를 포함하여 수출했다.

3. 노동-1호 탄도미사일 (1993. 5. 29)

북한은 한국 전역을 사정권에 넣을 사정거리 600km의 Scud-C 개량형 탄도미사일 개발은 1990년 6월에 성공할 수 있었으나 1,000km 이상의 사정거리를 얻는 탄도미사일 개발에는 북한기술로는 한계가 있었다.

1,000km 이상의 사정거리를 얻으려면 Scud미사일 System의 기본적 추력에 추가적인 추력을 얻어야 가능하다. 이 추가적인 추력을 얻는 방법에는 '다단계 로켓 방식'과 '집속(Cluster)로켓 방식' 등이 가용하다.

다단계로켓 방식은 제1단 로켓 위에 또 하나의 로켓(제2단 로켓)을 장착하여 제1단 로켓을 발사하면 제2단 로켓과 탄두가 함께 비행 중 어느 시점에서 제2단 로켓을 다시 발사함으로서 또 한번 추력을 얻어 사정거리가 연장되는 방식이다. 이 방식은 사정거리와 탄두중량에 따라 2단계 또는 3단계의 다단계로켓 방식을 선택하게 되는데 일반적으로 중거리 및 장거리에 이용되는 방식으로 대륙간 탄도탄이나 인공위성을 쏘아 올리는 로켓은 대개 다단계로켓 방식을 사용한다.

집속로켓(Cluster)방식은 1단 로켓의 내부 또는 외부에 로켓엔진 여러 개를 집속시켜서 동시에 점화시킴으로서 최초부터 강력한 추력을 얻어 사정거리를 연장하는 로켓방식인데 이 방식으로 1단 로켓을 개발하는 경우 다단계로켓 방식에 비해 개발은 용이하나 다단계에 비해 사정거리가 짧다. 그래서 이 방식은 중거리 탄도미사일에 많이 사용하는 방식이다.

북한이 Scud-C 개량형보다 긴 장사정의 미사일 개발을 위해서 선택한 방식은 '집속방식'의 선택이었다. 집속로켓 방식은 다단계로켓 방식에 비해 쉬운 방식이라고는 하나 집속시킨 수개의 로켓엔진을 동시에 점화시켜 모두 동일한 추력을 배출해야하는 등 고도한 기술이 요구되는데 북한은 이때까지만 해도 이러한 고도한 기술과 기술자를 갖지 못하고 있었다. 그래서 북한은 1990년 당시 소련 붕괴 후 경제적으로 곤경에 처한 구소련의 미사일 관련 기술자들을 다수 스카우트하여 비밀리에 북한으로 입국시켰다.

1992년 8월 17일 '바렌틴 스테파노프(Valentin Stefanoff) 러시아 국방산업 위원회 로켓 우주기술 총국장은 프라우다 지와의 인터뷰에서 '구소련의 탄도학, 자이로스코프, 엔진 및 연료관계의 전문가들이 포함된 미사일 기술자들이 비밀리에 북한에 입국하였다'고 공개한 바 있다. 이후 1993년 10월에는 러시아의 전문가 집단이 북한으로 밀항하려다 모스크바 공항에서 모두 체포된 사건도 보도된 바 있다. 이처럼 북한은 장거리 미사일 분야의 부족한 기술을 보완하기 위해서 러시아의 관련 기술자들을 밀입국시켜 장 사정 미사일 개발에 참여시켰다.

1991년 김일성은 중국을 직접 방문하여 미사일 기술지원을 정식으로 요청하였다. 이 요청에 중국은 이례적으로 구체적인 미사일 관련 기술을 제공하였다. 즉 중국의 미사일 개발 주무부서인 '항공 우주부'와 '국가과학 기술 위원회'에서 북한 미사일 기술자들이 기술 연수를 받았으며 미사일 제작기관인 '보리 과학유한공사'와 '국방항공 총공사' 등으로 부터 기술을 제공받은 바 있다.

이와 같이 중국으로부터의 공식적인 기술지원과 러시아로부터의 밀입국 기술자들에 의해서 북한의 미사일 개발은 급진전되어 1993년 5월 29일, 새로운 미사일이 완성되어 함북 화대군 무수단리 대포동 미사일 시험장에서 시험발사에 성공하게 되었다. 이 새로운 미사일이 바로 '노동-1호 탄도미사일'이다.

이때 시험 발사된 노동-1호 탄도미사일은 동해안의 북위 39도 40분, 동경 135도 45분 부근 해상에 낙하되었다. 이 노동 미사일은 발사지점으로부터 낙하지점까지의 거리는 약 500km이었는데 미 CIA는 최대 사정거리가 1,000km라고 발표했다. 이것은 노동-1호 미사일의 탄도 궤적을 보고 산출 계산해 낸 것이다.

노동-1호 탄도미사일의 제원은 미국의 국방정보국과 중앙정보국 등의 정보당국이 합동으로 발표한 바에 의하면 '노동-1호 탄도미사일은 4개의 로켓모터를 사용한 1단 로켓으로 길이 15.2m, 동체 직경 1.2m, 탄두 중량 770kg, 사정거리 1,300km이며 명중률은(CEP)은 약 3~4km로 저조한 편이다.'[1]라고 했다.

명중률이 저조하다고 하나 노동-1호 탄도미사일에 핵이나 화학 탄두를 탑재하는 경우는 달라진다. 핵이나 화학탄의 가공할 파괴력과 살상범위는 미사일의 명중률 오차를 훨씬 상회하기 때문에 명중이나 다름없다. 특히 사정거리가 1,300km에 이르면 한반도 유사시 한국 방위를 지원하게 될 미군의 주요 군사 및 지원 시설들이 위치하고 있는 일본 전 열도가 북한의 미사일 공격 사정권 내에 놓이게 된다는 것은 미국의 한반도 전략에도 큰 영향을 미칠 것으로 보였다. 그리고 사정거리가 1,300km이나 고사계 사격(Lofted Trajectory)으로 한국 내에 사격도 가능하다. 이때

1) 金日成の核ミサイル. p.3.

한국군이 보유한 PAC-2/3 요격미사일로는 요격이 불가능하고, THAAD 미사일로는 요격이 가능하다. 그리고 북한은 현재 노동-1호 탄도미사일 200여기 이상을 실전배치하고 있고 이동발사대(TEL)에 탑재하고 있음으로 우리가 선제공격하기도 쉽지 않다.

제2절 대포동-1호 및 대포동-2호 탄도미사일

1993년 5월 노동-1호 탄도미사일 시험발사를 성공시킨 그 다음해인 1994년 2월 미국의 첩보위성이 탐지한 바에 의하면 북한의 대포동 미사일 센터 내에 있는 '산음연구소'라는 미사일 연구시설에서 북한 최초의 2단 로켓 형태의 새로운 미사일 2기가 제작 중인 것이 확인됨으로서 북한이 노동-1호 탄도미사일보다 더 장사정의 탄도미사일 개발을 위해서 다단계미사일로 전환하고 있음이 확인되었다. 정보당국이 새로이 발견한 2기의 탄도미사일 중 탄체가 작고 길이가 짧은 미사일을 이 지역의 명칭을 따서 '대포동-1호 탄도미사일'로, 그리고 더 길고 탄체가 큰 미사일을 '대포동-2호 탄도미사일'로 명명하게 되었다.

대포동 탄도미사일 개발에는 외국의 미사일 전문가들이 많이 참여한 증거들이 있다. 이들 외국인 기술자 중에는 중거리 미사일의 전문가와 로켓엔진 전문가 그리고 로켓 내열재료(耐熱材料) 전문가들이 포함되어 있었다. 대포동 탄도미사일과 같은 수준의 장거리 미사일 개발에는 다단계 로켓이 요구되기 때문에 강력한 추력을 낼 수 있는 새로운 로켓엔진 개발과 장 사정에서 오는 오차를 감소시키기 위한 정밀한 관성유도장치의 개발 그리고 대기권 재진입 시에 발생하는 고열에 견딜 수 있는 탄두의 내열 문제가 해결되어야 하는데 이러한 분야에 전문기술자인 러시아 및 구동독 기술자 30~50여 명을 1990년부터 1992년 사이에 비밀리에 입북시켜 대포동 탄도미사일 개발에 참여시키고 있었다.

북한은 지금까지 개발한 Scud-B/C 개량형 탄도미사일과 노동-1호 탄도미사일 개발과정에서 습득한 기술과 외국인 기술자의 참여로 대포동 탄도미사일 개발이 상당히 진전되고 있을 것으로 보이는 정보가 입수 되었고, 1994년 6월 14일과 12월에 대포동 미사일 센터 연구시설에서 발사체 로켓의 수직분사시험을 실시하는 것이 첩보위성에 각각 식별되었다.

1. 대포동-1호 탄도미사일 (1998.8.31시험발사)

북한이 노동-1호 탄도미사일 실험에 성공하고 대포동-1호 탄도미사일 시험까지는 약 5년 3개월이 소요 되었다.

1998년 8월 31일 12시 07분에 북한의 대포동 미사일 사격장에서 새로운 다단계 미사일이 발사되어 일본 열도를 지나 일본 아오모리(靑森)현 미사와(三擇) 동북방 580km 지점의 북 태평양상에 낙하함으로써 대포동-1호 탄도미사일임이 확인되었다.

1994년 9월 4일, 북한 중앙통신은 "다단식 운반 로켓에 의한 최초의 인공위성 '광명성 1호'를 발사 궤도진입에 성공했다"고 발표하고 이어서 '광명성 1호' 인공위성은 궤도에 진입하여 27메가헤르츠(MHz)의 단파대역으로 김일성 노래를 방송하고 모르스 신호를 보내고 있다고 주장했다.

그러나 다단계 로켓이 발사된 것은 확인되었으나 인공위성에서 송신하고 있다는 27MHz의 노래나 모르스 신호를 포착했다는 보고는 확인되지 않고 또 궤도를 돌고 있다는 어떤 소속 불명의 인공위성도 관측되지 않고 있다고 미국의 통합 우주사령부가 발표했다. 그래서 1998년 9월 15일, 미 국무성과 국방성은 '북한이 위성을 궤도에 진입시키는데 실패한 것 같다'고 발표했다.

결과적으로 북한이 인공위성 '광명성 1호'를 탑재하여 발사한 로켓은 인공위성 발사가 목적이 아닌 대포동-1호 탄도미사일의 시험 발사로, 미사일 발사 시험에 대한 세계의 비난을 피하고 대신 인공위성을 발사할 수 있는 능력을 세계에 과시하려는 것으로 분석되었다.

이번 북한이 발사한 미사일은 대포동-1호 탄도미사일(2단 로켓)에 인공위성을 탑재한 3단 로켓이었으나 인공위성을 탑재한 3단 로켓이 발사에 실패함으로서 1,2단의 대포동-1호 탄도미사일의 발사만 성공한 것으로 보인다.

이번 발사과정에서 주목되는 것은

① 발사지점으로 부터 탄두 낙하지점까지의 사정거리가 1,380km(한국 발표) 또는 1,646km(북한 발표)로 노동1탄도미사일 (1,300km)보다는 장사정이다.
② 발사한 로켓은 2단 로켓(북한은 3단 로켓이라 발표)으로 노동-1호의 1단 로켓보다는 다단계 로켓이다.
③ 탄체와 탄두가 분리되는 실험에 성공했다.

④ 발사과정의 영상을 보면 로켓의 분사배기가 여러 개가 아니고 단일 노즐을 가진 것으로 보였는데 이는 강력한 새로운 로켓 엔진을 개발한 것으로 판단된다.

이상 여러 가지의 정황을 종합해 보면 당시 다단계 미사일의 발사체는 대포동-1호 탄도미사일로 판단되며 이미 1996년 9월 10일, 러시아가 한국 측에 전달한 정보당국 보고에 의하면 "대포동-1호 탄도미사일의 제원은 2단 로켓방식으로 1단 로켓은 노동-1호 탄도미사일 로켓을 사용하고 2단 로켓은 Scud-B 개량형 탄도미사일을 사용하는 미사일로, 사정거리는 1,700~2,100km, 탄두 중량은 1,000kg까지 탑재 가능하며, 전체의 길이는 23.3m이고, 직경은 1단이 1.2m, 2단은 0.88m로 북한 최초의 2단 로켓 탄도미사일이다"라는 첩보였다.

또 1999년도 일본 '방위백서'에서 북한의 탄도미사일을 정밀 분석한 결과를 보면 "북한이 발사한 대포동-1호 탄도미사일의 첫 번째 분리체(1단)는 동해에, 두 번째와 세 번째 분리체는 신리꾸(三陸) 앞바다에 떨어졌다. 세 번째 분리체(3단)에서 나온 작은 물체는 잠시 비행했으나 위성궤도에 진입하지 못했고 이 비행체는 인공위성이 아니라 탄도미사일의 사정거리를 늘이기 위한 기술점검용 미사일이었다."고 발표했다. 이것을 미루어 보면 북한이 인공위성이라고 주장하는 광명성1호는 대포동-1호 탄도미사일 시험을 위장한 것이 분명했다.

한국 국방부는 대포동-1호 탄도미사일의 사정거리를 2,000~2,500km로 추정 발표했다.

〈대포동-1호 탄도미사일의 제원〉

출 처	사정거리 (km)	탄두 (kg)	길이 (m)	직경 (m)	추진방식	기 타
러시아 정보당국	1,700~ 2,100	770~ 1,000	1단:12.0 2단:11.3	1단:1.2 2단:0.88	2단추진	'96.9.10 한국에 통보
시험발사 결 과	탄착 1,380~ 1,646	–	–	–	2단추진	'98.8.31발사
한국 국방백서 (2000)	2,000~ 2,500	500~ 700	–	–	2단추진	「국방정책2003」은 2,000km로 추정

※ 북한은 3단로켓이라고 발표했고 일본도 3단로켓이라고 분석했다.

2. 대포동-2호 탄도미사일 (2006.7.5 시험발사)

북한은 대포동-1호 탄도미사일 실험성공으로 사정거리 2,000~2.500km를 달성했으나 더 장사정의 탄도미사일 개발을 위해서는 1단 추진체의 추력을 더 높이는 개발에 주력하고 있었다.

미국의 정보당국은 대포동-1호의 성공으로 대포동-2호 탄도미사일의 사정거리는 1994년 2월 미 정보위성이 촬영한 대포동-2호 형태의 크기로 볼 때 ICBM급으로 발전할 것을 우려하고 있었다.

당시 획득된 정보에 의하면 미 국가정보국은 개발 중인 대포동-2호는 알라스카와 하와이 열도 일부를 사정권 내에 둘 것으로 판단했다. 미 국방정보국(DIA)은 사정거리가 4,300~6,000km에 이를 것으로 분석했다.

러시아 정보당국은 미확인 1단 추진체위에 노동-1호 엔진을 2단으로 하고 탄두 중량은 1,000kg, 사정거리는 4,300~6,000km가 될 것으로 분석했다. 기술이 보완되면 9,600km까지 이를 것이라고 분석했다.

한국 국방부는 6,700km에 이를 것이라고 판단했다. 일본 국방백서에는 1단추진체는 신형 부스터를 사용하고 2단은 노동-1호 엔진을 사용, 사정거리는 3,500~6,000km에 이를 것으로 추정했다.

각국의 정보판단은 대포동-2호 탄도미사일은 2단 로켓으로 IRBM 또는 ICBM급의 탄도미사일 것으로 추정하고 있었다.

이렇게 대포동-2호 탄도미사일의 사정거리가 미 본토에까지 미칠 것인가를 분석하고 있을 무렵, 10개월 전에 대포동-1호 탄도미사일 시험사격을 한 그 시험장에 새로운 미사일을 발사하기 위한 발사대가 조립되고 있는 것이 미 첩보위성이 확인하였다.

특히 새로 준비하고 있는 발사대의 높이가 종전의 발사대 23m(대포동-1호발사대)보다 10m나 더 높은 33m인 것을 확인하고는 사정거리가 지금까지 분석한 바와 같이 미국의 알라스카와 하와이까지 사정이 닿을 6,000km가 될 것으로 판단됨에 따라 미국 영토의 일부가 처음으로 북한의 탄도미사일 사정권 내에 들어가게 된다는 미국의 안보상 중요한 의미를 갖게 되었다.

그래서 미국은 북한의 대포동-2호 탄도미사일의 시험발사를 중단시키기 위한 '미·북 고위급 회담'을 제의하여 1999년 6월 23일부터 3차례에 걸쳐 회담을 실시하였으며 1999년 9월 9일, 미국의 대북 제재 완화 및 미·북 대화가 지속하는 한 미사일 시험발사를 유보하기로 합의하였다. 그러나 미·북 미사일 시험발사 유보 후에도 북한의 대포동-2호 탄도미사일 엔진시험은 계속되고 있음을 인공위성을 통해 미국은 계속 확인하고 있었다.

북한이 미사일 시험발사를 유보한 합의 이면에는 대포동-1호 탄도미사일보다 장사정의 탄도미사일 개발이라는 목표를 달성하기 위해서는 1단 발사체의 추력을 높이기 위해 노동-1호 탄도미사일의 엔진 4개를 집속 형으로 제작하고 2단은 노동-1호 탄도미사일 엔진 1개를 사용하는 '개량형 대포동-2호 탄도미사일'을 개발하고 시험하는데 필요한 시간을 벌기 위한 것일 가능성도 있었다.

미·북간 미사일 발사 유보를 합의한지 6년 9개월 만인 2006년 7월 5일, 무수단리 미사일 시험장에서 북한은 대포동-2호 발사체의 첫 시험발사를 했다. 그러나 발사 43초만에 추진체가 공중 폭발하면서 8조각으로 분리돼 동해상에 추락함으로서 시험발사는 실패로 끝났다.

UN 안전보장 이사회는 '북한의 대포동 탄도미사일 발사와 관련하여 북한은 탄도미사일 계획에 관련한 모든 활동을 중지하고 또한 미사일 발사 모라토리엄에 관한 기존 약속을 재차 확인할 것을 요구한다는 내용의 'UN 안보리 결의 제1695호'(2006.7.15.)를 채택했다.

1990년경부터 시작된 대포동-1호 탄도미사일 시험은 인공위성을 궤도에 진입시키는데 실패하고, 대포동-2호 탄도미사일은 시험발사에서 실패로 끝났다.

제3절 은하 시리즈와 광명성호 탄도미사일

은하 시리즈 탄도미사일은 대포동-2호 탄도미사일의 버전이라 할 수 있다. 대포동-2호 탄도미사일의 1단추진체처럼 엔진을 집속형으로 하는 것은 동일하나 이들 엔진 추력을 강화시키는 것이 다를 뿐이다. 이때부터 발사체의 명칭을 '은하○호'로 사용하고 있다. 은하시리즈는 은하2호 탄도미사일로부터 시작하여 은하3호(1차), 은하3호(2차) 탄도미사일 순으로 시험발사가 진행된다.

1. 은하2호 탄도미사일 (2009.4.5. 시험발사)

북한은 대포동-2호 탄도미사일 시험발사(2006.7.5.)에 실패함에 따라 그 동안 실패의 문제점을 파악 개선 보완하여 2009년 4월 초 무수단리 미사일시험장에는 새로운 개량형 대포동-2호 발사를 준비하고 있었다. 이번에 준비한 발사체는 지난번의 발사체 대포동-2호보다는 개량된 3단 탄도미사일로 '은하2호'라고 명명했다.

이번 발사를 앞두고 북한은 이례적으로 인공위성인 '광명성 2호' 발사를 준비 중이라고 2009년 2월 24일 예고하고 3월 11일 ICAO(국제민간 항공기구)와 IMO(국제 해사기구)에 추진체의 1단(무수단리에서 650km떨어진 동해상)과 2단(무수단리에서 3,600km 떨어진 태평양상)의 낙하지역까지 예고했다. 그리고 4월 5일에 발사하겠다고 미국, 중국, 러시아에 통보했다.

2009년 4월 5일, 11시 30분 '광명성 2호'의 인공위성을 탑재한 '은하2호' 발사체를 발사했다. 발사 후 북한의 중앙통신(4월 5일)은 '3단 로켓인 은하2호 로켓은 11시 20분(실제는 11시30분)에 발사되어 9분 02초 만에 '광명성 2호'가 지구궤도에 진입했다고 발표했다.

하지만 뒤이어 NORAD(북미 우주항공사령부)에서 발표된 내용은 '1단 추진체는 동해에 낙하했고 나머지 추진체와 탑재물은 태평양상에 낙하한 것으로 파악된다. 그러나 어떤 물체도 지구궤도에 진입하지는 못했다'고 했다.

한·미 당국은 '1단 로켓은 발사장에서 500여 km 떨어진 동해상에 낙하했고 2단 로켓은 발사장에서 3,200여km 떨어진 태평양상에 낙하되었다'고 발표했다.

4월 12일 'Space Flight Now'는 2단 로켓은 3.846km 지점에 낙하되었고 3단 추진체가 제대로 분리 작동되지 않았다'고 했다.

그리고 4월 14일 한국 국방장관은 '위성(광명성 2호)은 지구궤도 진입에 실패했고 2,3단계는 분리되었으나 낙하지점은 확인되지 않고 있다'고 했다.

2009년 4월 5일, 북한이 발사한 '은하2호' 로켓의 발사경과를 종합해 보면,

① 북한이 주장한 인공위성(광명성2호)의 지구궤도 진입은 실패했다.
② 1,2단계는 정상 작동되었다.

③ 3단계(인공위성 탑재)는 분리는 되었으나 작동(분사)이 제대로 이루어지지 않았다.

④ 2단 발사체가 태평양상 낙하지점이 3,846km였으므로 1,2단 만으로도 약 5,000km 비행이 가능할 것으로 추정된다.

⑤ 만일 3단 로켓이 정상기동 되었더라면 약 6,000km 이상 비행이 가능했을 것으로 추정하고 있다.

⑥ 북한이 발표한 1,2단의 추진체 낙하 예상지점은 실제 낙하된 지점과 거의 유사했다.

⑦ 이번에 사용한 1단 추진체는 지난번 실패한 대포동-2호의 1단 추진체와 같이 노동-1호 엔진 4개를 집속한 것이었고 2단은 노동-1호 엔진 1개를 사용한 것으로 추정했다.

이 분석을 토대로 1998년 8월 31일 발사한 대포동-1호와 비교해 보면,

〈대포동-1호와 은하2호 탄도미사일의 비교〉

미사일	발사	1단낙하 (km)	2단낙하 (km)	3단분리	인공위성 진입	사정거리 (추정,km)	총중량 (톤)
대포동-1호	1998.8.3	253	1,646	분리됐으나 20초 후 낙하	(광명성1호) 실패	2,500	30여
은하2호 대포동-2호	2009.4.5	500	3,846	분리됐으나 점화 실패로 낙하	(광명성2호) 실패	6,000 이상	60~70여
발사전 예상 낙하지역 발표		650	3,600	·	·	·	·

위 표와 같이 은하2호 로켓의 1단과 2단 추진체 낙하지점이 대포동-1호보다 2배나 길어졌음을 알 수 있다. 이는 사정거리 역시

2배 이상으로 늘어났음을 의미한다. 이번 시험에서 인공위성(광명성 2호)을 궤도에 진입시키는 데는 실패했으나 다단계로켓을 발사, 사정거리를 연장시키는 ICBM 개발시험이라는 측면에서는 일부분 성공적이라 할 수 있다.

이번 북한의 은하2호 로켓발사를 보고 게이츠(Robert M. Gates)미 국방장관은 '인공위성은 실패했으나 우리에게 실제적 위협이 될 수 있음을 상기시켰다. 이 위협에 대비한 미사일 방어(MD)능력 향상에 지원을 계속 해야겠다'고 했다. 게이츠 장관의 이 발언은 멀지않은 장래에 북한의 ICBM이 개발되어 미 본토까지 비행시킬 수 있는 잠재력이 있음을 예견한 것으로 이해된다.

그리고 2009년 6월 12일, UN 안보리는 북한의 미사일 시험을 규탄하면서 '어떠한 핵실험 또는 탄도미사일 기술을 사용한 발사를 더 이상 실시하지 않도록 요구한다'라는 'UN 안보리 결의 1874호'를 채택했다.

이번 은하2호 로켓 시험은 대포동-2호 시험의 실패를 보강한 것으로 1,2,3단 분리는 모두 성공하였으나 3단의 추진체가 작동되지 않아 추락되었다. 그러나 사정거리는 6,000km까지 가능할 것이라는 전망이 보였다.

2. 은하3호(1차) 탄도미사일 발사 (2012.4.13.발사)

은하 탄도미사일의 시리즈 첫 번째 시험인 은하2호 탄도미사일로 '광명성 2호'를 지구궤도 진입에 실패한 이후 2011년 12월 김정일이 사망하고, 김정은이 계승한 후인 2012년 2월 29일,

미국과 북한간의 회담에서 북한이 개발해 왔던 '고농축 우라늄(HEU)프로그램'을 중단하기로 합의한 소위 '2.29 합의'가 있었다. 그리고는 합의 16일 만인 3월 16일 '광명성 3호' 인공위성을 탑재한 운반로켓 '은하3호(1차)'를 4월 12일부터 4월 16일 사이에 발사하겠다고 북한 조선 우주공간 기술위원회 대변인의 발표가 있었다.

그리고 같은 날 북한은 ICAO와 IMO에 로켓의 1단과 2단의 추진체가 낙하할 지역의 추정 좌표를 통보했다. (1단 로켓은 한국의 변산반도 서쪽 140km, 2단 로켓은 필리핀 동쪽 190km 공해상에 낙하될 것)

이처럼 미·북간 회담에서 핵과 미사일 시험 중단을 합의한 지 얼마되지 않아 허를 찔린 미국을 위시한 국제사회는 또 한 번 북한으로부터 농락당한 데 분노하면서 규탄의 소리가 거세어졌다. 이에 북한은 위성을 쏘아 올리는 것은 미·북 간 합의에 저촉되지 않는다고 항변하고 나섰다.

국제사회의 비난과 규탄 속에서도 북한의 미사일 발사 준비는 계획대로 진행되어 가고 있었다.

2012년 4월 7일, 동창리 발사장에 은하3호(1차) 로켓의 조립을 완료하고 4월 8일 외신기자들 에게 조립 완료된 '은하3호(1차)' 로켓을 공개했다.

미국 AP통신, CNN방송, 영국 로이터통신, 일본 교도통신, 독일 ARD방송 등의 외신기자들과 인공위성 전문가 등 총 149명이 동창리 발사장 현장으로 안내되었다. 발사장 총책임자의 안내와 설명 그리고 질문으로 이어지면서 3시간 동안이나 참관했다.

먼저 조립장으로 안내되었다. 그곳에 임시 거치된 높이 1m정도의 4각형 형태인 '광명성 3호' 인공위성의 실물을 손이 닿을 만큼 가까운 거리에서 공개 소개했다. '광명성 3호' 인공위성의 무게는 100kg이고 고도 500km의 극궤도를 따라 돌며 발사 후 2년 동안 실용위성으로 역할을 하게 될 것 이라고 했다. 이어서 태양 에너지를 이용한 위성 안에 촬영기를 설치해 사진을 비롯한 관측 자료들을 위성관제 종합지휘소에 보내오게 된다고 했다.

실물을 본 외신기자 전문가들은 '일반적인 인공위성과는 판이했다'고 지적했다. 또 부착된 카메라의 렌즈가 너무 작아 위성궤도 상공에서 지상촬영이 제대로 될 것인지, 태양전지판도 일반적으로 접어서 궤도에 진입한 후 펼쳐서 사용하는 전개형인데 비해 '광명성 3호'의 태양 전지판은 4면체의 위성 외곽에 붙어있는 고정형이라 의아하게 생각되었다고 외신기자들은 전했다.

미국 NASA 출신 인공위성 전문가인 '제임스 오버그(James E. Oberg)'는 "우리가 통상적으로 보던 인공위성 디자인이 아니고 손에 닿을 정도 근거리에서 공개하면 인공위성이 오염될 것을 우려하여 통상 일반인에게 공개하지 않는데 이번 내외신 기자들에게 공개하는 것을 미루어 볼 때 이것이 진짜 인공위성인지 의심이 들 정도다."라고 말하기 까지 했었다.

'광명성 3호' 인공위성을 참관한 일행들은 이어서 '은하3호' 로켓이 발사대에 조립된 현장으로 안내되었다. 발사대에서 200m쯤 떨어진 지점에서 더 나아가는 것을 금지하고 안내자는 은하3호 로켓에 대해 설명했다.

"이 운반체는 인공위성 '광명성 3호'를 발사하기 위한 '은하3호' 로켓으로 총 길이는 30m이고, 폭은 2.4m, 무게는 91톤이 된다. 고 했다. 그리고 우리는 이미 오래전에 김일성 수령님의 탄생 100돌을 맞아 '광명성 3호'를 발사할 계획을 갖고 있었다"

고 하면서 은하3호 발사는 도발적 목적이 아니라 위성발사용임을 강조했다.

발사대 현장을 본 다음, 종합 지휘소 앞에 설치된 대형 스크린에서 발사장 상황의 움직임을 실시간으로 보여 주었다. 마지막으로 모니터링 시설인 관제시설 내부까지 둘러보고 저녁 늦게 평양으로 돌아왔다.

외신기자 일행은 은하3호 로켓이 3월 12일부터 16일 사이 어느 날짜에 발사할 것인지에 대해서 신경을 곤두세우고 기다리고 있었는데 4월 13일 07시 38분 55초에 은하3호(1차)의 탄도미사일(광명성 3호 탑재)을 외신기자들이 알지 못하는 사이 비밀리에 발사했다.

'은하3호(1차)' 로켓은 발사된 지 1~2분 만에 공중에서 폭발 실패했다는 사실을 실시간에 확인한 한국 구방부가 먼저 발표했고 북한은 발사 후 4시간 24분만인 13일 12시 03분에 조선 중앙통신에서 "조선에서의 첫 실용위성 '광명성 3호'는 오전 07시 38분 55초 평양북도 철산군 서해 위성발사장에서 진행됐다. 지구관측 위성의 궤도진입은 서공하지 못했다"고 간단히 발표했다.

한국 국방부에서 4월 13일 '은하3호(1차)' 탄도미사일이 발사로부터 폭발 낙하하는 과정에 대한 상세한 내용을 발표했다.

이를 요약 정리하면,

① 평북 동창리 미사일 발사장에서 2012년 4월 13일 07시 38분 55초에 '은하3호' 탄도미사일이 발사되었다.

② 한국의 세종대왕 이지스함은 발사 54초 만에 레이더에 포 착했다.

③ 발사 2분 15초 만에 1차 공중폭발로 은하3호(1차) 발사체는 1단(A)과 2,3단(B)으로 두 동강이 났다. 이때 미사일의 위 치는 발사장 남쪽 170km, 고도는 120km이었다.

④ 2개로 분리된 발사체는 관성에 의해 날아가다가 07시 4분 55초 즈음에 백령도 상공을 통과하면서 고도가 151.4km까지 솟아올랐다.

⑤ 분리된 A(1단 로켓)발사체는 07시 47분 42초에 재 폭발 하여 17개 조각으로 분리되어 추락하면서 레이더에서 소멸되었다.

⑥ 분리된 B(2,3단 로켓)발사체도 07시 48분 02초에 재 폭발 하고 3개로 분리되어 추락 레이더에서 소멸되었다.

이렇게 '은하3호(1차)' 탄도 미사일 발사체는 발사 후 2분15초 만에 공중 폭발로 실패했다. 이 상세한 영상은 발사 후 54초 만에 발사를 탐지한 한국의 이지스함인 세종대왕함에서 보내온 내용이다.

북한은 소위 '2.29합의'를 깨고 국제적으로 비난을 감수하드라도 광명성 3호 인공위성을 지구궤도에 진입시키면 '평화적 우주개발'이라는 명분으로 희석시킬 수 있고 김일성 100주년 생일과 김정은 체제 출범을 축하하는 축포가 되어 국내 외에 김정은과 북한의 위상을 과시하려 했던 꿈이 수포로 돌아갔다.

그러나 발사 실패 이틀 후인 4월 15일 북한은 태양절(김일성 생일)군사 퍼레이드에 16개 차륜의 대형 트레일러 위에 실린 직경 2m, 길이 20m의 3단 로켓인 이동형 ICBM급 신형 탄도미사일을 공개하여 이목을 끌었다. 북한은 은하3호의 실패를 이동형 ICBM급 탄도미사일 공개로 민심을 만회하려는 것으로 보였다.

그리고 4월 16일 UN 안보리는 의장성명을 만장일치로 채택 발표했다. "북한은 UN결의 1718호와 1874호를 준수하고 미사일을 추가로 발사하거나 핵실험에 나서는 경우 그에 상응하는 조치를 취한다."는 강력한 내용이었다.

그리고 한국 국방부는 1개월 여 각종정보와 영상자료 등을 분석한 결과를 5월 24일 발표했다.

"북한의 미사일 발사 궤적을 분석한 결과 1단과 2단의 추진체가 분리되었다. 폭발은 1,2단이 분리된 직후에 일어났다. 미사일은 1단 추진체 분리 때부터 문제가 있었던 것 같고 이로 인해 2,3단 추진체 분리도 제대로 되지 못한 것으로 보인다. 결국 2,3단 로켓은 예정된 고도에 못 미친 상태에서 추락했다"고 했다.

또 정부기관의 한 로켓 전문가는 은하3호(1차)미사일이 발사된지 2분 15초(135초)만에 1,2단이 분리된 직후 1차 폭발이 일어난 것은 1단의 연소시간(burn out)이 135초에 이른다는 것인데 1단 연소시간이 130초 정도면 사정거리가 10,000km 이상 날아갈 수 있는 능력이 있는 것으로 평가된다고 했다.

노동A 엔진의 연소시간은 112초 정도이고 노동B 엔진의 연소시간은 130초 정도임으로 이번 은하3호(1차)에 사용한 1단의 로켓 엔진은 '노동B' 미사일 엔진 4개를 집속해서 사용된 것으로 추정할 수 있다.

이를 미루어 볼 때 은하2호 로켓의 1단은 노동A 로켓 엔진 4개를 집속한 것이고, 은하3호(1차) 로켓의 1단은 '노동B' 로켓 엔진 4개를 집속한 것으로 보다 강력한 1단 추진체인데 엔진의 제어에 문제가 있었던 것으로 지적되고 있다.

은하3호(1차) 로켓은 발사 2분 15초 만에 폭발함으로서 2, 3단 분리도 못 하고 광명성 3호의 지구궤도 진입도 실패했으나 1단의 추력은 약 118톤으로 추정됨으로 2,3단이 모두 정상적으로 가동되었더라면 사정거리 10,000km 이상은 날아갈 수 있었을 것으로 추정하고 있다.

발사체	발사일 (발사장소)	로켓	위성	사정거리
은하3호 (1차)	2012.4.13 (동창리)	-3단로켓; 총길이 30m, 총무게 91톤 -1단; 노동B미사일엔진 4기 집속 =추력 118톤 =연소시간 130초 =직경 2.4m	광명성3호 -1호기, 지구궤도 진입실패 (공중폭발)	10,000km(추정)

여기서 '노동B'라는 용어가 처음 등장하는데 노동B 미사일은 노동-1호 미사일(=노동A 미사일) 다음에 개발된 미사일로 노동-1호와 구분하기 위해 '노동B 미사일' 또는 '무수단 미사일'이라고 한다.(제4절에서 다시 기술한다)

3. 은하3호(2차) 탄도미사일 발사 (2012.12.12.발사)

2012년 4월 13일, 은하3호(1차) 발사 실패의 상처를 입은 북한은 그동안 실패의 원인을 다각도로 분석하고 로켓 엔진 시험도 여러 차례 실시하였고 김정일 사망 1주기가 되는 12월 17일 이전에 재발사하여 광명성 3호 인공위성을 지구궤도에 진입시키고 대륙간 탄도미사일을 반드시 성공시켜 김정일의 유훈을 발전 계승하고 있음을 과시하여 국제적 위상과 국내 체제결속을 재고시키고자 총력을 기울이고 있었다.

2012년 11월 초부터 북한 동창리 서해 미사일 발사장에서 장거리미사일 발사준비의 징후가 우리 정보기관에 포착되고 있었다.

북한이 또다시 장거리미사일 시험발사를 준비하고 있다는 정보에 따라 한, 미, 일, 중국은 지난 4월 16일 안보리 의장 성명을 상기시키면서 '북한의 미사일 발사는 국제사회 전체에 대한 정면 도전이므로 발사는 중지되어야한다'고 압박을 가하고 있었다.

그러나 북한은 이에 아랑곳하지 않고 12월 1일 오후 5시경 조선 우주공간 기술위원회 대변인 담화로 오는 12월 10일부터 22일 사이에 '광명성3호 2호기' 위성을 발사한다고 발표했다.

발사 발표 이틀 후인 12월 3일 북한은 은하3호(2차)의 1단, 2단 및 페어링 낙하 예상지역을 공개했다. 1단 추진체는 전북 부안 서쪽 140km 공해상에, 2단 추진체는 필리핀 동쪽 약 136km 지역에 낙하, 페어링은 제주 서쪽 약 88km 지역에 낙하할 것이라고 했다.

12월 4일까지 은하3호(2차) 로켓은 로켓 발사대에 모두 조립 완료되었고 로켓 추적레이더, 계측장비 설치 그리고 연료 주입만 완료되면 예정발사일(12월 10일~12일)까지는 충분히 발사가 가능할 것으로 보였다.

이렇게 북한이 '광명성 3호 2호기' 발사 준비를 하는 사이 한국과 미국, 일본은 지난 4월 광명성 3호1호기 때와 마찬가지로 각종 탐지장비(이지스함, 정찰위성, 특수정찰기, SBX 등)들을 동원하여 광명성 3호2호기 비행 추적에 나설 준비를 갖추고 있었다.

이런 와중에 12월 8일 조선 우주 공간기술위원회 대변인은 '일련의 사정이 제기되어 우리의 과학자 기술자들은 광명성 3호2호기 발사 시기를 조절하는 문제를 신중히 검토하고 있다'고 발표했다.

그리고 이틀 후인 12월 10일에는 '운반로켓의 1계단(단계) 조종발동기 계통의 기술적 결함이 발견되어 위성발사 예정일은 12월 29일까지 연장한다'고 발표하고 연기한 사실을 ICAO와 IMO의 국제기구에도 통보했다.

발사를 12월 29일까지 연기한다고 발표한 이후 고장부분을 수리하기까지는 다소 시일이 걸릴 것으로 한국을 비롯한 국제사회는 예측했으나 예상을 뒤엎고 이틀 후인 2012년 12월 12일, 오전 09시 51분에 북한은 기습적으로 은하3호(2차)를 발사함으로서 또 한 번 국제사회를 우롱하는 도발을 감행했다.

'광명성 3호2호기'를 탑재한 은하3호(2차) 로켓은 1, 2, 3, 단을 모두 계획대로 분리하고 인공위성(광명성 3호2호기)을 지구궤도에 진입시키는데 처음으로 성공했다.

북미 항공우주 방위사령부(NORAD)는 '미국의 미사일 감시

시스템이 추적한 결과 북한은 성공적으로 인공위성을 궤도에 진입시킨 것으로 보인다'고 발표했다.

이날 22시 30분 북한은 발사 장면을 TV에 공개하면서 광명성 3호2호기를 궤도에 진입시켰다고 공식 발표했다.

> "우리의 과학자 기술자들은 운반로켓 은하3호(2차)로 광명성 3호2호기를 궤도에 진입시키는데 성공했다. 위성은 97.4도 궤도 경사각으로 근지점 고도 499.7km, 원지점 고도 584.18km인 극 궤도를 돌고 있으며 주기는 95분 29초이다"라고 했다.

북한은 인공위성의 지구궤도 진입을 다섯 번 만에 성공시킴으로서 세계 10번째 'Space Club'에 가입하는 나라가 되었다.

북한이 은하3호(2차) 로켓을 발사하자 12월 13일 0시 UN 안보리는 긴급 이사회를 소집했다. 미국 UN대사(Susan Rice)는 '미국 내에서 북한의 정권 교체를 주장하는 강경론까지 나온다'고 하면서 북한의 강력한 제재를 주장했다. 러시아도 제재에 긍정적이었다. 그러나 중국 UN 대사는 '북한의 미사일 발사가 지역 안정을 해치지 않는다'고 언급함으로서 북한을 두둔하는 행태를 보였다. UN의 북한 제재에 중국이 협조하지 않으면 해운(海運)제재를 추가해도 효과를 낼 수 있을 것인지 의문시 되었다.

은하3호(2차) 발사를 대기하고 있던 한국 이지스함 세종대왕함은 발사 94초 만에 레이더에 포착 추적 중 은하3호(2차)의 1단 추진체가 변산반도 서쪽해상 138km지역에 4조각으로 분리돼 낙하하는 것을 확인하였다. 한국 해군은 낙하지역 해저 85~88m 바

닥에 가라앉은 1단 추진체의 인양작업을 개시하여 이틀 만인 12월 14일 02시 26분에 산화제통으로 보이는 1단 추진체의 일부를 인양하고 계속 작업하여 12월 23일까지 1단 추진체의 거의 전부를 인양하였다.

인양 후 42명의 전문가들이 모여 분석 작업에 들어가 분석한 결과가 발표 되었다. 이를 간추려 보면,

① 산화제통의 크기는 직경 2.4m, 높이 7.54m로 저장용량은 48톤이나 된다.

② 48톤의 산화제를 추력으로 계산하면 추력 118톤에 이른다.

③ 추력 118톤으로 은하3호(2차)를 쏘아 올리는 모의시험을 해 본 결과 500~600kg의 탄두를 10,000km이상 보낼 수 있는 추력으로 판단되었다.

④ 은하3호(2차)발사에 사용한 산화제는 적연질산(Red Fuming Nitric Acid)으로 확인되었다. 적연질산은 유독물질로 일반적으로 우주발사체에는 사용되지 않고 상온 보관이 가능함으로 군사용 미사일에 사용되는 산화제이다.

⑤ 은하3호(2차)의 전 발사체는 알루미늄 합금으로 만들어져 부식성에 강한 재질이다. 발사체의 용접부분은 수작업으로 했기 때문에 접합부분이 매끄럽지 못한 저급 수준이다.

⑥ 은하3호(2차)의 추력 118톤을 출력하기 위해 27톤급 '노동B'급 미사일 엔진 4기와 3톤급 보조엔진 4기를 결합한 약 118톤(27톤×4기+3톤×4기=120톤) 엔진을 사용했다. 보조엔진 4기는 추력을 보강하는 한편 로켓의 방향을 제어하는 역할로 밝혀졌다.

⑦ 지구궤도에 진입한 광명성 3호2호기는 계획된 원 궤도를 돌

지 못하고 아주 불안정하여 제 기능을 제대로 작동하지 못하고 있다는 미국의 로켓전문가인 David Wright 박사가 인터뷰(VOA)에서 밝힌바 있다.

이런 분석 결과를 종합해 보면, 이번에 발사한 은하3호(2차)는 인공위성을 지구궤도에 올리는 우주발사체라고 하기보다는 ICBM의 기술력을 과시하는 탄도미사일 시험이라 할 수 있다.

발사체	발사일 (발사장소)	로켓	위성	사정거리
은하3호 (2차)	2012.12.12 (동창리)	–3단로켓; 총길이 30m, 총무게 90톤 –1단; 노동B미사일엔진 4기 집속 =추력 118톤 =연소시간 156초 =직경 2.4m –2단; 250톤 노동엔진 1기 –3단; 54톤	광명성3호 –2호기, 지구궤도 진입 성공	13,000km (추정)

은하3호(2차)의 1단 추진체의 연소시간 156초와 추력 118톤을 고려하면 0.5~0.6톤의 탄두를 탑재하고 10,000km 이상 날아갈 수 있는 능력이다. 사정거리 10,000km이면 미 본토에 닿을 수 있는 거리이나 실제 ICBM무기로서 완성되기에는 해결해야 할 문제가 남아 있다.

이를 해결하기 위해서는 두 가지의 요건을 더 갖추어야한다. 하나는 핵탄두를 1톤 이하로 소형 경량화해야 한다. 둘째는 장거리 미사일이 대기권으로 재진입 시 섭씨 7,000~8,000도의 온도와 압력에 견딜 수 있는 내열성 기술이 요구된다. 그러나 이 두 가지 요건을 갖추었는지 확인은 되지 않고 있으나 조만간 이 문제를 해결할 수 있을 것으로 예상하고 우리는 여기에 대비해야 할 것이다.(이것은 은하3호(2차)발사 당시의 판단이다.)

북한은 김정일 사망 1주기 며칠 전에 '광명성 3호2호기'를 최초로 지구궤도에 진입시키는데 성공함으로서 김정은은 김정일의 유훈을 실현시키는데 고무되어 12월 21일 은하3호(2차)발사에 기여한 과학자와 기술자들을 격려하기 위해 축하연을 베풀었다. 이 자리에서 '이번 장거리 로켓의 성공적인 발사는 장군님(김정일)께 올리는 우리인민의 가장 큰 선물이며 앞으로 여러 가지 실용위성과 더 위력한 운반로켓을 더 많이 개발하고 발사해야한다'고 했다.

이처럼 북한은 장차 완전한 ICBM급 미사일을 완성하여 한반도 유사시 미국을 견제하고 한반도 통일을 달성하려는 북한의 핵전략을 읽을 수 있다.

4. 광명성호 탄도 미사일 발사 (2016.2.7.발사)

북한은 2016년 2월 2일 IMO에 2월 8일부터 2월 25일 사이에 인공위성을 발사 하겠다고 통보했다가, 2월 7일 부터 2월 14일 사이에 발사 하겠다고 수정 통보했다.

2월 7일 09시 30분에 서해 발사장에서 '광명성 4호' 위성을 발사했다. 발사체는 '은하' 로켓으로 하지 않고 '광명성호' 로켓이라 했다. 이는 김정일 생일 2월 16일(광명성절)을 9일 앞두고 김정일 생일을 축하하는 축포인 듯 했다.

발사 3시간 후 조선중앙TV는 '북한 우주 국가개발국'의 보도로 발표했다.

"운반로켓 '광명성호'는 2016년 2월 7일 09시(한국 시간 09시30분)에 평북 철산군 서해 위성 발사장에서 발사되어 9분 46초 만인 09시 09분 46초에 지구관측 위성 '광명성 4호'를 지구궤도에 정확히 진입시켰다"고 했다.

한국 국방부는 2월 9일 광명성호 발사에 대한 분석 결과를 발표했다.

북한은 2월 7일 09시30분에 광명성호를 발사했고 09:32. 1단 추진체가 분리되고 09:33. 페어링이 분리된 후 09:36.쯤 제주도 서남방에서 미사일 탐지 추적 임무를 수행 중이던 이지스함(서애류성룡함)의 레이더망에서 사라졌다. 그리고

① 1단 추진체와 페어링의 낙하지점은 IMO에 통고한 지점과 같았다.
② 2단 추진체의 낙하지점은 국방부의 모의시험 결과 발사지점에서 2.380km 떨어진 필리핀 해상으로 추정했다.
③ 광명성 4호위성의 궤도진입 시간은 발사 후 569초(9분 29초)로 추정했다.
④ 광명성호 발사체는 2012년 12월 12일에 발사한 '은하3호(2차)' 발사체와 일치(직경과 길이의 비는 2.4:30으로 일치됨)한다고 했다. 다만 광명성 4호 인공위성의 중량은 다소 증가한 것으로 평가했다.
⑤ 광명성 4호와 은하3호 2호기 인공위성이 두 번 연속 지구궤

도에 성공적으로 진입시킨 것은 미사일의 안전성과 구성품의 신뢰성이 개선되었다는 평가다.

⑥ 광명성호의 발사체 엔진은 은하3호(2차)발사체 엔진과 같은 노동B 엔진 4개를 집속시키고 보조엔진 4개를 장착한 것으로 판단했다.(주엔진 : 노동B 엔진 27톤×4개=108톤, 보조엔진 : 4.3톤×4개=17.2톤, 계125.2톤)

125.2톤(Ton Force) 추력이면 탄두 200~250kg 중량을 탑재하고 사정거리 12,000km를 비행할 수 있을 것으로 한·미 정보 당국은 분석했다.

인공위성을 지구궤도에 진입시키는데 성공한 은하3호(2차) 발사체와 광명성호 발사체의 1단에는 모두 '노동B 엔진'을 사용했다고 했다. 노동B 엔진을 사용한 '노동B 미사일'은 바로 무수단 미사일의 별칭이다. 그러므로 노동B 엔진은 무수단 미사일의 엔진이다.

제4절 무수단 탄도미사일과 그 개량형 탄도미사일

북한은 1990년대 초부터 장거리 탄도미사일 개발을 시도해 왔으나 Scud 미사일과 노동-1호 미사일의 엔진을 집속이나 다단계로는 한계가 있었다. 그리고 제3절에서 언급한 것처럼 은하3호(2차)와 광명성호 미사일로 연거푸 인공위성을 지구궤도에 진입시키는데 성공했다. 이는 장거리 탄도미사일의 가능성을 입증한 것이다.

이 탄도미사일의 추진체는 Scud와 노동미사일 엔진과는 다른 '노동B형 엔진' 4기를 집속한 것으로 확인 됐다. 이 새로운 엔진을 노동엔진과 구분하기 위해 '노동B 엔진'이라 했다.

1994년 북한은 소련에서 개발된 잠수함 탄도미사일(SLBM) R-27을 도입해서 이 R-27미사일의 엔진을 복제한 것이 바로 '노동B 엔진'이다.

소련에서 도입한 R-27엔진을 기반으로 하여 분해 복제하는 과정에서 두 갈래로 연구하기 시작했다.

하나는 R-27 SLBM 엔진을 지상용으로(지대지 미사일)개량하는 사업으로 2003년도에 완성하여 '무수단 탄도미사일(화성-10형)'로 개발된다.

또 하나는 잠수함에서 사용할 SLBM을 그대로 복제하되 액체연료 엔진을 고체연료를 사용하는 엔진으로 개량하여 2015년도에 '북극성-1형 SLBM'으로 개발된다.

R-27엔진이 무수단 탄도미사일의 엔진으로 개발되자 이 엔진을 2012년에 은하3호(1차 및 2차)발사체 엔진으로 사용하게 되고, 또 고체연료를 사용하는 북극성-1형이 성공하자 무수단 탄도미사일 엔진도 고체연료로 사용하는 북극성-2형으로 개량 발전하게 된다.

이처럼 SLBM인 R-27엔진이 개량 발전되어가는 과정을 검토해 본다.

1. 무수단 탄도미사일의 등장.

한·미 정보당국은 1990년대 후반에 미 정찰위성이 북한 함경북도 화대군 무수단리 미사일 센터에 새로운 미사일 동체를 처음 식별하고 이 미사일의 명칭을 이곳의 지명을 따서 '무수단 미사일'이라했다.

2003년 9월, 북한 건국기념일에 맞추어 12개 차륜의 대형 이동형 차량에 탑재된 새로운 미사일 10기가 평양 미림 공항에서 군사 퍼레이드를 준비하고 있는 모습이 군사위성에 포착되었다.

이번에 포착된 새로운 미사일은 수년 전 미 정찰위성이 화대군 무수단리에서 처음 식별한 '무수단 미사일과 같은 것으로 확인되었다.

이 미사일을 분석해 본 결과, 미사일의 외양은 구소련의 잠수함 발사용 탄도미사일(SLBM)인 'R-27'과 유사함을 확인했다.

북한은 구소련의 R-27 SLBM 수 기를 입수하여 이를 기본으로 지상발사용으로 개량하여 사정거리 3,000~4,000km의 중거리 탄도미사일 '무수단 탄도 미사일'로 개발한 것으로 판단하였다.

그리고 그 이후 무수단 미사일에 관한 국내외 언론에서 북한이 구소련의 R-27미사일과 같은 중거리 탄도 미사일을 개발 보유하고 있다는 보도가 잇달았다.

2009년 미 국무부가 MTCR(미사일 기술 수출 통제체제)에 보낸 전문에 '북한이 R-27 기술에 기반을 둔 새로운 중거리 미사일 무수단을 개발했고 이를 이란에 수출했다'고 했다.

이듬해인 2010년 10월 10일, 북한 노동당 창건 65주년 기념 열병식에 12개 차륜의 대형차량(TEL)에 탑재된 8기의 '무수단 미사일'을 최초로 공개하고 이를 '화성-10 탄도미사일'이라고 소개했다.

이때 소개된 '화성-10 탄도미사일을 분석해 본 결과 2003년도의 분석과 같이 구소련의 R-27 SLBM을 지상용으로 개량한 것으로 사정거리가 최대 4,000km에 달하는 액체연료를 사용하는 2단 로켓으로 길이는 R-27 미사일 보다 2m 더 긴 12m인 것만이 다를 뿐이었다.

〈무수단과 R-27미사일 제원 비교〉

구분	미사일	사정거리 (km)	단	발사	직경 (m)	길이 (m)	탄두 중량 (kg)	연료	유도방식
무수단	지대지 미사일	3,000 ~4,000	2단	TEL	1.5	12	650	액체	관성항법
R-27	SLBM	3,000 ~4,000	2단	잠수함	1.5	10	650	액체	관성항법

북한은 2010년 이전인 2005년 12월에 이미 이란에 무수단 미사일 18기를 수출했다고 독일의 일간지 빌드(Bild)가 보도했다.

그리고 북한은 무수단 미사일을 생산 2008년까지 실전배치했다.

앞에서 언급한 바와 같이 무수단 미사일의 발사체 엔진은 R-27을 복제한 것으로 추력은 27톤(T/F)이다. 무수단 엔진 4개를 집속하면 108톤의 추력이 된다. (27톤×4=108톤)

이 정도의 추력이면 연소기간(Burn Out)이 135초로 인공위성을 지구궤도에 진입시킬 수 있는 추력으로 판단했다. 그래서 2012년 은하3호(2차)로켓이 발사되어 '광명성 3호2호기' 위성을 지구궤도 진입에 성공시켰는데 이때 발사한 '은하3호(2차)'의 1단 추진체에 무수단 엔진 4개를 집속하여 사용했다고 한·미 공동 분석팀이 발표했다. 이때부터 한국과 미국은 무수단 미사일의 위협에 대비하게 된다. 그리고 2013년 4월 대형 트레일러에 탑재한 무수단 미사일이 동해안 원산지역으로 이동 배치한 것을 확인한 미군은 원산에서 3,325km 떨어진 괌 미군기지가 미사일의 사정권 내에 들어갈 수 있으므로 이에 대비하기 위해 THAAD 요격 미사일을 괌 기지에 긴급히 배치하였다.

북한은 무수단 미사일을 2008년도까지 50~100기 가까이 실전배치하였으나 시험사격은 단 한 번도 한 적이 없었다. 그러다가 실전배치 9년이 결과한 2016년 4월 15일 05시 30분 원산에서 최초로 무수단 미사일 시험사격을 실시했으나 공중폭발로 실패했다.

이어서 4월 28일 06:40 두 번째 시험사격이 실시되었으나 발사 후 수 100m 비행 후 추락으로 또 실패했다. 이후 3차(4.28. 19:26), 4차(5.31), 5차(6.22) 까지 모두 5차례 시험사격에서 연거푸 실패했다. 그러나 5차 사격 같은 날(6.22) 6번째 시험사격에서 최초로 성공하게 되었다.

다음날(6.23) 조선 중앙 TV는 "천둥 같은 폭음을 터뜨리며 자행발사대를 리탈(이탈)한 '화성-10 탄도로켓'은 예정 비행 궤도에 따라 최대 정점 1,413.6km를 상승 비행하여 400km 전방의 예정된 목표수역에 정확히 락하(낙하)되었으며 탄두 재돌입체도 제대로 기능했다"고 보도했다.

만일 이날 시험사격처럼 고사계사격으로 발사하지 않고 정상사격(30~45도)으로 발사했다면 최대 4,000km 비행했을 것으로 추정했다.

북한은 발표문에서 재돌입체도 정상적으로 기능했다고 했는데 이는 고사계사격으로 대기권 재진입 시 고열에 견딜 수 있는지의 시험도 아울러서 했다는 뜻이다.

6차 시험사격 성공 후 7차(10.15)와 8차(10.20) 시험사격을 방현 비행장에서 실시하였으나 모두 실패했다.

즉 북한은 무수단 미사일 시험발사 모두 8차례의 시험사격에서 단 1번 성공시킴으로서 발사 성공률은 12.5%에 불과했다. 이렇게 발사 성공률이 12.5% 밖에 안 되는 미사일을 북한이 50~100기를 실전배치하고 수출까지 한데 대해 의문이 남는다.

이것은 앞에서도 언급한 것처럼 무수단 미사일은 소련이 이미 실전배치되었던 SLBM을 그대로 복제하여 지상용으로 전환했으므로 신뢰성이 있다고 인정했고 또 실제 시험은 수출한 이란에서 시험사격 시 성공했기 때문이라는 견해도 있다.

그러나 무수단 미사일 엔진 4기를 집속하면 미사일 전체의 중량이 증가되어 이 추력으로는 탄두중량을 1톤 내외로 증가시키면 사정거리가 짧아져 10,000km 이상의 사정거리를 달성하기는 어렵다는 견해가 지배적이다.

만일 북한이 10,000km 이상의 ICBM 더 나아가 정지궤도 위성의 발사를 고려한다면 단일 엔진 추력이 100톤 내외의 새로운 엔진 개발을 추진해야하는 문제가 대두된다.

또 하나의 문제는 대형 트레일러에 탑재됨으로 기동에 제한을 받고 액체연료를 사용함으로 연료 주입에 1.5시간~3시간이 소요됨으로서 상대적의 정찰위성에 노출되는 취약점이 있다는 문제도 대두된다.

2. 북극성-2형의 등장

북한은 2015년 말부터 2016년 중반에 고체연료를 사용하는 'SLBM 북극성-1형'이 성공했다. 무수단 미사일도 같은 엔진이므로 고체연료를 사용하는 지상 미사일로 개량하는 사업에 몰두하게 된다.

2017년 2월 12일 오전 평북 구성시 방현 인근에서 발사한 탄도미사일은 동쪽으로 500km를 비행하여 동해상에 낙하했다.

이를 탐지한 한·미 정보당국의 1차 분석 결과는 2월 12일 07시 55분 방현 인근에서 발사된 탄도미사일은 음속 10배 이상의 속도로 최고 고도 550km, 비행거리 500km로 동해상에 낙하했다. 이 미사일의 속도로 볼 때 고체연료를 사용하는 무수단 미사일의 개량형인 것으로 평가된다고 했다. 그리고 고각사격을 하지 않고 정상 각도로 사격한다면 최대사거리는 3,000km 이상이 될 것이라고 했다.

다음날(2.13) 북한은 "이번 시험발사를 통하여 지상에서 냉발사체계의 믿음성과 안전성, 대 출력 고체 발동기의 시동 특성을 확증하였으며, 능동구간 비행 시 탄도탄의 유도 및 조종 특성 대 출력 고체발동기들의 작업특성, 계단 분리 특성들을 재확인했다.

새로운 무기체계인 중장거리 탄도 미사일 '북극성-2형'을 2월 12일 성공적으로 시험 발사했다"고 했다.

이때 발표한 북한의 보도내용과 3개월 후(5.21)에 재차 '북극성-2형' 발사 후의 영상을 공개함으로서 더욱 확실하게 알려지게 되었다. 무한궤도 차량 위에 무수단 미사일을 탑재하여 수직으로 발사하는 영상이었다. 이 무렵부터 북한은 고체연료를 사용하는 미사일은 '북극성 미사일'로, 액체연료를 사용하는 미사일은 '화성 미사일'로 구분 사용하기 시작했다.

무수단 미사일과 북극성-2형 미사일은 둘 다 R-27 SLBM을 기반으로 하여 개량된 2단 지대지 미사일이나 두 미사일의 차이점을 찾아보면,

① 미사일 외양 자체는 동일하다.
② 무수단의 사용 연료는 액체연료로 발사하는데 1.5~3시간 소요되나, 북극성-2형은 고체연료를 사용하고 있음으로 5분 이내에 발사가 가능하다.
③ 무수단은 12륜의 대형 트레일러에 탑재되어 있으나, 북극성-2형은 궤도차량에 탑재되어 있어 험지에서도 기동이 가능한 특성이 있다.
④ 무수단 미사일의 발사방식은 일반미사일의 발사와 같이 발사체 엔진의 점화로 발사되나, 북극성-2형은 SLBM 발사 방식으로 발사통에서 미사일을 공중으로 튕겨 올린 후 추진체가 점화되는 소위 '콜드 런칭' 시스템으로 발사하는 것이 다르다.
⑤ 추정되는 사정거리는 둘 다 약 3.000km 내외로 알려지고 있다.

〈무수단 탄도미사일〉 〈북극성-2형 탄도미사일〉

북한은 무한궤도 차량에 탑재한 고체연료 사용미사일인 북극성-2형 미사일 완성으로 최대 3,000km까지 사격 가능한 지대지 미사일 확보로 기동의 자유, 사격 준비시간의 단축, 은폐 엄폐의 용이성 등으로 아군의 선제타격을 어렵게 하는 탄도미사일의 출현이라 할 수 있다.

그리고 장차 북한의 ICBM급으로 알려진 KN-08, KN-14미사일의 발사체 엔진은 R-27엔진 수기를 집속한 것으로 알려져 있음으로 이들 엔진을 고체연료로 교체할 가능성에도 주목해야한다.

3. 북극성 SLBM(고체연료)개발과 신형 잠수함 개발

북극성 SLBM의 모체는 액체연료를 사용하는 소련의 R-27 SLBM이다. 북한은 1994년도에 구소련의 골프급 잠수함(3,000톤)을 일본 고철상로부터 구입했다. 이 고철 잠수함에는 R-27 SLBM은 제거되었으나 발사 시스템과 각종 도면이 그대로 남아 있어 잠수함과 SLBM을 연구, 역설계, 복제하는데 큰 도움이 되었다. 이때부터 북한은 R-27 SLBM을 역설계로 복제 개량하는 연구가 진행되어 액체연료를 사용하는 무수단 지상용 미사일이 먼저 개발되었음은 앞의 '1'항에서 언급한 바와 같다.

그러나 잠수함에서 발사할 SLBM을 북한에서는 고체연료로 사용하는 발사체로 개량하고 또 발사 시스템을 Cold Launching 시스템으로 개발하는데 많은 시간이 소요되어 2015년에야 SLBM(북극성-1형)을 완성하게 된다.

그리고 SLBM을 발사할 2,000톤급(신포-B급) 잠수함을 새로이 개발 건조하는데 2014년 말경에 가서야 완성하게 되어 이 신형 잠수함에서 새로이 개발한 SLBM 발사 실험을 하게 된다.

일반적으로 SLBM은 수중에서 발사하게 됨으로 지상에서 발사하는 탄도미사일과는 발사 시스템이 다르다. 발사방식에는 Hot Launching방식과 Cold Launching방식이 있다. 북한에서는 Cold Launching방식을 채택했다.

콜드런칭 방식으로 발사되는 SLBM은 3개단계로 비행하게 된다.

① 제1단계는 사출단계다.

즉 콜드런칭(냉 발사 체계)방식이다. 잠수함의 발사관에서 압축공기를 이용하여 미사일을 수중 밖으로 약 20m이상 공중으로 튕겨 올리는 단계다.

② 제2단계는 점화단계다.

수중에서 공중으로 튕겨 올라온 미사일은 자체적으로 점화하여 추력을 분출한다.

③ 제3단계는 비행 및 목표 진입단계다.

제2단계에서 분출되는 발사체의 추력으로 공중으로 치솟은 미사일은 자세를 제어하여 목표 방향으로 비행한다. 그리고 목표에 정확히 진입하게 된다.

이런 제1단계와 제2단계 과정은 지상에서 또는 바지선을 이용하여 시험하게 된다. 여기서 성공하면 마지막으로 잠수함에서 시험사격을 하게 된다.

(가) 북극성-1형 SLBM과 신형 잠수함 개발.

2014년 8월, 38노스는 '북한 동해안 신포조선소에서 신형 잠수함이 건조되고 있음을 식별했다'고 발표했다.

'잠수함의 크기는, 길이 67m, 폭 6~7m, 배수량 약 2,000톤, 이 잠수함에는 SLBM 1기를 탑재할 수 있을 것으로 분석된다.'고 했다.

그리고 2개월 후인 10월 말에는 '지상에서 SLBM 사출 모의시험을 하는 것이 인공위성에서 식별했다고 보도했다.

2014년 11월 2일, 한국 연합뉴스는 '북한의 신형 잠수함이 건조 완료되어 최근 진수했다'고 했다.

2015년 2월 20일, 미국의 워싱턴 프리 비컨은 '지난 1월 23일 지상에서 수직발사관 사출시험을 실시했다'고 보도했다.

이렇게 북한은 신형 잠수함(신포-B급, 2,000톤)을 건조, 2014년 11월에 진수하였고 여기에 탑재할 SLBM의 수직 발사관에서 지상 사출 시험을 실시하는 단계 까지 미국의 정보 위성은 계속 감시 탐지하고 있었다. 이제 얼마 안가서 북한은 잠수함에서 SLBM을 수중 발사하는 시험이 있을 것이라고 전문가들은 내다보고 있었다.

SLBM 북극성-1형 발사장면

2015년 5월 9일, 신포지역에서 SLBM 1발을 수중에서 시험 발사하는 것이 확인되었다.

이날 북한 중앙통신은 '김정은 제1위원장이 참관한 가운데 우리식의 전략잠수함 탄도탄 수중시험발사를 성공적으로 진행했다'라고 발표했다.

그리고 5월 11일 노동신문은 잠수함에서 SLBM 탄체가 수중에서 공중으로 치솟는 사출장면을 촬영한 사진을 공개했다. 이 SLBM의 몸체에는 붉은 색갈로 '북극성-1'이라는 글씨가 선명하게 보였다.

5월 11일 한국 국회 국방위에서 '5월 8일 북극성-1형의 수중발사 시험에 성공했고 이때 사용한 SLBM은 모의탄 사출이었다고 한·미 정보당국이 내린 평가다'라고 국방부 장관이 밝혔다.

이번 시험은 비록 모의탄을 사용하였으나, 잠수함에서 직접 SLBM을 수중에서 사출시켜 공중에서 점화 150km까지 비행하는 시험과정을 모두 성공적으로 끝냈음으로 이제 남은 시험은 SLBM 실물을 사출, 장거리 시험비행을 하는 시험을 남겨놓고 있다. 이번 시험에서 북한이 개발하고 있는 SLBM이 '북극성-1형'

임이 확인되었고 한·미 정보당국은 '북극성-1형 SLBM'을 'KN-11'로 명명했다.

북극성-1형 모의탄 시험사격이 있은 후 1년이 되는 2016년 4월 23일 북한 중앙TV는 '신포 동북방 해상에서 신포급 잠수함이 SLBM을 수중 발사하여 30여km를 비행하는데 성공했다'고 발표했다.

이번 시험은 모의탄이 아닌 실물인 SLBM을 잠수함에서 사출 30여km를 비행했다는 것은 앞으로 사정거리가 더 긴 SLBM 시험이 있을 것임을 예고하는 시험으로 보였다.

2016년 8월 24일, 05시 30분 북한은 또다시 동해의 신포 인근의 해상에서 SLBM 1발을 고사계 사격으로 발사, 최고 고도 500km로 비행, 발사지점에서 500km 떨어진 일본 방공망 식별구역에 낙하했다. 다음날 (8.25) 북한 중앙통신은 "김 위원장이 우리식의 위력한 '전략잠수함' 건조와 탄도탄 제작을 직접 틀어쥐시고 헤아릴 수 없는 노고와 심혈을 바치며 완강히 추진시켜 오셨다. …… 이번 시험은 커다란 군사적 진보를 이룬 '성공 중의 성공'이었다"고 보도했다.

북극성-1형의 SLBM 시험은 지금까지 시험한 것 중 가장 사정거리가 긴 고사계 사격으로 500km를 비행했다. 정상 각도로 발사했다면 2,000~2,500km까지 비행할 수 있을 것으로 분석했다.

북극성-1형의 제원은 길이 8.9m, 직경 1.5m, 고체연료를 사용하는 2단 탄도미사일로 최대사정 2,500km로 추정된다.[2)]

북극성-1형을 탑재 발사한 '신포-B급 잠수함'의 제원은 길이

2) 조선일보 2016. 4. 25.

67m, 폭 6.6m, 배수량 2,000톤~2,500톤, 함교 중앙에 SLBM 1기를 탑재한 새로 개발된 잠수함이다.

이 신형 잠수함의 개발은 비록 SLBM을 단 1기만을 탑재하고 있으나 이 미사일에 핵탄두나 생화학 무기를 탑재하고 남해안으로 잠행할 때 한국의 미사일 요격무기가 모두 북쪽을 향해 배치되고 있음을 감안하면 북한의 SLBM을 탑재한 잠수함의 개발은 한국의 안보에 큰 위협으로 대두되고 있다. 더구나 북한이 더 큰 잠수함을 개발, 더 장사정의 SLBM을 3기 이상 탑재하고 또 잠행거리가 더 연장된다면 동맹국인 미국 본토까지 위협을 가할 수 있게 될 것임으로 이 역시 우리의 안보에 큰 위협이 아닐 수 없다.

나. 북극성-3형 SLBM 개발과 신형 잠수함(신포-C급)의 개발

북극성-3형은 2018년 초까지 개발된 무기는 아니다. 장차 북극성-1형보다는 사정이 긴 북극성-3형 SLBM 개발로 나아갈 것이라고 전망되고 있다. 2016년 8월 26일 조선신보는 '북한 정권수립 72주년(2020년)이 되는 9월 9일 까지 SLBM 발사관 2~3기를 갖춘 잠수함 건조를 김정은이 지시했다'고 보도했다. 그리고 김정은이 국방 과학원 화학 재료연구소를 시찰할 때 그 연구소에 '수중 전략탄도탄 〈북극성-3〉'이라고 크게 써 붙이고 그 아래에 SLBM의 개념도를 공개한 것을 볼 때 북한은 지금 북극성-3형을 개발하고 있는 것이 확실시 되고 있음을 보여 주고 있다.[3)]

그리고 북극성-3형 SLBM을 개발, 2~3기의 발사관을 탑재시킬 잠수함은 현재 개발된 2,000톤의 신포-B급으로는 부족함으로

---

3) 연합뉴스, 2017.12.6.

이보다 큰 최소 3,000톤급 잠수함을 개발해야하는 것은 필수다.

이를 뒷받침 하는 보도가 최근 38노스에서 '북한은 신포-C급 잠수함(3,000톤급으로 추정)을 개발하고 있다'고 발표했다.

또 북극성-3형은 북극성-1형보다 슬림화해서 지금은 거의 개발 완료 중에 있고 신형 잠수함에는 수기의 SLBM을 탑재할 수 있을 것으로 예상된다는 보도도 있었다. 심지어 2017.12.6. 연합뉴스는 도쿄 신문을 인용 '북한은 SLBM 북극성-3형 시작품 여러 기를 이미 제작했다'고 보도했다.

그리고 조선 중앙TV에서 '선진국들에서 만든 것 보다 밀도, 세기, 침식속도, 등 모든 특성 값이 더 우월한데 대하여 김정은 위원장께서 높이 평가하셨습니다'라고 보도했다.

이처럼 최근 발표된 내외신 보도와 특히 북한이 SLBM 발사 시 대기권 재진입 문제까지 거론한 것을 미루어 보면 북극성-1형의 사정거리 2,500km 보다는 훨씬 더 장사정의 SLBM 북극성-3형을 개발하고 있는 것이 거의 확실시 되고 있고, 3,000톤급 잠수함도 건조하고 있음이 보도되고 있다.

그리고 3,000톤급의 신형 잠수함에 장사정의 북극성-3형 SLBM 2~3기를 탑재할 수 있게 되면 동맹국인 미국을 위협하고 나아가 우리 국가안보에도 커다란 위협이 될 수 있을 것이다.

다. 원자력 잠수함 개발

탈북자 단체인 'NK 지식인 연대'는 2016년 8월 31일, 내외신 기자들에게 "북한은 2008년 러시아에서 노후된 3,000톤급 잠수함 1척을 도입하여 3,000톤급 이상의 잠수함 2척을 건조할 계획을 수립하여 추진 중에 있다. 이 중 1척은 도입한 잠수함을 개조하여 SLBM 4기를 탑재할 수 있도록 하는 계획으로 올해(2016년)말 까지 건조를 마치는 사업이다. 또 하나의 계획은 3,000급의 잠수함을 개조하는 사업에서 얻은 경험과 기술을 기초로 해서 3,5000톤급 원자력 잠수함을 설계 연구하는 사업이다.

원자력 잠수함 건조 사업은 초기에는 엄두도 낼 수 없는 사업이었다. 그런데 후에 '정찰 총국 121 사이버부대'가 러시아의 원자력 잠수함 회사에서 3,500톤급 원자력 잠수함의 설계도 일체를 해킹해 주었다. 그리고 원자력 총국에서 잠수함 과학자와 기술자들을 지원했고 또 2013년 러시아에서 원자력 잠수함 관련 전문가 5명을 비싼 돈을 주고 초빙해서 사업을 진행시키고 있다. 3,500톤급 원자력 잠수함의 제원은 길이 약 80m, 폭 8m, 해저 300m 까지 잠항 능력을 갖출 것으로 알려지고 있다"고 했다.

이 NK지식인 연대 대표인 김 홍광 씨는 2016년 9월 12일, KBS 와의 인터뷰에서 "북한 핵잠수함을 건조하는 신포 조선소는 덮개로 가려진 위장 보일러 공장에서 건조되고 있어 첩보위성에 포착되지 않고 있다"고 했다.

또 2017년 9월 18일, 일본 셋가이 닛포(世界日報)의 보도는 "북한은 남포에서 핵잠수함을 비밀리에 건조하고 있으며 3년 안에(2020년) 핵잠수함 실전배치를 목표로 하고 있다"고 했다.

북한의 핵잠수함 건조 계획은 NK지식인 연대에서 발표한 것처럼 2008년도 소련에서 3,000톤급 노후 잠수함 도입 때부터 시작되었다면 이는 김정일 시대(1994~2011)에 시작된 사업이 된다. 이 시기는 북한이 제1차 핵실험(2006년도)을 마치고 핵무기를 보유한 시기이고 또 수소탄개발도 시작(2003년도)되고 있었음을 고려하면 2008년도에 김정일이 핵잠수함 건조계획을 시작할 수 있으리라는 개연성은 충분히 있다고 할 수 있다.

그러나 원자력 잠수함은 '일체형 소형 원자로'를 만들 수 있는 고도한 기술로 일반적으로 핵잠수함을 개발 건조하는데 소요되는 기간은 10~20년이 소요되는데 북한이 2008년도에 핵잠수함 개발을 시작했다 해도 2018년 지금은 10년이 경과한 시점이다. 그러므로 더 많은 정보가 있어야 판단할 수 있는 문제이나 방관만 해서도 안 될 문제이다.

만일 북한이 3,500톤급 핵잠수함을 건조하고 그기에 북극성-3형 SLBM 3~4기를 탑재할 수 있고 탄두에 원자탄이나 수소탄을 탑재할 수 있게 된다면 군사적으로 기습 선제공격과 보복공격(제2격)능력을 갖게 되는 핵미사일 능력이 된다.

우리는 북한이 이런 핵미사일 능력을 갖기 전에 이를 억제할 충분 전력을 갖추어야 한다.

제5절 대 출력 엔진 개발과 IRBM / ICBM 개발

북한의 숙원인 ICBM의 개발은 지금까지 장거리 탄도미사일 개발에서 분석해 본 바와 같이 발사체의 추력 증강을 위해 노동A 엔진과 노동B 엔진(무수단 엔진)을 집속으로 해 보았으나 ICBM 개발에는 중과부족이었다.

북한으로서는 ICBM 개발을 위해서는 선결문제가 1단계 발사체의 엔진 추력을 대 추력으로 개발하는 문제이다. 이 문제가 해결되어야만 ICBM의 개발, 더 나아가 김정은이 말하듯 '정지궤도에 위성도 올릴 수 있게 될 것이다.

북한은 장거리 탄도미사일 개발을 위장하기 위하여 인공위성을 지구궤도에 진입시키는 시험을 대포동-1호 및 2호 미사일, 은하2호와 3호(1차) 미사일에 이르기 까지 계속 4번을 실패하고, 2012년 12월 최초의 인공위성을 궤도진입에 성공시켰다.

그러나 이들 발사체에 노동B 엔진 4기를 집속해도 추력 100톤(tf) 내외에 불과했다. 그러므로 ICBM 개발을 위해서는 집속이 아닌 단일 엔진으로 100톤 내외의 추력을 낼 수 있는 신형 대 출력 엔진 개발에 총력을 기울이게 된다.

그래서 제5절에서는 대 출력 엔진의 개발 현황과 IRBM, ICBM 개발 과정을 순차적으로 검토해 본다.

1. 대 출력 엔진의 개발

북한이 대 출력 엔진의 개발시험을 공개한 것이 2016년 9월 20일의 '정지위성 운반로켓 고출력 탄도미사일 엔진 지상분출시험'이고 그 다음이 2017년 3월 18일의 '신형 고체 로켓엔진 지상분출시험'이다.

가. '백두산 엔진' 지상분출시험 (2016.9.20.)

북한은 2016년 9월 20일 '정지위성 운반용 로켓엔진인 약 80톤 추력의 신형 엔진 '백두산 엔진'의 지상분출시험에 성공했다'

고 발표했다. 그리고 10월 6일 북한 중앙TV는 김정은 위원장이 신형 엔진을 개발한 기술자들을 격려하고 '우리의 힘과 기술로 정지위성 보유국으로 만들어야한다'고 현지 지도했다고 보도했다.[4)]

북한이 발표한 대로 단일 신형 엔진의 추력이 80톤이라면 무수단 발사체 엔진 27톤에 비하면 3배에 달한다. 지금까지 북한이 개발한 엔진 중 최고의 추력이다.

백두산 엔진 80톤 4기를 집속하면 320톤이나 되는 추력이다.

지금까지 북한이 인공위성을 지구궤도에 진입시킨 것은 2012년 12월 12일의 은하3호(2차) 발사체와 2016년 2월 7일의 광명성호를 쏘아올린 발사체의 추력 100톤에 비하면 3배나 되는 고출력 추력이다.

우리나라 우주 개발국에서 장차 달나라에 위성을 보내기위한 발사체 개발의 추력도 300톤임을 감안하면 이번 북한의 백두산 발사체의 지상분출시험 성공은 장차 1~1.5톤의 탄두를 탑재하고 미 본토 전역에 도달 가능한 추력으로 충분할 것으로 추정된다.

나. 신형 고체 로켓엔진 지상분출시험 (2017.3.18.)

백두산 엔진 지상분출시험으로 부터 6개월 만인 2017년 3월 18일, 북한은 '신형 고체 로켓엔진 지상분출시험에 성공했다'고 발표했다.

이번 시험은 백두산 엔진에 보조엔진 4개를 추가로 결합하여

4) 정지궤도 위성은 적도 상공 36.000km 지구 궤도에 올라가서 지구와 같은 속도로 회전하기 때문에 지구에서 보면 항상 그 위치에 있는 것처럼 보여서 정지궤도 위성이라 한다.

최대 추력 100톤을 낼 수 있도록 제작하여 시험한 것으로 백두산 엔진의 완성품으로 추정된다는 것이 군 당국과 전문가들의 판단이다. 현지 지상분출시험을 직접 참관한 김정은은 기술자들을 자기 등에 업어주면서 '3.18 혁명', '개발 창조형 로켓'이라고 치하 격려했다. 이는 북한과 같은 왕조체제하에서는 파격적인 격려이다.

이 대 출력 고체 로켓엔진이면 김정은의 숙원인 ICBM과 정지궤도 위성 진입은 이루어지게 되었다는 만족감의 표현일 수 있다.

김정은이 엔진 기술자를 업어주는 장면

2017년 3월 20일 국방부는 '정확한 추력과 향후 활용 가능성에 대해서는 추가 분석이 필요하다. 이번에 공개한 엔진은 주 엔진 1개와 보조엔진 4개가 연결된 것으로 보이고 새로운 엔진이 개발된 것으로 추정 된다'고 발표했다.[5)]

이제 북한은 말로만 주장하던 미 본토 및 하와이 타격용 ICBM 개발과 알라스카, 괌도 타격용 IRBM 개발은 '3.18 혁명'이라 부르는 신형 로켓엔진 1개 내지 수개를 집속하면 수 100kg 이상의 핵탄두를 탑재하고 투발 가능하게 되었다. 그러나 아직 확인되지 않은 대기권 재진입 문제와 정밀 유도기술 등이 아직 남아있는 상태다.

5) 조선일보, 2017. 3. 21.

2. 화성-12형 탄도미사일 (2017.5.14.시험발사)

2017년 5월 14일 05시 57분, 평북 구성에서 동해 쪽으로 탄도미사일을 발사, 700여km를 비행하여 동해상에 낙하했다.

이날 북한 중앙통신은 '화성-12형 로켓은 예정된 비행궤도를 따라 최대 정점 2,111.5km까지 상승, 787km까지 비행하여 설정된 공해상의 목표 수역을 정확히 타격하였다' 그리고 '가혹한 재돌입 환경 속에서 조종전투부의 말기 유도특성과 핵탄두 폭발체계의 동작 정확성을 확증하였다'고 했다.

군 당국은 '고사계 사격으로 2,000km가 넘은 것은 처음 있는 일로서 비행시간도 30분이나 됨으로 정상고도로 사격 시 추정되는 사정거리는 약 6,000km에 이를 것이다'라고 했고 또 '이는 무수단 미사일(화성-10형)보다 사정거리가 더 길고 발사체의 추력도 더 증강된 새로운 미사일이다'라고 했다.

그리고 화성-12형 발사체의 엔진은 무수단 엔진의 개량형 아니면 새로 개발한 백두산 엔진을 사용했을 것으로 추정했다.

약 5,000~6,000km의 사정이면 미국의 괌도나 알라스카까지 타격할 수 있는 IRBM이다.

8월 9일 북한 중앙통신은 "조선 인민군 전략군이 중장거리 전략로켓 '화성-12형'으로 괌도 주변에 대한 포위사격을 단행하기 위해 작전 방안을 심중히 검토하고 있다. 미제의 전략 폭격기들이 틀고 앉아있는 '엔드슨' 공군기지를 포함한 괌도의 주요 군사기지를 제압 견제하고 미국에 엄중한 경고신호를 보내기 위한 것이다. 그리고 우리 최고 사령관이 명령만 내리시면 임의의 시각에 동시

다발적으로, 연발적으로 시행될 것이다"라고 했다.

북한의 이번 화성-12형 IRBM 개발은 괌도를 목표로 하고 있음을 분명히 하고 있다.

이 후 8월과 9월에 2차, 3차 화성-12형 미사일 시험사격이 있었다. 2차, 3차 시험사격은 1차 사격과는 달리 정상 각도 사격으로 괌도 포위사격의 가능성을 확인시키고 있다.

2차, 3차 시험사격은 정상 각도로 사격했음에도 추정한 사정거리 6,000km에 미치지 않은 것은 사정거리를 조정하여 사격한 것으로 분석하고 있다.

2차 사격은 8월 29일 정상 각도로 발사되어 일본 열도를 통과하여 발사지점으로 부터 2,700km되는 북 태평양상에 낙하했다.

이는 괌도 전방 700km되는 거리이다. 이날 한국 합참에서는 '화성-12형을 정상 각도로 발사하여 사거리를 1/2로 줄여 비행한 것으로 평가하고 있다'고 했다.

그리고 3차 시험사격은 9월 15일 정상 각도로 발사되어 일본 열도를 지나 3,700km되는 북 태평양상에 낙하했다. 이는 평양에서 괌도까지 3,400km를 넘어서는 거리이다.

3번의 시험사격 중 1, 2차 시험사격은 미사일 탑재차량에서 미사일을 분리해서 사격을 실시했으나, 3차 시험사격 시는 분리하지 않고 TEL에서 직접 사격을 실시했다. 탑재차량(TEL)은 무수단 미사일 탑재차량(6축12륜)과 같은 차량으로 분석되고 있다.

화성-12형 미사일은 액체연료를 사용하고 합참의 평가대로 정상 각도로 사격 시 600kg의 탄두를 탑재하고 최대 6,000km를 비행할 수 있는 신형 IRBM으로 판단하고 있다.

〈화성-12형 탄도미사일 시험사격〉 (2017.5. – 2017.9.)

구분	발사일시	발사장소	낙하장소	최고고도(km)	비행거리(km)	사격방법	사용연료	통과지역
1차	5.14. 05:57	구성	동해	2,111.5	787	고각사격	액체연료	
2차	8.29. 05:57	순안	북태평양	550	2,700	정상각도	〃	일본열도
3차	9.15. 06:57	순안	〃	770	3,700	〃	〃	〃

3. 화성-14형 탄도미사일 (2017.7.4. 시험 발사)

화성-14형 탄도미사일 시험사격은 2017년 7월에 2번 있었다. 2번 모두 화성-12형의 1차와 2차 시험사격의 중간에 실시되었다. 화성-12형의 사격이 IRBM 사정거리의 시험사격이었다면 화성-14형 미사일은 ICBM 사정거리의 시험사격이라 할 수 있다.

가. 화성-14형 탄도미사일 1차 시험사격 (2017.7.4.)

화성-14형 미사일의 첫 번째 시험사격은 2017년 7월 4일, 09시 40분 구성시 방현비행장 일대에서 발사되어 동해상에 낙하했다.

이 날 오후 3시 30분 북한 중앙통신은 '특별 중대 보도'로 '화성-14형 탄도로켓이 성공적으로 발사됐다'고 했다.

발표내용을 간추려 보면,

– 최대 고각 발사로 발사하여 최고 정점 2,802km까지 상승하여 39분간 비행하여 발사지점에서 933km 떨어진 예정된 수역에 낙하했다.

- 새로 개발한 탄소복합 재료로 만든 대륙 간 탄도로켓 탄두의 내열특성과 구조 안정성을 비롯한 재돌입탄두를 최종 확증하는 시험을 실시했다.
- 재진입 시 탄두부 내부온도가 24℃~25℃ 범위 내에서 안정적으로 유지됐고 핵폭발 장치는 정상 작동했다.
- 1단계와 2단계 엔진의 시동과 차단이 예정대로 이뤄졌다.
- 2단 분리 후 우주공간에서 보조로켓을 이용 방향을 조절했다

고 발표하고 있다.

그리고 한국 국정원이 국회에 보고한 내용을 보면 '화성-14형의 발사체 엔진은 화성-12형의 엔진(백두산 엔진) 1개를 사용하고 그 위에 2단 추진체를 얹어 개량한 형태의 2단 탄도미사일로 추정한다'고 했다.

미국의 합참 차장은 7월 18일 미 상원 군사 위원회에서 '화성-14형 미사일은 미 본토까지 날릴 능력을 가졌다. 다만 정밀도는 의심된다'고 했다.

화성-14형 미사일의 시험사격 성공 후 김정은은 '미국의 대 조선 적대시 정책과 핵위협이 근원적으로 청산되지 않는 한 우리는 그 어떤 경우에도 핵과 탄도로켓을 협상 탁(테이블)에 올려놓지 않을 것'이라고 했고 또 '원자탄 수소탄과 함께 대륙 간 로켓까지 보유함으로써 우리 조국의 종합적 국력과 전략적 지위는 새로운 높이에 올라섰다. 우리가 선택한 핵무력 강화의 길에서 단 한치도 물러서지 않을 것'이라고 했다.[6)]

이번 화성-14형 미사일 시험발사 후 북한이 발표한 내용과 발

6) 조선일보, 2017. 7. 6.

사 동영상 그리고 전문가들의 분석내용을 종합 평가해 보면 다음과 같다.

① 북한은 화성-14형 미사일을 최초로 ICBM 이라고 했다. 이번 화성-14형 미사일의 비행 궤적을 분석해 보면 사정거리가 약 10,000km에 이를 것으로 분석 된다.

· 화성-12형의 사정거리는 5,000~6,000km로 판단했다. 이때의 비행시간이 30분이였다. 이에 비해 화성-14형은 39분으로 9분이 더 길었다. ICBM의 평균 비행속도가 시간당 28,000km인 것을 감안 계산해보면 약 9.200km~10,200km의 비행거리가 나온다.

· 일반적인 약식 계산으로 사정거리는 비행 최고 정점의 3배수로 계산함을 대입시키면 약 8,406km가 된다.

우리는 5,500km이상의 사정거리를 갖는 미사일은 대륙 간 탄도미사일(ICBM)이라함으로 화성-14형 미사일은 사거리 상 ICBM은 맞으나 평양에서 미국 워싱턴까지의 거리가 10,000km 이상인 점을 고려하면 미 본토 모든 곳에 도달할 ICBM에는 아직 약간 부족하다고 분석된다.

② 북한은 대기권으로 재진입하는 기술이 확보되었음을 강조하는 듯 미사일 탄두의 재질이 '탄소 복합재료'로 만들어 졌다고 강조하고 재진입 기술 확보가 확증 되었다고 했다. 북한의 주장처럼 탄소재료(탄소 탄소, CC)를 실제 사용했다면 크게 진전된 것으로 판단할 수 있으나 그 사실은 확인되지 않고 있다.

③ 화성-14형 미사일은 1단 로켓인 화성-12형과는 달리 2단 로

켓이다. 1단은 화성-12형 엔진(백두산 엔진) 1개를 사용하고 그 위에 신형 소형엔진을 2단 로켓으로 사용하고 있다고 한·미 정보당국은 분석하고 있다.

결론적으로 화성-14형 미사일은 화성-12형 미사일 보다는 발전된 미사일로 사정거리가 10,000km에 이르는 ICBM급 미사일로 분석되고 있다. 장차 사정거리가 10,000km 이상으로 연장되고 재진입 기술만 확보되면 완전한 ICBM 개발로 다가설 가능성을 보여준 시험사격이었다고 분석된다.

그리고 김정은은 미 본토까지 도달하는 ICBM에 원자탄이나 수소탄을 탑재하고 타격할 수 있는 전략적 위치에 올라섰다는 자부심을 가진 자세를 보이고 있다.

나. 화성-14형 미사일 2차 시험사격 (2017.7.28.)

화성-14형 2차 시험사격은 2017년 7월 28일 23시 41분 자강도 무평리에서 발사되어 동해상에 낙하했다.

북한 중앙통신은 '7월 28일 밤 대륙 간 탄도로켓 화성-14형 2차 시험발사가 성공적으로 진행됐다. 화성-14형은 최대 정점 3,724.9km, 998km를 비행, 47분 12초 간 비행해 공해에 떨어졌다. 1차 시험발사 때 확증되었던 이탈특성, 계단 분리특성, 구조체계특성 등이 재 확증되었다. 수 천도의 고온조건 하에서도 전투부의 구조적 안정성이 유지되고 핵탄두 조종 장치가 정상 동작하였다는 것을 확증했다'고 했다.

다음날(7.29.) 김정은은 북한 중앙통신에서 '이번 시험발사를 통해 대륙 간 탄도로켓의 믿음성이 재 확증돼 임의의 지역과 장소에서 임의의 시간에 대륙 간 탄도로켓을 발사할 수 있는 능력이 과시되었으며 미 본토 전역이 우리의 사정권 안에 있다는 것이 입증되었다'고 했다.

화성-14형 미사일의 시험사격 결과를 북한의 발표와 전문가들의 분석내용을 종합해 보면, 사정거리가 미 본토에 도달할 거리가 되었다는 점에는 모두 동의하나 탄두의 대기권 재진입 기술에는 북한과는 달리하고 있다.

사정거리는 1차 시험사격 시에는 10,000km에 미달 되었으나 2차 시험사격 시에는 10,000km를 넘어섬으로서 미 본토까지의 ICBM 사정거리가 달성되었을 것으로 분석하고 있다.

〈화성-14형 탄도미사일 1차, 2차 시험사격〉(2017.7.4. / 7.28.)

구분	발사일시	고 도 (km)	비행거리 (km)	비행시간	발사장소	정상 각도로 사격 시 사정거리(km)
1차	7.4. 09:40	2,802	933	39분	구성,방현	9,000~10,000
2차	7.28. 23:41	3,724.9	998	47분	자강도 무평리	10,000km이상
차이	+922	+65	+8분			

화성-14형의 비행시간은 1차 때 보다 2차 때가 8분이 더 길어졌다.

길어진 8분간의 비행거리를 계산해 보면, 8분은 60분(1시간)의 13%이다.

ICBM의 속도를 시간당 28,000km를 감안하면 8분간 3,640km를 비행한다.

1차 시험사격 때 정상 각도로 사격 시 9,000~10,000km 비행할 것으로 분석했으므로 여기에 8분간의 비행거리를 더 해주면 12,600~13,600km가 된다.

이론상으로 화성-14형 탄도미사일의 사정거리는 10,000km가 넘을 것으로 분석된다. 미 본토까지의 ICBM은 달성되었다할 수 있다.

2차 화성-14형 시험사격 후 일본 아사히 신문보도는 '북한의 탄두 소형화와 ICBM 사거리 문제는 거의 해결됐으나 대기권 재진입문제는 아직 남아있다'고 했다. 미국 AP통신은 '재 진입기술 확보까지는 더 많은 실험이 필요하다'고 했다.

또 일부 전문가들은 북한이 지난 9월 3일 공개한 '땅콩형 수소탄' 크기가 실물이라면 탄두 중량은 600~750kg 정도로, 화성-14형 탄두에 장착 가능하다고 판단하고 있다.

이번 화성-14형의 탄도미사일 시험발사를 종합적으로 볼 때, 이론상 사정거리는 미 본토까지 도달 가능한 것으로 판단되나 정상 각도로 시험사격으로 실시되어야 확증될 것이고, 재진입문제 역시 고각발사 때와 정상 각도 발사 때의 재진입 환경이 다르므로 이 역시 정상 각도 사격으로 시험사격이 이루어 져야 확증될 것이다.

4. 화성-15형 탄도미사일 (2017.11.29. 발사)

2017년 11월 29일 03시 17분 이른 새벽에 평양 북방 30km 지점의 평성일대에서 기습적으로 탄도미사일 1발을 발사했다.

한국군은 발사 1분 만에 조기경보 통제기와 이지스함, 그린파인 레이더가 포착하여 그 비행궤적을 추적했다.

지금까지 북한의 탄도미사일 사격 중 최고고도인 4,500km까지 상승 했고 960km 떨어진 동해상에 낙하했다고 한국 합참이 보도했다. 이 보도만으로도 화성-14형 보다는 더 장거리 ICBM일 것으로 추정되었다.

가. 북한 방송의 '중대 보도' 및 영상 공개

이 날 12시 30분 북한방송의 '중대 보도'를 통해 발표한 보도문을 요약하면,

- 새로 개발한 대륙 간 탄도로켓 '화성-15형' 시험발사가 성공적으로 진행됐다.
- 김정은 동지는 '화성-15형'의 성공적 발사를 지켜보면서 '오늘 비로소 국가 핵무력 완성의 역사적 대업 로켓강국 위업이 실현되었다'고 선포했다.
- 대륙 간 탄도로켓 '화성-15형' 무기체계는 미국 본토 전역을 타격할 수 있는 초대형 중량급 핵탄두 장착이 가능한 대륙 간 탄도로켓이다.
- 지난 7월에 발사한 화성-14형보다 기술적 특성이 훨씬 우월한 무기체계다.
- 우리(북한)가 목표한 로켓무기체계 개발의 완결단계에 도달한 가장 위력한 대륙 간 탄도로켓이다.
- '화성-15형' 미사일의 정점고도는 4,475km, 사거리 950km를 53분간 비행해 공해 상 목표수역에 도달했다.
- 새로 개발한 화성-15형 미사일 무기체계의 전술 기술적 제원

과 동작 믿음성을 확정하는데 목적을 두고 최대고각 발사체제로 진행됐다.

- 이미 확정된 조종과 안정화기술 계단분리와 시동기술, 재돌입 환경에서 전투부의 믿음성들을 재확증했다.
- 새로 개발 완성한 9축 자행 발사대차와 발동기를 비롯한 모든 요소들을 100% 국산화 주체화하여 마음먹은 대로 대차를 꽝꽝 생산할 수 있게 됐다.
- 미사일 발사는 전적으로 미제의 핵 공갈 정책과 핵 위협으로부터 나라의 주권과 영토 완정을 수호하고 인민들의 평화로운 생활을 보호하기 위한 것이다.[7]

라고 북한 방송이 중대 보도를 통해 발표했다.

그 다음날(11.30.) 북한은 '중대 보도'로 발표한 화성-15형 미사일의 발사 장면을 담은 영상을 공개했다.

이 영상을 확인한 한국 합참은 '화성-15형 미사일은 외형상 탄두 모습, 1단 및 2단의 연결부분, 전반적 크기 등에서 이 전에 공개한 화성-14형과는 분명한 차이가 있다. 그래서 화성-15형은 새로운 탄도미사일로 평가된다'고 했다.

〈화성-14형과 화성-15형 탄도미사일〉

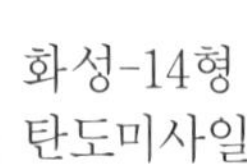 화성-14형 탄도미사일	

7) 완정 : 북한 사회과학 출판사가 출판한 '조선말 대사전 2권'에 "외래 제국주의 침략자들에게 강점되었거나 분리된 령토를 다시 회복하여 나라를 완전히 통일하는 것"이라고 풀이하고 있다.

화성-15형 탄도미사일	

나. 화성-14형과 화성-15형의 외형적 차이

화성-14형과 화성-15형 탄도미사일의 공개된 영상과 전문가들의 분석한 내용을 토대로 두 미사일의 외형상 차이점을 찾아보면 다음과 같다.

① 화성-15형의 일반적 외형의 크기가 화성-14형 보다 크다.

· 미사일의 길이가 2m 더 길다.

· 추진체의 직경이 30cm 더 크다.

· 1단과 2단의 추진체의 직경이 거의 같다.(화성-14형의 2단은 1단 크기보다 적다)

* 화성-15형 1,2단 추진체의 길이와 직경이 크므로 연료 충전양이 많아져 사정거리가 더 길어질 수 있다.

② 화성-15형의 1단 추진체의 엔진이 2개로 쌍둥이 형이다

③ 화성-15형 탄도미사일은 발사체 엔진의 '노즐'을 통해 방향을 조절하는 GIMBAL System을 이용하고 있다.(화성-14형은 보조엔진을 이용 방향을 조종하는 System이다)

④ 화성-15형의 탄두는 뭉뚝하다. 뭉뚝한 탄두는 대기권 재진입 시 열 분산으로 삭마를 감소시킨다.

⑤ 화성-15형의 차륜 수가 9축 18륜으로 늘어났다.(화성-14형은 8축 16륜이다)

⑥ 화성-15형 탄도미사일은 TEL에서 내려 수직으로 세워 발사 한다.(화성-14형은 TEL에서 직접 사격한다)

다. 관심사항에 대한 분석

지금까지 북한이 시험 발사한 탄도미사일 중 화성-15형 탄도미사일은 그들이 주장한대로 가장 위력한 ICBM이라할 수 있다.

여기서 우리가 간과할 수 없는 주요관심사항에 대해서 재검토해 보고자 한다.

① 화성-15형 발사체의 엔진 추력(ton/force)이다.

· 영상의 화염형태를 보면 액체연료 사용으로 보여 진다.

· 발사 궤적을 보면 최고 고도가 4,475km, 비행거리가 950km, 비행시간이 53분이다. 화성-14형과 비교해 보면 훨씬 강력한 발사체의 엔진임을 알 수 있다.

구 분	화성-15형	화성-14형(1차)
최고 고도	4,475km	2,802km
비행거리	950km	933km
비행시간	53분	39분
엔진 수	2개	1개+보조엔진 4개
추 력	160 톤(t/f)	100 톤(t/f)

· 전문가들은 사용된 엔진이 백두산 엔진 2개 또는 구소련의 RD-250 엔진 쌍둥이 엔진을 사용했을 것으로 추정하고 있다.

38노스는 RD-251엔진 또는 RD-180엔진이라고 주장하는 전문가도 있다고 했다.

· 어느 엔진이던 화성-14형은 1개의 엔진을 사용했고 화성-15형은 유사 추력의 엔진 2개를 사용했으므로 2배의 추력을 얻을 수 있을 것으로 추정된다.

〈화성-15형 추진체의 쌍둥이 엔진〉

* 추력이 배가 되면 사정거리도 연장되고 탄두 탑재중량도 증가 가능하다.

② 사정거리가 10,000km를 넘는 ICBM이다.

· 화성-14형의 사정거리는 약 10,000km로 추정했다.
화성-15형은 화성-14형보다 추력이 배나 됨으로 사정거리도 훨씬 길어질 수 있다.

· 화성-15형의 최고 고도가 4,475km이었다. 고각 사격을 하는 경우 최고 고도의 약 3배 정도의 사정거리를 추산한다. 이를 기본으로 계산해 보면 4,475km×3=13,425km가 된다.

· 화성-15형의 엔진 연소시간이 53분이였다. 일반적으로 ICBM의 속도가 음속의 23배인 경우 시간당 28,000km이다. 연소시간 만으로 비행거리를 계산해 보면 무려 20,000km를 넘는다.(28,000km/60분×53분=24,733km)

* 실제 화성-15형 미사일의 탄체 길이가 늘어나고 직경도 커졌음으로 연료의 충진 량이 증가됨으로 해서 사정거리가 길어진 것은 분명하나 탄체와 탄두 중량의 증가 등으로 거리

의 증가는 달라질 수 있다. 그러나 대략 계산으로도 최소한 10,000km는 넘을 것으로 추산이 가능하다.

미국의 참여 과학자연대(UCS)의 '데이비드 라이트' 박사는 '화성-15형의 사정거리를 13,000km 이상 비행 가능하다. 이는 미국의 대도시 등 대형 표적을 타격 가능할 것이다'라고 했다.[8)]

그리고 한국 국방부도 2017년 12월 1일, 국회 국방위에서 '화성-15형이 정상 각도로 발사 시 13,000km이상 비행 가능하다'고 했다.

③ 탄두 중량을 1톤으로까지 증가시킬 수 있을 것이다.

· 탄두 중량에 관심을 두는 것은 핵탄두 탑재 여부가 결정되기 때문이다.(핵탄두가 소형화된 국가는 500kg이하도 탑재한다.)

· 화성-14형의 탄두 탑재 중량은 500~600kg 정도가 가능할 것으로 추정 판단했다. 화성-15형은 탑재 가능 중량이 화성-14형보다는 증가되었을 것으로 판단되어 전문가들은 약 600kg~1,000kg의 탑재가 가능하다고 판단하고 있다.

그러나 일부 학자들은 사거리 연장을 위해 탄두 중량을 감소시켜 사격했을 것으로 추정하는 측도 있으나 1단 추진체의 엔진을 2개 사용했음이 확실시됨으로 탄두 중량을 감소시켜 사정거리를 연장시켰다는 주장은 설득력이 없게 되었다.

④ 대기권 재진입 기술의 확보 여부다.

대기권 재진입 기술을 북한이 확보 했는지 여부는 확증할 수

8) 중앙일보, 2017.12.4.

없다. 물론 북한은 이번 화성-15형 미사일 시험발사 후 발표문에서 4,000km가 넘는 고고도의 재돌입 환경에서 탄두의 신뢰성을 재 확증했다고 발표하고는 있으나 정상 각도에서 사격해야만 확증이 가능하기 때문이다. 일부 미국의 전문가는 낙하 시 탄두가 파괴되었다는 주장도 제기했다. 북한이 재진입 기술의 확보가 어렵다고 판단되면 대기권 재진입 이전에 '핵 EMP'로 미국에 타격을 가할 수도 있을 것이라는 주장도 있다.

그리고 북한의 핵미사일 개발 속도를 보면 그리 멀지 않은 장래에 재진입 기술을 확보랄 수 있을 것이라는 주장도 있다.

여하튼 북한의 도발에 대응해야하는 한·미의 입장에서는 북한의 재진입 기술이 임박했다면, 확보되었다는 전제로 대비하는 것이 더 중요하다.

지금까지 화성-15형 미사일에 대해서 분석 해본바와 같이 북한은 핵무력을 완성했다고 선언하고 있다. 이제 실전배치만 남았다는 뜻일 것이다. 그러나 북한으로서는 실전배치까지는 실제적으로 해결해야 될 문제도 있을 것이다.

재진입문제는 실 사거리사격으로 시험해야할 것이고, 미국에 더 위협을 가하려면 다탄두를 개발해야 하고, 또 제2격으로 가장 신뢰성 있는 핵잠수함(SLBM)도 개발해야할 것이다.

이와 같은 문제를 해결하는 데는 막대한 예산과 시간이 소요된다. 그러나 미국을 위시한 국제사회의 제재와 압박은 날로 강화 되고 있으므로 북한으로서는 큰 딜레마에 빠질 가능성도 배제할 수 없다.

김정은이 어렵사리 이룩했다는 소위 '핵무력 완성'은 미국에 의해 오히려 파멸을 초래할 수도 있다.

〈화성-15형과 화성-14형 탄도미사일의 제원〉

구 분	길 이	추진체	1단엔진수	1단 추력	TEL	비행시간	사정거리
화성-15형	21m	2단	2개	160tf	9축18륜	53분	13,000km
화성-14형	19m	2단	1개	100tf	8축16륜	39/47분	10.000km

라. 화성-15형 탄도미사일 개발이 한국 안보에 미치는 영향

화성-14형 탄도미사일 시험사격이 성공한 후, 탄두 중량과 사거리면에서 한 단계 상향된 화성-15형의 시험사격까지 성공했다. 다만 재진입 기술 문제가 확증 되지 못하고는 있으나, 장차 북한은 ICBM탄도미사일에 대 위력의 핵탄두를 탑재하고 미국 본토의 대도시 어느 곳에나 타격할 수 있는 능력을 갖게 된 것은 확실시 된다.

이렇게 되는 날이 오면 북한 김정은이 2018년 신년사에서 '미국은 북한을 어쩌지 못 할 것이다'라고 말했듯이 미국 본토 위협으로 미국을 견제할 능력을 갖는 것이 북한의 ICBM 개발 목적임을 확실히 한 것이다. 이렇게 북한은 한국의 동맹국인 미국을 견제할 수 있게 되면 다음 수순은 바로 한반도를 적화통일 하겠다는 것이 북한의 소위 '한반도 적화통일 핵전략'이다.

이제 북한은 미국을 핵으로 위협할 수 있는 운반수단인 화성-14형 및 화성-15형 ICBM 탄도미사일을 개발하여 시험사격에 성공하게 되었다는 사실이다.

앞으로 북한이 미 본토를 타격할 수 있는 ICBM을 실전배치할 때 북한의 핵문제는 한국만의 문제가 아니라 미국의 문제이기도 하다. 그러므로 핵이 없는 우리로서는 미국의 핵우산 하에서 미국과 더불어 북한의 핵을 일단 견제하는 것이 최상의 전략이다.

우리는 북한이 핵 ICBM 미사일을 실전배치하여 미국을 위협 견제할 전력을 갖추기 이전에 우리는 미국과 함께 일사분란하게 북한의 비핵화를 달성해야할 절박한 시점에 도달했다고 할 수 있다.

이처럼 북한의 화성-15형 탄도 미사일 개발 성공은 우리의 국가안보에 중대한 영향을 미칠 수 있음을 인식하고 철저한 대비책 마련이 요망된다.

5. 기존의 북한 ICBM (KN-O8, KN-14)

북한은 2012년 4월과 2015년 10월의 군사열병식에 8축 16륜의 대형 트레일러에 실린 17m~20m의 대형 미사일을 등장시켜 ICBM의 개발을 과시했다. 외형적으로 볼 때 지금까지 보지 못했던 대형 탄도미사일이라 ICBM급으로 보였으나 아직까지 시험사격을 한 적이 없으므로 전시용일 수도 있다는 주장도 있었다.

2017년 3월 15일 김정은이 각종 탄도미사일의 시험사격을 실시하라는 지시에 따라 각종 미사일의 시험사격이 계속 이어졌으나 KN-08과 KN-14의 시험사격은 없었다.

최근 보도는 KN-08과 KN-14의 1단 발사체 엔진이 무수단 엔진 2개를 집속시켜 만들어졌음으로 이 무수단 미사일의 시험사격이 2016년에야 실시되었으며 그것도 연거푸 실패함에 따라 KN-08과 KN-14의 시험사격을 할 수 없었을 것으로 추정된다고 했다.

또 무수단 엔진보다는 성능이 월등한 '백두산 엔진'의 개발로 화성-14형과 화성-15형 미사일의 시험사격 성공으로 장차 북한의 ICBM은 화성-14, 15형 미사일 시리즈로 KN-08과 KN-14를 대신하게 될 것으로 전망된다.

그러나 화성-14형과 화성-15형 미사일이 실전배치될 때까지 외형상으로라도 ICBM의 임무는 KN-08과 KN-14가 담당할 것이므로 이들 ICBM에 대해서 알아본다.

가. KN-08 ICBM (3단 로켓)

2012년 4월 13일, 은하3호(1차) 시험발사가 있었으나 실패하고 그 이틀 후인 4월 15일 태양절(김일성 생일) 기념 군사 퍼레이드에 16개 차륜의 대형 트레일러 위에 탑재된 길이 20m, 직경 2m의 ICBM급 신형 탄도미사일 6기를 공개했다.

서방측에서는 이 미사일을 'KN-08'로 명명했고, 중국의 'DF-31', 러시아의 'SS-27' 신형 ICBM과 유사점이 있다고 보았다.

길이와 직경, 3단 로켓인 점을 비롯하여 여러 가지로 분석한 결과 사정거리는 5,000~6,000km에 이를 것으로 판단했다.

〈KN-08, DF-31, SS-27, 미사일 제원 비교〉

미사일	트레일러	단 수	길이	직경	사정거리	연료	탄두중량	총 중량
KN-08	16륜	3단	20m	2m	5,000~ 6,000km	액체	750~ 1,000kg	40~45 톤
DF-31	〃	〃	13m	2.475m	8,000km	고체	〃	42톤
SS-27	〃	〃	22.7m	1.84m	10,459km	〃	〃	47톤

KN-08 탄도미사일의 총중량이 40~45톤에 이르므로 이를 탑재하고 발사할 수 있는 이동식 차량 시스템을 갖춘 대형 운반차량 제작이 쉽지 않아 결국 중국의 임업용 목재운반차량(WS 51200)을 도입하기로 하고 중국의 차량 제작회사에 목재 운반용으로 사용한다고 6대를 주문하여 이를 KN-08 이동발사대로 개조하여 4.15 군사 퍼레이드에 선보인 것이다.

KN-08 탄도미사일은 아직 시험발사를 한 적이 없고 은하3호(2차) 시험발사 후에 2014년 3월까지도 동창리 시험장에서 엔진 시험을 실시하고 있는 것이 군사위성에 포착되고 있을 뿐이다.

미 정보당국이 동창리 시험장에서 여러 차례 실시한 KN-08 탄도미사일의 엔진 연소시험 때 발생한 그을음과 연소시간 등을 분석해 본 결과 당초 알려진 사정거리 5,000km~6,000km 보다 훨씬 긴 12,000km에 달해 미 본토를 공략할 수 있다고 추정했다.

그리고 KN-08탄도미사일은 이동식 발사대에 탑재되어 있으므로 북한 전 지역의 도로상에서 발사가 가능하므로 이 ICBM의 위치 추적은 쉽지 않을 것으로 판단되고 있다. 지금까지는 미 본토까지 사정이 닿는 북한의 탄도미사일이 없었다고 안심했던 미국이 이때부터는 북한의 ICBM의 위협에 대비하지 않을 수 없게 되었다.

나. KN-14 ICBM.(2단 로켓)

2015년 10.10. 북한 노동당 창건 70주년을 기념하는 열병식에 KN-14 ICBM 탄도미사일이 처음 등장 공개 되었다.

대형 트레일러(KN-08을 탑재했던 WS 51200)에 탑재된 KN-14 탄도미사일은 일견 KN-08 탄도미사일과 유사하게 보였다. 그러나 자세히 보면 길이가 3m나 짧아 졌고 직경도 30cm 줄어들었다. 특히 탄두의 모양이 뾰족하지 않고 뭉뚝해진 것이 눈에 띄고 추진단계도 2단계로 줄어들었다.

그래서 외형으로 볼 때 소련의 R-29(SS-N-8)와 유사하다고 전문가들은 말했고 KN-08의 개량형으로 추정하기도 했다.

〈KN-14 / KN-08 /R-27 미사일 제원〉

구 분	길 이	폭	단	연 료	탄 두	트레일러	사정거리
KN-14	17m	1.5m	2단	액체	뭉뚝	8축16륜	6,000~9,400km
KN-08	20m	2.0m	3단	〃	뾰족	〃	12,000km
R-29	14.8m	1.9m	3단	〃		잠수함	8,300km

그러나 KN-14 미사일이 2015년 처음 등장한 이래 지금까지 시험사격을 하지 않은 것은 KN-08과 같은 이유로 시험사격을 유보하고 있는 것으로 추정하고 있다.

장차 KN-14 미사일 역시 북한 ICBM의 임무를 화성-14형과 화성-15형 ICBM로 대체될 것이라는 것이 전문가들의 지배적 견해이다.

〈KN-08/ KN-14 탄도미사일〉

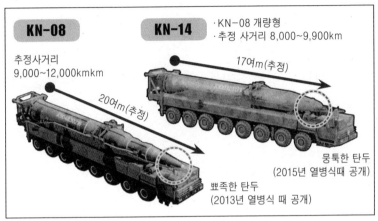

제6절 북한의 ICBM과 SLBM 개발 의도

1. 북한의 3대에 걸친 탄도 미사일 개발

북한의 김일성시대부터 핵개발과 동시에 이를 운반할 수 있는 탄도 미사일을 개발하기 시작하여 김정일 시대에 SCUD, 노동, 대포동, 무수단 탄도 미사일에 이르기 까지 개발해 왔다.

김정은 시대(2011년 이후)에 와서는 탄도 미사일 사정거리를 더욱 연장하여 무수단(2,500km), 화성-12형(3,500km), 화성-14형(10,000km), 화성-15형(13,000km)까지 IRBM과 ICBM을 완성했다. 그리고 잠수함에서 발사할 SLBM 북극성-1형

(2,500km) 까지 완성하고 더 장사정의 북극성-3형의 완성도 목전에 두고 있다.

이렇게 김정은 시대에 와서는 한반도 유사시 한국을 지원할 미국의 지원기지인 일본 본토, 오키나와, 괌도 까지 일단 탄도미사일 사정거리에 넣고는 나아가 지금은 하와이와 미국 본토까지 타격할 수 있는 ICBM 완성과 SLBM 개발을 앞두고 실전배치를 서두르고 있는 상황이다.

2. 북한의 ICBM 과 SLBM의 개발의도

김정은은 2018년 신년사에서 "미국 본토 전역이 우리 핵 타격 사정권 안에 있다" 그리고 "핵탄두와 탄도미사일을 대량 생산하여 실전배치하는 사업에 박차를 가해 나가야한다"고 실전배치를 서두르고 있다. 또 "우리에게 강력한 전쟁 억제력이 있는 한 미국은 우리를 상대로 전쟁을 걸어오지 못할 것이다"라고 하고, "핵 단추는 나의 사무실 책상 위에 항상 놓여 있다는 것, 이는 결코 협박이 아니라 현실임을 똑바로 알아야 한다"고 미국을 직접적으로 협박하고 나서는 것을 보면, 북한이 왜 국제적인 최고의 압박과 북한 내부의 경제적 고난 속에서도 그토록 ICBM과 SLBM에 집착하고 있는가 하는 그 의도를 알 수 있을 것 같다.

미 본토의 시민을 위협할 수 있는 핵탄두를 운반할 수 있는 수단이 바로 ICBM과 SLBM이다. 이 수단이 없으면 대 위력의 수소탄이 있어도 미 본토에 위협을 가할 수 없을 것이다.

북한이 ICBM과 SLBM을 실전배치하여 수소탄으로 미 본토 시민을 위협함으로써 미국으로 하여금 한국의 방위에서 손을 떼게 하기 위한 것이 북한의 의도이고 핵전략이다.

우리는 이제 북한의 수소탄과 ICBM, SLBM 실전배치에 대한 대비책 강구가 시급히 요구 되고 있다.

第7장 북한의 핵전략

북한의 핵전략은 북한의 국가 목표 달성을 위한 전략이다.

북한의 국가 목표가 1948년도부터 '무력에 의한 한반도 적화통일'이었다. 핵이 개발되면서부터는 자연스럽게 '핵무력에 의한 한반도 적화통일'로 바뀌게 된다. 그러므로 북한의 핵전략은 바로 '한반도 적화통일 핵전략'이라 할 수 있다. 이 전략은 북한 인민군대 창설로 부터 북한 정부수립의 정강정책, 노동당 당규에 명시하고, 김일성 시대부터 김정일 시대, 김정은 시대, 3대에 이르기까지 변함없이 '한반도 적화통일 핵전략'을 지금껏 이어오고 있다.

第1절 김일성 시대의 핵전략

핵무기가 없었던 김일성 시대 초기에는 재래식 무기로 한반도를 공산화하겠다는 '무력에 의한 적화통일 전략'으로 시작되어 김일성은 1948년 2월 8일, 북한 인민군대 창설식에서 "……해방 후 2년이 넘는 오늘에 이르기까지 우리 조국의 완전 자주독립은 지연되어 왔으며……, 오늘 우리가 인민군대를 가지게 된 것은 우리 조국의 민주주의 완전 자주독립을 일층 촉진시키기 위해서입니다."[1]라고 했다. 즉 남한을 공산화 통일하기 위해서 인민군을 창설하는 것이라고 명확히 밝혔다.

그리고 김일성은 북한 공산당인 노동당을 창당하고, 그 노동당규 전문에 '노동당의 최종목적은 한반도 전체를 공산주의 사회로 건설하는데 있다'고 명기했다.

이처럼 김일성 시대는 한반도 적화통일을 달성하기 위해 무력으로 달성하겠다는 목표로 인민군대를 창설하여 남한보다 우세한 전력 확보를 위해 중국과 소련으로부터 많은 인력과 장비를 지원받아 무력으로 적화통일을 준비하고 있었다.

1950년 6월 25일, 미명에 불법 남침을 개시하여 1개월여 만에 대구와 부산을 남겨놓은 낙동강까지 진출하여 남한 전역을 거의 석권했다.

그러나 미군과 UN군의 참전으로 반격이 개시되어 38선을 돌파하고 압록강 두만강까지 거의 도달했을 때 100만의 중공군 참전으로 UN군은 철수할 수 밖에 없었다.

이때 미국 '트루먼' 대통령이 중공군의 개입에 대해 '핵무기 사용도 고려할 수 있다'[2]고 했다는 언론 보도가 나왔을 때 김일성은 "미국이 핵사용을 하면 우리는 끝장이다"라고 했을 만큼 미국

1) 북한 인민 군대사 (장준익 저) p.20.
2) 朝鮮戰爭 7, p.12.

의 핵무기 사용에 공포감을 가지고 있었다.

1953년 7월 27일, 휴전이 된 다음, 김일성은 6·25 남침 전쟁 당시, 한국이 보유하지 못한 신무기인 전차를 앞세우고 우세한 전력으로 남침을 했으나 재래식 무기로는 한계가 있음을 실감하고 휴전 후 핵개발에 착수하여 핵 기술자 양성과 핵연구 시설들을 도입하기 시작했다.

한국은 1975년도 미국의 '닉슨 독트린'에 의해, 한국을 방위하고 있던 미 제7사단이 철수하고 잔여 미 제2사단도 몇 년 후에 철수할 것이라고 통보되자 당시 박정희 대통령은 주한미군의 철수에 대비하고 자주국방을 위해 핵무기를 개발할 수 밖에 없다고 공개적으로 '핵무장'을 외국 언론에 밝혔다.

박대통령의 핵개발 선언에 놀란 미국은 '슐레신져' 국방장관을 한국으로 보내 "주한 미 제2사단의 철수를 중단할 것"이라고 발표하고, "만일 북한이 다시 남침을 하게 되면 미국은 즉각 핵무기로 응징할 것"[3]이라고 강력한 대북 경고를 발했다.

이때 김일성은 또 한 번 미국의 핵사용 경고에 위협을 느끼고 북한의 핵개발을 독려한 것으로 알려졌다.

1980년부터 북한은 독자적으로 '실험용 원자로' 제작을 시작하여 1986에 완공, 가동에 들어가 1989년도에는 이 원자로(50MWe)에서 무기급 플루토늄을 생산하기에 이르렀다.

1980연대 중반부터 핵개발에 직접 관여해온 김정일은 "김일성 대에 핵개발을 완료하자"고 독려하고 나섰다. 그리고 80년대 말부터 불어 닥친 동구 공산권의 몰락과 소련이 붕괴되는 모습을

3) 북한 핵위협 대책 (장준익 저) p.62.

보고 북한 체제를 유지하기 위해서는 조속히 핵무기를 완성해야 한다는 조바심으로 핵개발을 독려하여 1980년대 말 내지 1991년 초 경에는 조잡하긴 하나 제1세대 형 플루토늄 핵폭탄을 완성하기에 이르게 되었다.

1992년도에는 북한의 동맹국이요 후원국이었던 중국과 소련이 한국과 수교할 때 김정일은 "믿을 것은 핵무기밖에 없다"고 한탄할 만큼 북한 체제 유지는 핵무기에 의존할 수 밖에 없는 상황에 이르렀다.

이처럼 김일성 시대 초기에는 핵이 없었으므로 재래식 '무력에 의한 한반도 적화통일전략'이었으나 핵이 개발되면서부터는 '핵무력에 의한 한반도 적화통일전략'으로 바뀌게 되었다.

제2절 김정일 시대의 핵전략

1994년도에 북한의 핵개발로 인한 핵 위기가 고조되어 미국이 북한의 핵시설에 대한 북폭을 준비하는 등의 소위 제1차 핵 위기가 고조되고 있었다. 이때 미국의 카터 전 대통령의 방북으로 일단 해소되어 북한은 제네바에서 미국과 핵협상을 진행하고 있었다.

이 시기에 김일성의 급작스런 사망으로 김정일이 대를 잇게 된다. 김일성 사망 후에도 회담은 진행되어 1994년 10월 21일, 미·북간 합의에 이르게 되어 '북한의 핵시설은 모두 동결되고, 대신 1,000Mwe 경수로 2기를 제공하고 첫 번째 경수로가 완성될 때까지 매년 50만 톤의 경유를 제공한다'고 합의했다.

이 합의에 따라 북한은 핵개발을 포기한 것으로 국제사회가 믿고 제네바 합의에 따른 경수로 건설과 경유가 제공되고 있는 수년간 김정일은 새로운 '농축 우라늄 프로그램'을 비밀리에 진척시키고 있었다. 이처럼 김정일은 핵개발에 김일성보다 더 집착하고 있었다.

2002년 미국은 미·북간의 합의를 깨고 비밀리에 농축 우라늄을 개발하고 있음을 확인하고, 북한에 제공하는 중유 공급을 중단하고 경수로 건설도 중단하게 되었다. 이렇게 되자 북한은 IAEA를 탈퇴하고 한반도 제2위기가 조성하게 된다.

2003년 4월 6일, 북한 외무성 대변인은 "그 어떤 첨단무기에 의한 공격도 압도적으로 격퇴할 수 있는 막강한 군사적 억제력을 갖추어야만 전쟁을 막고 나라와 민족의 안전을 수호할 수 있다는 것이 이라크 전쟁의 교훈이다."라고 했다. 이 외무성 대변인의 성명처럼 미국의 첨단무기를 격퇴할 수 있는 억제력은 바로 핵무기 보유에 있다고 믿고 있는 김정일은 북한의 체제와 정권의 안전을 보장할 핵무기와 핵 투발수단인 탄도미사일 개발에 박차를 가했다.

김정일은 이미 김일성시대에 완성한 SCUD와 노동미사일보다 사정거리가 더 연장된 무수단 미사일과 대포동-1호 미사일 개발에 박차를 가하고 있었다. 2005년도에는 핵 보유 선언을 하고 2006년 10월 9일, 북한 최초의 핵실험을 실시하여 국제사회에 핵과 투발 수단 보유를 과시하고 나섰다.

김정일은 이에 만족하지 않고 더 장거리 탄도미사일 개발시험사격으로 2009년 4월 5일, '은하2호' 3단 로켓에 인공위성(광명성-2호)을 탑재 발사하였으나 인공위성 궤도 진입은 실패하고, 3단로켓은 분리에 성공, 3단은 3,846km 해상에 낙하함으로서 정상사격 시는 약 6,000km 비행이 가능할 것으로 추정되어 ICBM 개발에 다가 가고 있는 것으로 미 정보 당국은 추정했다.

그리고 1개월여 후인 2009년 5월 25일, 제2차 핵실험(핵위력 3~4kt)을 실시하여 1차 핵실험 때 보다는 3~4배 높은 위력의 실험이었다.

이렇게 김정일은 두 차례의 핵실험과 IRBM 개발 수준까지는 거의 도달했으나 미 본토까지 도달할 ICBM 개발에는 미치지 못하고, 미군의 발진기지인 일본 오끼나와 및 미군 괌 기지까지 도달 가능한 핵·미사일을 개발하는 수준에 이르게 됨으로서 한반도 유사시 미군의 지원을 견제하고 '핵무력에 의한 한반도 적화통일 전략'이 달성 가능하게 될 단계까지 발전시키고 있었다.

제3절 김정은 시대의 핵전략

2011년 12월 17일, 김정일이 사망하고 김정은이 대를 이었다.

김정은이 집권한지 불과 6년 사이에 4차례의 핵실험에 성공하고 또 새로운 4종의 탄도미사일을 개발, 시험사격에도 성공했다.

특히 핵실험에서는 4, 5차 핵실험은 증폭탄 핵실험이었고, 제6차 핵실험은 150kt 내지 250kt 위력까지 추정되는 수소탄 실험에 성공했다. 그리고 탄도미사일의 사정거리가 미국의 괌 기지까지 도달할 수 있는 '화성-12형' IRBM은 실 사격으로 확증했다.

미 본토까지 도달할 '화성-14형' ICBM 과 '화성-15형' ICBM 시험사격도 모두 성공했다.

또 잠수함 탄도미사일 '북극성-1형' SLBM 시험사격도 성공하고, '북극성-1형' SLBM보다 더 장사정인 '북극성-3형' SLBM의 시험사격이 임박했다는 보도도 있다.

김정은 시대에서 북한의 핵전략은 김정일 시대의 '핵무력에 의한 한반도 적화통일' 핵전략에 추가하여 수소탄 핵탄두를 탑재한 ICBM까지 완성되었다는 단계까지 도달되었다고 할 수 있다.

다만 김정은이 2018년 신년사에서 "이제 핵탄두와 ICBM 대량 생산에 박차를 가해야겠다"고 언급한 것처럼 북한은 핵탄두와 ICBM을 실전배치하는 수순만 남겨놓고 있다고 할 수 있다.

물론 실전배치까지는 많은 자금과 시간이 필요할 것으로 판단된다. 그러나 실전배치 되는 날이 오면, 미 본토에 직접적인 위협으로 한반도 유사시 미국이 한반도 방위에서 손을 떼게 하는 소위 "핵무력에 의한 한반도 적화통일" 핵전략이 완성단계에 이르게 될 수 있을 것이다.

오늘날 김정은의 핵전략이 미국으로 하여금 한반도 유사시 미국 본토의 안전을 위해 한국 방위에 손을 때게 하고, 한반도를 적화통일 하겠다는 핵전략임을 확인한 우리로서는 이에 확고히 대비하는 대비책 마련이 시급한 시점이다.

제8장 우리의 핵개발능력

오늘날 우리의 핵개발능력을 판단하기 위해 1970년대 박정희 대통령의 핵개발 역사를 더듬어 보고 또 외국의 핵 전문가가 보는 우리의 핵개발능력 평가를 참고로 하여 우리의 핵개발능력을 진단해 보고자 한다.

제1절 박정희 대통령의 핵개발 역사

박정희 대통령은 1970년대에 북한의 침공을 저지하기 위해 자주국방의 일념으로 두 차례에 걸쳐 핵무기 개발을 시작한다. 1972년부터 시작된 제1차 핵개발 계획은 1976년 초에 계획된 주한미군 철수 중단을 담보로 핵개발을 일단 중단한다.

그리고 1976년 말 카터 대통령의 당선으로 전술핵무기와 미 제2사단의 철수 주장으로 한국의 안보에 위기가 예상되자 박 대통령은 다시 제2차 핵개발을 시작한다.

1. 제1차 박 대통령의 핵개발 계획 (1970~1976)

제1차 핵개발계획은 닉슨 대통령의 대외정책 발표와 1970년 주한 미 제7사단의 철수로부터 시작된다.

가. 제1차 핵개발의 배경

1969년 7월 25일, 미국의 닉슨 대통령은 아시아에 주둔하고 있는 미군을 모두 철수시키겠다는 대외정책(Nixon Doctrine)을 발표했다. 이 발표에 박 대통령은 만일 주한미군이 철수하게 되면 한국군 단독으로 북한의 침공을 억제할 수 있을 것인가에 대해 심각하게 고민하게 되었다.

1969년 당시 한국에는 주한미군 2개 전투사단(미 제2 및 제7사단)이 수도 서울 북방의 서부전선을 담당하고 중 동부전선은 한국군이 담당하고 있었다. 그리고 한국군 약 3개 사단은 월남에 파병되고 있었다. 주한 미군의 총병력은 5만 여명에 달했고 이 병력이 한반도에서 북한의 도발을 억제하는 핵심전력이었다.

이때만 해도 한국군 장비는 모두가 미국의 군원 장비였고 소총을 포함한 국산장비라고는 하나도 없었다.

그러나 북한은 1962년 12월 '경제개발에 투자를 일시 유보하고 군사력 강화에 총력을 기울이겠다.'는 소위 '국방에서의 자위' 정책으로 군 현대화에 박차를 가해 연대급 장비는 모두 북한에서 생산된 무기로 장비하고 있었다. 또 소련으로부터 당시로서는 신무기인 SA-2 지대공 미사일, STYX 함대함 미사일, FROG-5 지대지 로켓 등을 지원받아 전방에 배치하는 등 한국군 전력보다 월등히 앞서고 있어 한국 안보에 큰 위협이 되고 있었다.

1970년도의 남북한 경제지표 역시 한국의 1인당 GNP 574$에 비해 북한은 750$로 한국보다 앞서고 있었다.

그리고 이보다 1년 전인 1968년 1월 21일, 김신조 일당의 북한 특수부대원 31명이 박 대통령 시해 목적으로 휴전선을 은밀히 돌파 청와대 앞까지 침투하였으나 모두 사살(1명 생포)되는 사건이 발생하였고 또 1968년 12월 9일, 120명의 특수부대원들이 해상으로 삼척, 울진지역에 침투하는 등 한국 국내에 혼란을 야기 시키고 있었다.

이처럼 북한으로 부터 군사적 위협이 점증되고 있는 상황에서 주한미군의 철수문제 제기는 한국 안보에 충격을 안겨줄 수밖에 없었다.

같은 시기 미국은 월남전에 50만 명이 넘는 병력을 투입했음에도 1968년 1월 30일, 소위 '구정 공세'로 월남의 수도 사이공을 비롯한 주요 도시들이 기습공격을 당해 한때 큰 위기에 몰렸다. 이러한 시기에 월남전을 조기에 종결시키겠다는 선거 공약으로 대통령에 당선된 닉슨 대통령은 괌도에서 '아시아 국가들은 스스로 자기나라의 안보를 담당하고 아시아 주둔 미군을 철수시키겠다'는 요지의 'Nixon Doctrine'을 발표하게 됐다.

이렇게 미국은 월남에 파병된 미군과 한국을 포함한 아시아 지역에 주둔하고 있는 전 미군을 철수시키겠다는 미국의 대외정책은 북한에게는 남침의 호기로 판단할 것이라는 것을 누구보다도 잘 알고 있는 군통수권자인 박 대통령은 어떻게 하면 북한의 남침 야욕을 억제하고 국가를 수호할 것인가라는 고민에 빠질 수밖에 없었다.

이때부터 박 대통령은 핵개발 구상과 함께 국산무기 개발로 우선 한국군의 전력부터 증강시켜 우리 스스로 나라를 방위할 수 있는 자주국방의 힘을 길러야겠다고 결심했다.

그리고 핵무기 개발은 하루아침에 되는 것이 아니므로 우리가 핵을 개발하고 있다는 것만으로도 전쟁억제력을 가질 수 있음으로 핵개발기술이라도 지금부터 확보해 보자는 원대한 구상이었다.

이때만 해도 핵개발은 미래의 원대한 구상이었고 당장 다급한 것은 안보문제였으므로 외교적으로 미국에게 '선 안보조치, 후 철수'를 요청하고 있었다.

그럼에도 1970년 6월 닉슨 행정부는 주한 미 제7사단을 철수하겠다고 일방적으로 통고해왔고 철수 일정까지 구체적으로 발표해 왔다. 1단계로 1970년 10월까지 미 제7사단 12,000명을, 2단계로 1971년 3월까지 잔여 8,000명을 단계적으로 철수하겠다고 했다. 그리고 2개월 후인 1970년 8월 에그뉴(Spiro T. Agnew) 부통령은 박 대통령에게 '5년 내에 나머지 주한 미군을 완전 철수 시키겠다'고 통보해 왔다.

미 제7사단의 철수계획을 보고 받은 박 대통령은 1970년 8월 6일, 국방개발원(ADD)을 설립하고 군 무기부터 국산화하도록 지시했다.

실제 주한 미 7사단은 계획대로 1970년 12,000명이 먼저 철수했고 1971년 3월에 8,000명이 추가 철수함으로서 미 제7사단 2만 명은 완전히 한국에서 철수했다.

미 제7사단의 철수를 지켜본 박 대통령은 지금까지 '핵개발 구상'에 머물렀던 구상이 우리 스스로 국가를 수호할 자주국방의 길로 가는 지름길은 핵개발 밖에 없다는 판단으로 이제는 실제적인 핵개발을 하기로 결심하게 된다.

나. 핵개발 계획의 지시와 준비조치

휴전 이래 서부전선 제1선(휴전선)에 미 제2사단을 배치하고 미 제7사단은 제2선(동두천 지역)에 배치하고 있었는데 미 제7사단의 철수로 1970년부터 휴전선에 한국군부대로 재배치하고 아울러 지금까지의 대 침투작전 위주에서 정규전 태세로 전환하여 북한의 침공에 우리군 스스로 대비하는 한편 '한국군 현대화 5개년 계획(1971~1975)을 수립하고 무기 국산화로부터 전력 증강에 착수하는 한편 5년 내에 미 제2사단까지 철수할 때를 대비하여 박 대통령은 핵개발의 구체적인 추진을 위해 1971년 중반부터 다음 4가지를 조치했다.

① 1971년 6월 원자력 연구소 소장을 역임한 후 한국과학기술연구소(KIST)장을 맡고 있는 핵 전문가인 최형섭 박사를 과학기술처 장관으로 임명했다.
② 1971년 8월 핵 전문가인 윤용구 박사를 원자력 연구소장으로 발탁하여 핵연료 제조와 재처리기술을 개발하라고 지시했다.
③ 1971년 11월 청와대에 경제 제2수석실을 신설하고 경제수석에 오원철(화공학 전공)박사를 임명하여 군 현대화 계획과 방위산업을 전담케 했다.
④ 오원철 수석을 통해 ADD에 유도탄 개발을 검토해 보도록 지시(71년말)했다.

이렇게 박 대통령은 미 제7사단 철수 이후부터 핵 전문가인 최형섭 소장을 과학기술처 장관으로 승진 발령하면서 비밀리에 박 대통령과 핵개발에 관해 깊은 대화가 오갔을 것으로 추정된다. 이런 추정이 가능한 것은 과학기술처장관으로 임명된 후 활동을 보면 원자력연구소의 연구개발을 지원하기 위하여 국내외로 그 활동을 넓혀가고 있음에서 알 수 있다.

청와대에 경제 제2수석실을 신설한 것은 시작된 방위산업(한국군 현대화 5개년 계획)을 전담하고 아울러 핵개발 추진을 총괄시키기 위한 구상으로 화공학을 전공한 오원철 수석을 임명한 것이고 임명장을 수여하는 자리에서 비밀리에 핵개발 계획을 수립하라고 지시했다. 그리고 1달 후인 1971년 12월 오 수석에게 미사일 능력도 가져야한다고 지시했다.[1)]

1972년 초 박 대통령은 청와대에서 김정렴 비서실장과 오원철

1) The Park Chung Hee Era. p.489.

경제 제2수석을 불러 '우리는 평화를 지키기 위해 핵무기가 필요하다. 핵무기 개발기술을 확보하라'고 정식으로 핵개발을 지시했다.

사실 오원철 수석은 경제 제2수석으로 임명장을 받을 때(1971년 11월) 이미 박 대통령으로 부터 '핵개발 계획을 수립하라'는 지시를 받은 바 있었으므로 그때부터 복안을 수립해 왔었는데 이날 정식으로 대통령으로 부터 지시를 받았으므로 오 수석은 핵개발의 총괄 책임자로서 핵개발 계획 수립을 위해 먼저 원자력연구소장과 ADD소장을 만나 깊이 논의했다.[2)]

이때 ADD에는 핵무기의 기본설계와 투발수단에 대한 계획을 수립 하도록 하고 원자력연구소는 핵연료개발기술과 재처리기술 획득을 위한 계획을 수립하도록 지시했다.[3)] 그리고 보안유지를 위해 핵개발과 연관 있는 7개소(원자력연구원, 한국과학기술연구소, 국방과학연구소 등)의 연구기관에 각각 연구 과제를 분산 지시하고 비밀리에 보고하도록 했다. 각 연구기관에서는 무엇을 하는지 모르고 다만 청와대에서 지시된 프로젝트이므로 연구에만 열중했다.

청와대는 각 연구기관에서 보고된 프로젝트를 통합함으로서 전체적인 핵개발계획을 알 수 있게 되도록 보안을 유지했다.

이때 각 연구기관에 지시된 프로젝트의 내용은 오 수석이 대통령에게 보고할 기본 핵개발 계획을 수립하는데 필요한 자료를 획득하는 일차적 목적이었던 것으로 추정된다.

---

2) 앞의 책 p.488.
3) 앞의 책 p.490~491.

다. 대통령에게 핵개발계획 보고 (1972.9.28)

1971년 11월 경제 제2수석으로 임명된 오원철 수석은 그때부터 핵개발 계획수립에 착수하여 각 연구기관에서 제출된 프로젝트를 통합하여 하나의 핵개발 계획을 완성하여 '원자 핵연료 개발계획'이라는 제목으로 1972년 9월 28일, 박 대통령에게 보고했다. A4 용지 9장 분량의 보고 내용을 저자가 요약 정리하면 다음과 같다.

(1) 개발할 핵종(U탄/Pu탄)선택에 대한 분석

◇ U-235 핵분열무기

- 천연 우라늄에는 U-235가 0.7%만 함유되어 있다. U-235핵분열무기를 만들려면 U-235의 함유량이 90%이상(무기 급 우라늄)이 되어야만 가능하다.
- U-235의 함유량을 높이는 것을 '농축'이라한다.
- U-235의 핵분열무기를 만들려면 우라늄을 농축시키는 '농축시설'이 있어야한다.
- 농축시설을 건설하는데 건설기간을 약 8년, 예산은 약 9억$이 소요된다.
- 시설 가동에 약 200만Kw의 대규모 전력이 필요하다.
- 1년간 천연우라늄 134Kg을 농축하면 25Kg의 무기 급 우라늄을 얻을 수 있다.
- 이 양은 20Kt 핵무기 1개를 만들 수 있는 양이다.
- 이 농축시설을 보유하면 경수형 발전로에 사용할 핵연료(농축도 3~4%)를 생산할 수 있는 이점이 있다. 그러나 대규모의 전력이 소요되는 단점이 있다.

◇ Pu-239 핵분열무기

- Pu-239 원자핵은 천연 원자핵이 아닌 인공 원자핵이다. 즉 인공적으로 Pu-239를 만들어 내야한다.
- Pu-239 원자핵은 우라늄 핵 연료봉을 원자로 속에서 연소, 핵분열 시킬 때 Pu-239가 생긴다.
- 연소가 끝난 폐연료봉(SF)을 재처리시설에서 화학적인 방법으로 재처리해야만 플루토늄을 얻을 수 있다.
- 이렇게 얻어진 Pu-239의 순도는 95%이상(무기 급 플루토늄)이라야 핵분열무기의 원료가 될 수 있다.
- 무기 급 Pu-239는 8kg 정도가 되어야 20Kt 위력의 핵무기를 만들 수 있다.[4]

이상 U-235 와 Pu-239 핵분열 물질을 획득하는 방법과 그 시설을 분석하고 이어서 무기급 플루토늄을 생산할 수 있는 중수형 원자로(CANDU형 원자로)와 연구용 원자로(NRX)에 대해서 보고하고 있다.

◇ 중수형 원자로(CANDU형)

- 캐나다에서 생산되는 발전용 원자로로 원자로 건설에 6년, 건설비용은 2억$이 소요된다.
- 우라늄 농축시설에 소요되는 전력만큼 대규모의 전력이 소요되지 않는다.
- CANDU형 원자로가 건설되면 전력생산도 되고 Pu-239도 생성시킬 수 있는 이점이 있다.
- 그러나 우라늄 농축에 비해 방사성 위험은 많다.

---

4) 오늘날에는 90%이상 순도의 Pu-239면 4kg으로 20Kt 핵무기 만들 수 있다.

◇ 연구용 원자로(NRX)

- 캐나다에서 생산되는 연구용 원자로는 말 그대로 연구용 원자로로 소규모(3만Kw)이다.
- 연구용 원자로 건설에는 약 5년이 소요되고 건설비용은 4,200만$로 저렴하다.
- 소요전력은 소규모로 저렴한 투자비와 비교적 단 기간에 무기 급 플루토늄을 얻을 수 있는 이점이 있다.

(2) 핵무기 원료 획득방안에 대한 분석 결과

- 무기 급 우라늄(농축 90%이상)을 획득하는 농축시설에 소요되는 막대란 예산(9억$)과 시설기간(8년) 등을 고려할 때 무기 급 플루토늄 획득 방안이 유리하다.
- 무기 급 플루토늄 획득 방안인 CANDU형 원자로 도입으로 발전도 하고 플루토늄 생성도 한다. 단 연구용원자로(NRX)는 연간 8kg의 무기 급 플루토늄은 획득하는데 건설비와 재처리 비용을 합해서 4,200만$ 밖에 안 되므로 도입도 고려할 수 있다.

(3) 결론 및 건의

- 우리나라의 원자력 기술수준 재정능력으로 보아 플루토늄 탄을 개발한다.
- 고 순도 플루토늄 획득을 위해 플루토늄 생산과 발전을 겸용할 수 있는 천연우라늄을 사용하는 중수형 발전로를 고리 원전 2호기로 도입한다. (중수형 연구용원자로 도입도 고려할 수 있다)
- 1973년도부터 과학기술처와 원자력연구소로 하여금 상공부

(한국 전력)와 합동으로 핵연료 기본기술 개발에 착수하여 철저한 기초 작업을 수행한다.

- 1974년부터 건설계획을 추진 1980년대 초에 고 순도 플루토늄을 생산한다.
- 핵무기의 위력은 20Kt, 투발수단은 항공기로 공중투하방식, 개발비용은 15~20억$, 제조 소요기간은 6~10년으로 한다.(1979년도 투발방식을 미사일 방식으로 수정함)
- 해외 한국인 원자력기술자를 채용하여 인원을 보강한다.

이상 보고된 핵개발계획을 보면 과학기술처와 원자력연구소가 주관이 되어 1973년부터 무기 급 플루토늄을 획득할 수 있는 시설(원자로와 재처리시설)과 기술은 외국에서 도입하고 부족한 기술 인력은 해외에 있는 한국인을 스카우트하여 1974년부터는 본격적 핵개발을 추진, 6년 후인 1980년대 초에 핵보유국이 되겠다는 계획이다.

라. 해외 원자력 기술인력 유치 및 핵시설 도입추진

박 대통령에게 보고된 핵개발계획에 따라 1973년부터 과기처와 원자력연구소가 중심이 되어 해외에 있는 핵과학자들을 스카우트하는 사업과 중수형 원자로 도입 그리고 재처리시설 도입을 추진하기 시작했다.

(1) 해외 원자력 기술자 인력 유치

박 대통령에게 핵개발계획을 보고한 후인 1972년 11월부터 제일 먼저 착수한 것이 해외에 있는 한국인 원자력 기술 인력을 유치하는 문제였다.

1973년 초 최형섭 과기처장관은 당시 MIT 공대에서 화공분야를 전공한 주재양 박사를 스카우트해서 한국 원자력연구소 특수담당 부소장으로 임명했다.

그리고 1973년 5월부터 7월 12일까지 최형섭 장관은 주재양 부소장과 함께 미국과 캐나다를 방문하면서 그곳에서 주로 화학공업(화공학)을 전공한 과학자 20여명을 선발 한국으로 유치했다. 이때 김철 박사도 스카우트되어 한국 원자력연구소 특수사업부핵 화공 부장에 임명되어 활약했다.

이후 계속 추진하여 총 100여 명을 스카우트하는데 성공했다.

(2) 중수형 원자로 도입과 연구용 원자로(NRX)도입 추진

박 대통령에게 핵개발계획 보고 시 중수형 원자로인 캐나다제 원자로(CANDU형)를 도입하면 전력 생산과 무기 급 플루토늄 획득도 가능하다고 건의했고 또 건설비가 4,200만$로 저렴한 연구용원자로(NRX) 도입은 전력 생산은 안 되나 무기 급 플루토늄 생산에는 적합하다고 보고 했었다.

당시 고리원자로(경수로) 1호기는 착공되어 공사 중에 있었고 고리원자로 2호기와 월성 원자로(중수형) 1호기 건설을 검토 중에 있었다.(1973.12. 월성 1호기 건설계획 확정)

이때 캐나다 원자력공사(AECL)의 대리인과 한국 전력공사(사장 민충식 장군)측은 원자로 도입문제로 서로 접촉하고 있었다. 한국 측에서 CANDU형 원자로에 관심이 있음을 알고 1973년 4월 캐나다 원자력공사 사장(존 그레이)이 방한하여 월성 원자로발전소에 캐나다 제 원자로를 팔고 싶다는 뜻과 아울러 원자로 도입 시 연구용 원자로인 NRX도 제공할 용의가 있다고 전해왔다.

그 후 1973년 12월 24일, 월성원자로 1호기 건설계획이 확정됨에 따라 CANDU형 원자로는 한국 전력공사에서 도입을 단호하게 추진하라는 대통령 지시에 따라 전담 추진하게 되었다. 그리고 원자력연구소에서는 별도로 NRX 도입을 주재양 박사가 담당하여 추진하기로 했다.

주재양 박사는 당시 인도와 대만에서 캐나다 제 NRX를 운용하고 있었으므로 1973년 11월 인도와 대만을 직접 방문하여 NRX에 관한 기술정보를 획득하고 돌아와서 1974년 3월 캐나다를 다시 방문 NRX 도입문제를 논의했다.

1974년 12월 한국 전력공사에서 캐나다 전력공사와 중수형 발전소 도입계약을 체결함에 따라 1975년에 접어들면서 원자력연구소의 NRX 도입문제도 성사단계에 이르렀다.

이제 남은 문제는 프랑스로부터 재처리시설(플랜트) 도입문제만 해결되면 핵개발문제는 순조롭게 진행되어갈 수 있게 되었다.

(3) 재처리시설 도입 추진

중수형 원자로(CANDU형)나 연구용원자로(NRX)에서 핵연료를 연소시키고 난 폐 연료를 '사용 후 핵연료(Spent Fuel, SF)'라 한다. 이 SF에는 원자로에서 핵연료의 연소기간에 따라 '무기 급 플루토늄'이 생성되어 포함되어 있다. 이 SF를 재처리시설에서 화학적 방법으로 처리하면 무기 급 플루토늄과 천연 우라늄이 추출된다. 무기 급 플루토늄은 핵무기 제조용으로 사용되고 천연 우라늄은 다시 원자로 핵연료로 사용된다.

SF 속에 들어있는(생성된) 무기 급 플루토늄을 추출해내는 공장이 재처리시설이고 이 재처리시설(플랜트)을 프랑스에서 도입하기로 했다.

1972년 5월 최형섭 과기처 장관은 프랑스로 가서 프랑스 상업기술부 장관 오르틀리(Francois-Xavier Ortoli)를 만나 한국에 재처리기술을 제공해 줄 것을 요청하여 확답을 받고 돌아왔다. 이는 오원철 경재수석이 박 대통령에게 핵개발계획을 보고(1972.9.8.)한 것보다 4개월 전의 일이다. 이것을 미루어보면 최 장관과 박 대통령 사이에는 핵개발과 핵연료 확보문제에 대해 이미 깊은 대화가 있었던 것으로 추정된다.

1972년 9월 청와대에서 핵개발계획을 박 대통령에게 보고한 후부터 한국 원자력연구소와 프랑스 원자력 위원회 간의 실무자 접촉이 활발히 이루어졌고, 프랑스는 사용 후 핵연료 재처리시설과 기술을 수출하기 위해 SGN사(재처리시설 전문회사)와 CERCA(핵연료 가공시설 전문회사)를 한국 원자력연구소의 협력선으로 선정해 주었다.

1973년 5월 최형섭 장관과 윤용구 원자력연구소장이 프랑스로 가서 SGN사와 재처리 플랜트를 건설해 줄 것을 합의했고 한국에 세워질 재처리공장의 개념설계를 의뢰했다.

1974년 10월 말경 프랑스로부터 다음과 같은 재처리공장 건설 개념설계가 완성되었음을 통보받았다.

〈재처리 공장 개념 설계〉

−재처리능력: 연간 20kg (20Kt핵무기 4발 만들 분량) −건설 기간 : 5년 −공장규모 : 50m × 50m × 27.5m(높이) −건 설 비 : 3,900만$

주재양 원자력 부소장, 윤석호 원자력연구소 화공개발실장, 박원구 원자력연구소 핵연료 연구실장 세 사람은 1974년 11월 9일 프랑스로 가서 12월 10일까지 그곳에 머물면서 SGN사와의 재처리공장 건설에 대한 가계약을 체결했고, 아울러 CERCA사와의 핵연료 가공공장 건설 공급 가계약까지 체결했다. 이제 남은 것은 앞으로(1975년) 정식계약을 맺고 재처리공장을 한국에 건설하는 것이다.

마. 당시 한국 핵개발의 전망 (1974년도 중반)

앞에서 언급한 바와 같이 그 당시(1974년도 중반)까지만 해도 외국으로 부터 핵 관련시설이나 관련기술 핵물질들을 획득하는 활동에는 국제규제가 느슨하여 큰 어려움이 없었다. 그래서 한국정부의 과학기술처 장관과 원자력 연구소 특수사업부의 주도로 핵개발용 무기 급 플루토늄 획득을 위한 연구용 원자로(NRX)와 재처리시설을 캐나다와 프랑스로부터 도입 가계약이 성사되었고 1975년도 후반부터 1976년도 초반에는 한국에 이들 시설들이 착공될 정도로 진전되고 있었다. 이들 시설만 확보되면 한국의 핵개발은 시간문제로 보였다. 이렇게 순조롭게 진행되면 1980년대 초반에는 계획대로 핵보유국이 될 전망이 보였다.

바. 인도의 핵실험과 한국 핵개발의 암운

1974년 5월 18일 인도는 라자스탄 사막에서 최초의 핵실험에 성공했다. 당시 후진국이던 인도의 핵실험은 전 세계를 특히 핵 선진 5개국을 놀라게 했다. 장차 후진국들의 핵개발이 확산될 경우를 심각히 우려하는 상황의 진전이었다. 이 여파는 한국의 순조로운 핵개발 진척에 검은 그림자를 드리워지게 했다.

(1) London Club의 결성

당시 NPT(핵확산 금지조약)가 있었음에도 인도가 캐나다에서 수입한 NRX를 이용 SF를 획득하고 미국의 기술적 도움(Purex Process)으로 건설된 재처리시설에서 무기 급 플루토늄을 추출, 핵무기를 개발했다는 사실이 밝혀짐에 따라 장차 핵 확산을 우려한 핵 선진 5개국이 1974년 11월 영국 런던에 모여 미국 포드 대통령 주도하에 "NSG(Nuclear Suppliers Group)"를 창설하였다. 이 NSG그룹은 원자력 수출을 보다 엄격히 규제하자는 지침을 마련하여 핵 확산 방지에 총력을 기울이기로 합의하였다. 이 그룹이 런던에서 개최되었다 해서 일명 'London Club'이라 불리어졌다.

이 합의에 따라 NSG그룹 국가들은 핵분열성 물질과 원자로 및 재처리시설, 우라늄 농축시설 등과 같은 핵관련 시설과 핵물질 핵 기술 등을 일체 비핵국으로 이전을 규제하기로 하고 이전 시에는 반드시 평화적 목적으로만 사용한다는 보장을 받을 것을 의무

화했다.

아울러 핵보유국들은 다른 비핵국가 중에서 어떤 나라들이 핵 개발을 시도하고 있는지를 탐색하기에 이르렀다.

London Club의 합의 이후부터 한국은 프랑스로부터 재처리시설과 캐나다로부터의 중수형 원자로(CANDU형) 및 연구용 원자로(NRX)를 들여오는데 장애가 될 것을 예견하여 도입계획의 진행을 서둘렀다.

(2) 미국의 한국 핵개발 기미 포착

Londom Club 회담 이후 미국은 정보채널을 총동원하여 각국의 핵개발 관련 시설 및 자재구매 활동을 추적하던 중 1974년 11월 한국이 캐나다, 프랑스에서 중수형 원자로, 재처리시설, 핵연료 가공시설 등 핵관련 시설에 대한 수입계약을 추진시키고 있음을 포착하게 되었다.

이를 포착한 미국 정부는 "한국이 핵개발을 하게 되면 북한과 일본에 핵개발 빌미를 제공하게 되고 또 동북아 지역의 안정을 해치는 중대 요소가 됨으로 한국의 핵개발 노력을 억제하고, 핵무기 운반체계의 개발능력도 최대한 저지하라"는 요지의 지령[5)]을 1974년 11월 스나이더(Richard L. Sneider) 주한 미 대사에게 하달하는 한편 캐나다와 프랑스에 한국과 추진 중인 핵시설 계약을 취소하라고 외교적 요청을 했으나 양국은 모두 이 시설은 평화적 시설이라는 이유로 반대했다.

한국은 미국의 압력이 더 거세지기 전에 수입계약을 서둘러

5) Don Oberdorfer, 두개의 코리아 P,75.

1974년 12월에 캐나다와 중수형 원자로(월성1호기)에 대한 본 계약을 체결하였고 곧이어 NRX 계약도 성사 직전에 다다랐다.

1975년이 시작되면서 미국은 한·미 핵안전협정에 따라 미국이 제공한 원자로(고리1호기)의 폐연료봉(SF)을 미국의 동의 없이 재처리할 수 없음을 상기시키는 등 스나이더 주한 미 대사는 한국 과기처와 외교부를 드나들면서 핵개발의 부당성을 지적하고 다녔다. 이 무렵(1975.2) 미국에서는 '한국은 핵개발 초기단계에 들어갔으며 이 방향으로 진행되면 10년 이내에 핵개발이 가능할 것'이라고 미국의 안보회의는 지적했다. 이처럼 미국은 한국에서 핵개발이 진행되고 있다는 확실한 판단을 내리고 이를 저지할 방책을 검토하고 있었다.

사. 미국의 핵개발 저지에 대한 박 대통령의 정면 돌파

1975년에 접어들면서 미국은 한국의 핵개발 저지를 위해 다각도로 압력을 가중시키고 있었다. 특히 프랑스로부터 재처리시설 도입 저지에 주력하였다. 그러나 한국은 재처리시설만은 꼭 확보해야겠다는 의지로 프랑스와 협상을 진행시켜 1975년 4월 12일 재처리공장 건설에 대한 본 계약을 한국 원자력 연구소에서 원자력 연구소장 (윤용구)과 프랑스 SGN사장(퍼앙세)와 비밀리에 체결함으로서 한국의 핵개발 가능성을 높이게 되었다.

1975년 4월 30일 스나이더 미 대사는 주한 프랑스 대사(피에르 랑디)를 만나 '한국은 결국 플루토늄을 군사적 용도에 쓸 생각이라고 미국은 의심하고 있다'라고 경고하자 프랑스 대사는 '한국이 먼저 포기하지 않는 이상 프랑스가 먼저 핵 기술 판매를 포기

할 의사가 없다'고 응수했다. 이렇게 한국은 핵개발로 자주국방을 실현하려했고 미국은 한국의 핵개발을 저지하려는 노력이 상충되고 있었다.

아. 1975년 전후의 긴박한 한국 안보 상황

1975년 전후 한국의 안보상황은 주한 미 제7사단의 완전 철수(1971년) 후 1975년까지 미 제2사단 마저 철수 시한이 다가오는 상태였고 북한에서 파내려온 두개의 땅굴(1974년과 1975년의 제1, 2땅굴)은 북한의 남침야욕을 적나라하게 드러냈으며, 북한의 사주를 받은 문세광이 1974년 8월 15일 서울 한복판에서 박 대통령을 저격 시도했으나 영부인(육영수 여사)이 피살되는 공공연한 도발 행위를 자행하고 나섰다.

또한 미국과 월맹간의 평화협정으로 월남전이 휴전(1973.1.27.)되고 미군이 철수한 후 24개월여 만에 휴전협정을 위반하고 월맹군이 월남에 총공세를 가해 왔을 때(1975.3.10) '월맹군이 재침공시 미국이 즉각 개입 지원하겠다'는 '미·월 협정'[6]이 있었음에도 미군은 개입하지 않았고 결국 월남은 1975년 4월 30일 패망했다.

이를 바라본 박 대통령은 한미동맹은 체결되어 있으나 한반도 유사시 한국이 월남 꼴이 되지 않을까 하는 미국에 대한 안보 불신감을 지울 수가 없었다.

뿐만 아니라 월맹군이 재침공(1975.3)해서 사이공이 함락되기 직전인 1975년 4월 17일 김일성은 중국을 방문해 "한반도에 전

6) Cao, Van Vien '배트남 최후의 붕괴'.

쟁이 일어나면 잃을 것은 군사분계선이요 얻을 것은 통일이다. 남조선에서 혁명적 대사변이 일어나면 우리는 남조선 인민을 지원하겠다"고 말하는 등 당시가 한반도 공산화 통일의 적기임을 강조했다.

이렇게 북한의 남침야욕은 노골화되어 가는데 아직도 자주국방할 수 있는 핵개발까지는 5~6년의 시간이 더 필요하고 (핵개발 목표년도는 1980년대 초) 또 거기에다 박 대통령의 핵개발 문제로 한·미 관계마저 소원해 지면 북한의 남침야욕을 꺾는 전쟁억제가 불투명해질 것이라는 우려가 제기되었다.

국가를 수호할 대통령으로서는 전쟁억제가 최우선 전략이므로 핵개발로 미국과의 충돌을 야기하기보다는 핵개발을 잠시 유보하드라도 미국과 협상하여 전쟁억제를 우선적으로 달성해야겠다는 결심을 하게 되었다.

자. 박 대통령의 워싱턴 포스터와 기자회견(1975.9)

월남의 패망을 지켜본 박 대통령은 미국으로부터 강력한 안보공약을 끌어내기 위한 전략으로 1975년 6월 12일 워싱턴 포스터(WP)지 기자(Robert D. Novak)와 회견을 가졌다.

"우리는 핵개발능력을 갖고 있다. 그러나 핵개발을 하고 있지 않다. 미국이 계속적으로 지원을 해주길 바란다. 그러나 미국이 핵우산을 철수하면 우리는 자구책으로 핵무기 제조능력 개발에 착수하게 될 것이다"[7)]

7) Don Oberdorfer. 앞의 책 p.506~507.

(SEOUL, President Park Chung Hee, vowing to fight for the last inch of land even if U.S. forces leave Korea, told us South Korea could and would develop its own nuclear weapons if the U.S. nuclear umbrella is withdrawn.)

박 대통령의 인터뷰 요지는 미국의 핵우산이 철거되면, 즉 미군의 안보 공약이 지켜지지 않으면 한국은 핵무기를 개발할 수밖에 없지 않느냐, 그러니 미국은 월남처럼 공산군의 침공을 허용해서는 안 된다는 강력한 경고였다.

차. 미국의 반응과 미 제2사단 철수계획의 중단

박 대통령의 기자회견을 본 미국도 박 대통령의 핵개발 발표 의도를 파악하고 아울러 북한의 동향분석 그리고 월남 패망직전에 북한의 김일성이 중국을 방문 발언한 내용(한반도에 전쟁이 나면 없어지는 것은 휴전선이고 얻는 것은 통일이다…….)은 북한의 남침 지원을 중국에 요청한 것으로 분석하였다. 그래서 미국은 차제에 북한에게 강력한 남침야욕에 대한 경고를 하고 한국에게 안보공약을 확실히 해주기 위해서 한반도에 미국의 핵우산이 건재함을 재고할 필요가 있다고 판단했다.

1975년 6월 21일 슐레신저(James R. Schlesinger) 미 국방장관은 '미국은 한국에 전술핵무기를 배치하고 있다. 만일 북한이 재침한다면 핵무기를 사용할 것이다'[8]란 엄중한 경고를 했다.

사실 미국으로서는 한국 내 전술핵무기를 배치해놓고 있다는 사실을 공식적으로 공개한 것은 이번이 처음이었고 재침 시는 핵

8) SAPIO (1998.2.3.), p.23.

무기까지 사용하겠다는 미국의 단호한 의지의 표현은 지금까지 없었던 가장 강력한 대북 경고였다.

슐레신저 장관의 대북 경고 후인 6월 26일 Don Oberdorfer 워싱턴 포스터 특파원이 청와대에서 박 대통령과 회견했을 때도 Robert D. Novak 기자에게 2주 전에 말한 것과 똑같이 '한국은 최근(1975.4.) NPT협정을 이미 비준했고 현 시점에서 핵개발 활동을 하지 않고 있다. 그러나 미국의 핵우산이 없어지면 한국은 핵개발을 할 수밖에 없다'는 강력한 핵개발 의지 표현으로 미국의 안보 공약에 대한 또 한 번 배수의 진을 쳤다.

그리고 같은 날 과기처 장관도 Korea Herald 지와의 회견에서 '한국은 핵무기를 개발할 능력을 이미 갖고 있다'고 박 대통령의 발표를 공개적으로 지원하고 나섰다.

이렇게 되자 박 대통령은 자신의 핵개발 의지 공개 발표로 미국으로부터 대북 경고를 끌어내긴 했으나 반대로 우리의 핵개발 의지가 공개됐기 때문에 프랑스와 이미 도입계약이 체결되어 있는 재처리시설을 비밀리에 도입하기가 대단히 어려울 것으로 판단했다.

그래서 박 대통령은 6월 말경 원자력연구소장 윤용구 박사와 부소장 주재양 박사로부터 재처리시설 국산화 방안에 대한 보고를 받은 후 경제기획원 예산국장에게 가보라고 했다.

예산국장을 찾아가니 예산국장은 기다렸다는 듯이 '재처리공장 건설 설계비와 토지매입비 등에 필요한 예산 30억 원을 우선 원자력 연구소 예산에 포함시켜 주겠다'고 했다.

이렇게 박 대통령은 핵개발 의도를 공개함으로써 미국은 한국에 대한 안보 공약을 강화하여 북한의 오판을 우선 막으려했다. 그리고 미국으로서는 대북 억제력을 강화해 주는 대신 한국의 핵개발 저지에 대한 압력을 강화하기 시작했다.

당시 한국에는 원자력발전소(고리1호기)가 건설 중에 있었으므로 장차 이 원자로에 플루토늄 생성(SF)은 가능하나 재처리시설만 없으면 핵무기 원료인 플루토늄 추출은 불가능하다는 사실을 알고 있는 미국은 프랑스로부터 재처리시설 도입만 저지하면 된다고 판단했다. 그래서 1975년 7월부터 본격적으로 한국의 재처리시설 도입 저지에 발 벗고 나섰다.

한국이 지난 1975년 4월에 프랑스와 재처리시설 공사 본 계약이 체결된 것을 알아 차렸는지 스나이더 주한 미 대사는 과기처 장관, 외무부 장관, 청와대 비서실장, 등을 차례로 방문하면서 한국이 재처리시설을 도입하면 미국과의 중요한 유대관계는 물론 안보 경제 금융지원 등 광범위한 분야에서 미국의 지원을 받기 어려워 질 것이라고 미국 정부의 입장을 전달했다.[9)]

한편으로 미국은 한국이 월남의 패망을 보고 미국의 핵우산 공약에 대한 불신으로 인해 박 대통령이 WP지와의 기자회견에서 밝힌 것처럼 핵개발을 시작한 것으로 판단했다. 그래서 1975년 8월 계획된 제8차 한·미 국방장관회의(SCM)가 서울에서 개최됨을 기회로 미국의 핵우산이 건재함을 과시하고 핵개발 포기를 희망하는 미국의 입장을 한국에 공식적으로 전달하려 했다.

한국에 도착한 슐레신저 미 국방장관은 한·미 국방장관 회담에서 (한국 서종철 국방장관에게) '주한미군이 막강하므로 북한

---

9) Don Oberdorfer의 책 p.77.

이 침공 시 핵무기를 사용할 기회는 없겠지만 핵무기를 최후 수단으로 보유하고 있는 것은 사실이다. 박 대통령이 걱정하는 핵우산은 건재하다'[10]고 강조했다.

회담을 마친 후 '한 미 국방장관 공동성명(1975.8)'에서 내외신 기자들에게 이를 재확인했다.

그리고 다음 날인 1975년 8월 27일 오전 11시부터 슐레신저 장관이 청와대로 박 대통령을 예방하고 약 1시간 20분간 양국의 고위 배석자들과 함께 환담과 오찬을 마친 후 박 대통령과 슐레신저 장관 그리고 스나이더 주한 미 대사가 단독 배석한 가운데 약 40분간 안보관련 현안들이 논의되었다.

– 먼저 박 대통령은 주한 미 지상군의 추가적 철수(미 제2사단)는 북한으로 하여금 오판할 수 있음을 강조했다.

– 이에 슐레신저 장관은

① 포드 대통령은 '북한이 한국을 재침략해온다면 미국은 공약에 따라 즉각 이를 격퇴하기 위해 한국을 지원한다는 대한 방위공약이 확고부동하며 주한미군 철수는 더 이상('76, '77년) 없을 것이다'라는 메시지를 전달했다.[11]

② 그리고 만일 북한의 침공이 있을 시 미국은 선제 핵사용으로 대응할 것이며 수도권 방위는 9일 속결 전으로 대응 회복할 것이다.

③ 미국은 핵확산 금지조약(NPT)을 대단히 중요시하며 이를 준수해 줄 것을 요청했다. 또 슐레신저 장관은 조심스레,

④ 다만 박 대통령이 미국의 핵우산이 철거된다면 핵개발을 할

10) 뉴데일리 2011.3.24.
11) 경향신문 1975.8.27.

수밖에 없다고 했는데 미국의 핵우산은 건재하니 핵개발은 필요 없을 것이라고 했다. 그러나 만일 한국이 핵개발을 한다면 한·미 관계는 와해될 것임을 암시했다.

– 이에 박 대통령은

① 우리에게 비밀 핵개발계획은 없다.

② 우리는 지난 4월 NPT를 비준했으므로 NPT조약을 충실히 지킬 것이라고 화답했다.

이 회담에서 한국의 핵개발계획은 없다는 내용과 미국의 방위공약을 강화한다는 각서 교환으로 끝맺었다.[12)]

이 회담으로 박 대통령이 심히 우려했던 주한 미 제2사단의 철수계획은 중단되고 오히려 안보문제는 더욱 강화될 것으로 전망되어 일단 한시름 놓게 되었다. 그러나 미국은 한국이 핵개발을 포기했는지 계속 주시하고 있었다.

카. 한국의 재처리시설과 NRX 도입 포기 (1976.1.)

슐레신저 국방장관이 박 대통령과 회담(1975.8) 후 몇 개월이 지나도 한국이 프랑스와 체결한 재처리시설 도입 협상이 중단되지 않고 있음을 확인한 미 국무부는 필립 하비브(Philip Charles Habib) 동아시아 태평양 담당 차관보로 하여금 1975년 9월경 함병춘 주미 대사에게 한국의 재처리시설 도입을 빨리 취소하라고 요청함과 동시에 만일 핵무기 개발계획을 강행할 경우 양국의 안보관계가 전면 재검토될 것이라고 했다. 함 대사는 본국에 이를 즉각 보고한 후 본국의 훈령에 따라 이는 핵개발과는 무관한 것이라

12) 월간조선 1988년 8월호.

고 단호히 거절했다.[13)]

한국정부의 진의를 다시 확인하기 위해 1975년 말 스나이더 주한 미 대사가 최형섭 과기처장관을 직접 만나 '만일 한국이 재처리시설을 도입하게 되면 소련이 북한에게 핵무기를 제공할 가능성이 있다. 이는 국제 정치적 불안을 크게 야기하게 될 것이므로 재처리시설 도입을 즉각 중지해 주기 바란다.'고 했다. 이에 최 장관은 '언제 우리가 핵무기 만든다고 했나 사용 후 핵연료를 재처리해서 핵연료로 재사용하겠다는 것인데 왜 말리느냐?'고 응수했다.

스나이더 주한 미 대사가 이 내용을 그대로 본국에 보고하자 미국은 한국이 재처리시설 도입 포기 의사가 전혀 없다고 단정하고 특단의 조치를 강구하기로 했다.

그래서 1976년 1월 22일부터 23일까지 마이런 크라쳐(Myron B. Kratzer) 미 국무부 해양 국제환경 과학담당 차관보를 단장으로 한·미 교섭단 일행을 한국의 재처리시설 도입문제를 담판하기 위해 한국에 파견하였다.

이들 일행은 먼저 청와대로 박 대통령을 예방한 자리에서 '한국이 재처리시설 도입을 강행하게 되면 대한 군사원조를 중단하겠다는 미국정부의 방침'을 전달했다.

그리고 주한 미 대사관에서 22일부터 23일까지 최형섭 과기처 장관을 대표로 하는 한국 측 관계자와 미국 교섭단 일행 사이에 한국의 재처리시설 도입문제를 놓고 핵협상을 진행했다.

미국 측은 한국이 재처리시설 도입을 포기하지 않으면

---

13) Don Oberdorfer, 앞의 책 p.77.

① 고리원자로 1호기의 핵연료 공급을 중단하겠다. (당시 고리원자로 1호기 공사 중)

② 미국의 핵우산도 철거하겠다.

③ 미국의 대한 군사원조도 중단하겠다.는 미국의 방침을 일방적으로 통보하는 최후통첩과 같은 내용이었다.

이에 대해 한국 측은 우리가 재처리시설을 보유하고자하는 목적은 핵무기 개발이 아니고 핵연료를 획득하기 위한 것이라고 주장했으나 미국 측은 재처리시설이 필요하면 한국이 아닌 다른 지역에서 재처리 지원을 해주겠다고 했다.

그리고 지금도 한국은 프랑스에서 재처리시설 도입과 캐나다에서 NRX도입계약을 체결하고 추진하고 있는데 이를 포기하면 한국에서 요구하는 핵연료 개발 사업에 대해서 양보할 수 있다고 역제안을 해왔다.

이 당시 1976년 1월 말 한국의 안보상황은 미국의 대북 억제력을 빌리지 않고는 자력으로 전쟁억제가 불가능한 상태였으므로 미국의 요구대로 핵개발을 일단 유보하고 미국의 핵우산 보장과 미 제2사단의 추가 철수를 중단시키는 안보 우선의 길을 선택할 수밖에 없었다.

뿐만 아니라 1970년대 중반부터 한국은 급속한 경제성장과 중화학공업의 건설로 에너지 소요가 급증하게 되었다. 그래서 박 대통령은 한국의 부족한 에너지 문제 해결을 위해 1971년도부터 '원자력개발 15년 계획'을 수립, 1986년까지 9개의 원자력발전소를 건설할 계획을 추진 중이었다. 그 일환으로 1976년 중반 고리

원자로 1호기 건설은 거의 완성단계(1977.6.발전개시)에 있었고 월성 원자로 1호기(CANDU형) 공사는 1974년도에 계약이 체결되어 착공을 위한 부지공사가 진행 중이었다. 그리고 고리원자로 2호기도 공사 착공 (1997.3)을 서두르고 있었으나 미국의 수출입은행(EXIM Bank)으로부터의 차관문제가 심의 중이었는데 한국의 핵개발문제와 연계되어 난관에 부딪치고 있었다.[14] 이 차관문제(고리2호기)해결과 고리원자로 1호기의 원활한 핵 원료 공급을 위해서도 핵개발을 일단 접을 수밖에 없었다.

결국 한국은 두 마리의 토끼(국가안보와 원자력 발전 15년 계획)를 잡기위해 당장의 재처리시설과 NRX도입은 일단 접고, 국가안보를 우선적으로 선택할 수밖에 없었다. 그래서 한국은 외국으로 부터 재처리시설과 NRX 도입 포기를 미국에 약속하고 대신에 핵연료 개발 사업에 착수할 수 있게 되었다.

이 회담 결과로 그동안 어렵게 추진해 왔던 프랑스와의 재처리시설과 캐나다와의 NRX 도입계약은 1976년 1월 26일 도입계약 취소를 공식적으로 통보했다.

이때부터 외국으로부터 핵시설(재처리시설과 NRX) 도입으로 핵무기를 개발하려했던 당초의 핵개발계획은 일단 유보하고 새로운 방법을 모색할 수밖에 없는 상황에 이르렀다.

타. 박 대통령의 핵개발 정책의 변경 (1976년)

박 대통령은 1976년 1월 재처리시설과 NRX 도입계약을 취소한다고 공식적으로 밝히긴 했으나 자주국방을 위한 핵개발 의지

14) The Park Chung Hee Era. p.498.

가 완전히 꺾인 것은 아니었다. 앞에서 언급한 바와 같이 1973년 11월 중수형 원자로(월성1호기)건설계획은 원자력 발전과 함께 플루토늄 획득을 위한 목적에서부터 시작된 바 있고 또 같은 시기 원자력연구소에 '특수사업부'를 발전시켜 주재양 박사를 주축으로 핵연료 및 재처리시설 도입과 기술 확보를 연구하도록 지시한 바 있다. 그리고 1975년 5월에 한국 원자력연구소는 이미 대덕 연구단지에 '원자력연구소 대덕 분소'(大德分所,분소장 주재양 박사)를 설치하여 핵연료와 재처리시설을 연구하는 연구팀이 이곳에서 연구를 시작하고 있었다.

1976년 1월 미국과의 핵협상에서 핵연료 개발연구가 양보됨에 따라 이때부터 핵연료 개발 사업은 탄력을 받게 되었다.

경제기획원 예산국장으로부터 특별히 배정받은 30억 원의 예산으로 1976년도부터 대덕단지에 재처리시설을 건설할 부지를 비밀리에 준비하고 있었다. 박 대통령이 재처리시설에 특별한 관심을 갖게 된 것은 장차 한국에 원자력개발 15년 계획에 따라 원자로가 계속적으로 건설하게 될 것이고 또 당시 세계적으로 핵연료 가격이 급등하고 있었으므로 원자로에 사용할 핵연료의 안정적인 공급이 무엇보다도 절실했기 때문이었다.

뿐만 아니라 미국 제품인 경수 원자로(고리1, 2호기)에는 4~5%의 농축된 우라늄을 연료로 사용하므로 미국으로부터 수입에 의존해야하고 또 농축된 우라늄의 가격이 고가였다.

그러나 캐나다에서 수입한 CANDU형 원자로는 천연우라늄을 그대로 사용하므로 가격이 비교적 저렴했다. 그래서 장차 핵연료의 저렴하고도 안정적 공급을 위해서는 CANDU형 원자로를 추가로 건설하고 또 원자로에서 연소된 폐연료봉(SF)을 재처리시설에서 재처리를 하게 되면 천연우라늄을 추가로 얻을 수 있고 이를 다시 핵연료로 사용할 수 있으므로 핵연료 문제도 해결할 수 있다. 즉 이것이 핵연료주기가 완성되는 평화적 방법이다. 이 핵연료주기를 완성해가는 과정의 기술을 터득해 나가면 자연스럽게 우리 힘으로 핵무기를 만들 수 있는 기술력도 갖게 될 수 있을 것으로 판단하고 있었다.

박 대통령이 외국에서 재처리시설과 NRX를 도입할 수 없는 1976년 1월 이후의 상황에서 새로운 방법의 모색이란 바로 재처리시설과 NRX를 국산화하여 핵연료 주기를 완성하는 것이었다. 이렇게 박 대통령의 한국 핵개발 정책은 변경되고 있었다.

2. 박 대통령의 제2차 핵개발 계획 (1976-1977)

1976년도는 미국의 제39대 대통령선거가 있는 해였다. 당시 미국 민주당 대통령후보인 지미 카터 후보는 선거유세에서 한국의 안보를 위태롭게 할 정책들을 선거공약으로 쏟아내고 있었다.

이때 박 대통령은 야당 대통령의 선거공약으로 크게 관심을 두지 않았으나 만일 카터후보가 당선되는 경우에 대비하여 그 대책을 고심하지 않을 수 없었다. 그 대책이 바로 제2차 핵개발 계획으로 발전하게 된다.

가. 제2차 핵개발 계획의 배경

지미 카터 민주당 대통령후보가 선거유세 중이던 1976년 3월

17일 WP지와의 기자회견에서 '한국에 있는 핵무기는 모두 철수하고 4~5년 내에 주한미군도 단계적으로 철수 시키겠다'는 선거공약을 발표했다. 그리고 또 한 유세에서 '미국은 한국에 700개의 핵무기를 배치해 놓고 있다. 나는 한국에 단 한 개라도 핵무기를 배치하는 이유를 이해할 수 없다.'[15]라는 강력한 핵무기 철수 주장에 박 대통령은 경악했고 더욱이 선거 중반이 지나면서 카터 후보의 당선 가능성이 점점 짙어지자 박 대통령의 고민은 더욱 깊어졌다.

특히 과거 미국의 어느 정권도 언급한 적이 없었던 전술핵무기를 한국에서 모두 철수하겠다는 것은 한반도 유사시 핵무기를 사용하지 않겠다는 것이다. 즉 박 대통령이 가장 우려했던 핵우산의 철거를 뜻하는 것으로 이는 포드 대통령의 1975년 핵우산 공약과 주한미군 불 철수를 보장함에 따라 박 대통령은 1976년 1월 어려운 사실상의 핵개발 포기 약속까지 했었는데 그로부터 몇 개월도 채 안 된 지금 카터 대통령후보의 공약은 한반도 유사시 미국은 완전히 손을 떼겠다는 정책으로 비치자 박 대통령은 아연실색할 수밖에 없었다.

1948년 미군이 한국에서 완전 철수한 12개월 후에 김일성이 6 25남침을 시작한 전례나, 1973년 월남에서 미군이 모두 철수한 24개월 만에 월맹공산군의 침공으로 자유월남이 패망한 전례를 연상하자 카터 대통령후보가 당선되는 경우 한반도에 또다시 제2의 안보위기를 몰고 올 것이라는 악몽을 떠올리게 되어 장차 우리 스스로 이 나라를 지킬 자주국방을 어떻게 할 것인가를 통수권자

15) Don Oberdorfer. p.92.

로서 다시 진지하게 고민하지 않을 수가 없었다.

그렇게 되자 박 대통령은 접었던 핵개발의 꿈을 다시 떠올려 우선 핵개발 기술 확보부터 점진적으로 핵개발을 완성하고 당시 진행 중인 지대지 미사일 '백곰' 개발이라도 조속히 완성하여 제한적이나마 우리 스스로 전쟁억제력을 갖는 것이 필요하다고 판단했다.

나. 박 대통령의 제2차 핵개발계획 작성 지시

카터 대통령후보의 당선이 확실시되던 1976년 가을 박 대통령은 접었던 핵개발의 꿈을 다시 펴기 위해 김정렴 비서실장과 오원철 제2경제수석을 청와대 대통령 서재로 불러 '원자력사업을 종합적으로 추진하라'는 지시와 하께 '우리의 원자력사업 내용이 일본처럼 핵무기를 제조할 수 있는 기술 수준이 되면 실제 핵을 보유한 것과 같은 효과를 낼 수 있다고 부언하였다.[16] 이 말은 장차 핵무기를 개발할 수 있는 기술을 지금부터 확보하라는 계획지침이라 할 수 있다.

당시 한국의 핵개발 여건은 1972년 최초 핵개발 보고시의 여건과는 크게 달랐다. 즉 IAEA의 안전지침 강화, 경수로나 중수로로부터 사용 후 핵연료를 몰래 빼내 재처리하여 플루토늄을 추출하는 것은 거의 불가능한 상태였다. 그래서 일본처럼 핵을 개발할 수 있는 기술을 확보함으로서 핵 억제력의 효과를 얻겠다는 일본식 모델을 선택하라고 지시한 것으로 보였다.

16) 월간조선, 2003년 8월호.

다. 원자력사업 종합계획(제2차 핵개발계획) 보고 (1976.12.1.)

카터 후보의 당선이 확정된 얼마 후인 1976년 12월 1일 오원철 제2 경제수석은 박대통령이 지시한 '원자력사업 종합계획'을 작성하여 대통령의 재가를 받았다. 원자력사업계획의 표면적 목표는 ① 원자력발전과 ② 핵연료 국산화 및 ③ 방사선 동위원소 이용기술 개발 그리고 ④ 원자력 인력개발에 두었다.

이날 보고된 구체적 세부내용이 밝혀진 것은 없으나 대통령이 계획지침을 내릴 때 핵무기 개발 기술 확보를 언급한 바 있었고 또 추가적으로 '재처리시설과 연구용 원자로(NRX)를 자체 개발하라'고 지시[17]한 바 있으므로 이번 원자력사업 종합계획의 궁극적인 목표는 한국의 핵무기 개발을 위한 핵시설과 핵 기술 확보에 둔 것으로 추정할 수 있다.

오원철 수석이 '원자력사업 종합계획'을 보고한 이후 핵무기 개발과 관련 있는 부서에 큰 변동 상황이 눈에 띄었다. 즉 ① 한국핵연료개발공단의 개설과 ② 원자력연구소의 연구용원자로 개발 그리고 ③ ADD의 지대지미사일(백곰) 개발 등 활발한 활동 상황을 들 수 있다.

1976년 1월 박 대통령의 사실상의 핵개발 포기에서 1976년 말 카터 대통령의 당선으로 박 대통령은 핵개발에 재시동을 걸게 되었다.

라. 핵개발 시설의 국산화

1976년 12월의 원자력사업 종합계획에 따라 자주국방을 위한

---

17) 백곰 하늘로 오르다. p.252.

핵개발 관련 시설의 국산화와 지대지 탄도미사일 개발에, 핵연료개발공단과 원자력연구소 그리고 ADD에 각각 개발 임무를 부여했다.

(1) 핵연료개발공단의 설립과 재처리시설 국산화

1976년 1월 미국이 핵연료 개발 연구를 한국에 양보함에 따라 그 이전부터 핵연료 개발과 재처리기술 연구를 하고 있었던 원자력연구소의 특수사업부(특수사업담당 부소장 주재양 박사)는 이때부터 '한국 핵연료개발공단' 설립을 준비해 오고 있었다.(도표 회색 부분).

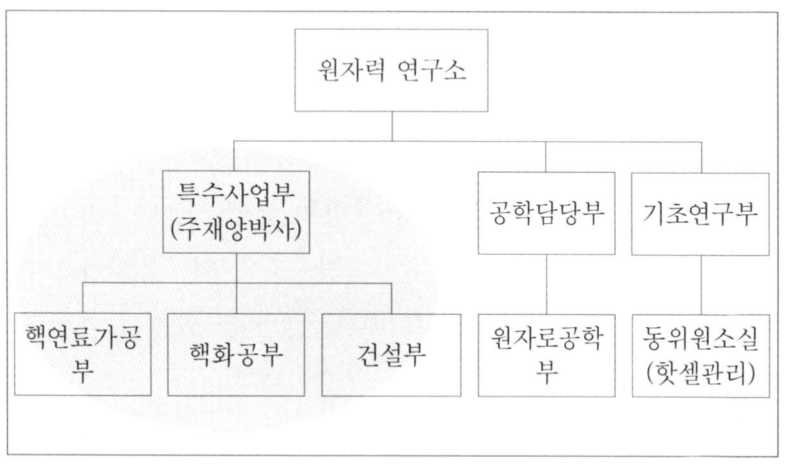

그러던 중 청와대에서 오원철 수석이 원자력사업 종합계획을 보고한 며칠 후 한국 원자력 연구소는 '한국 핵연료개발공단' 설립계획을 대통령에게 보고, 재가를 받자, 1977년 1월 정식으로 '한국 핵연료개발공단'을 재단법인으로 창설하게 되었다. 이때부터 원자력연구소의 특수사업부를 분리하여 한국 핵연료개발공단의 모체가 되었다 한국 핵연료개발공단 발족과 동시에 초대 소장

으로 주재양 박사를 임명하였다. 이에 따라 주재양 박사는 특수사업부의 소속인원을 모두 대동하고 1977년 6월에 대덕 연구단지로 이동하고 새로운 편성으로 공단을 발족시켰다.

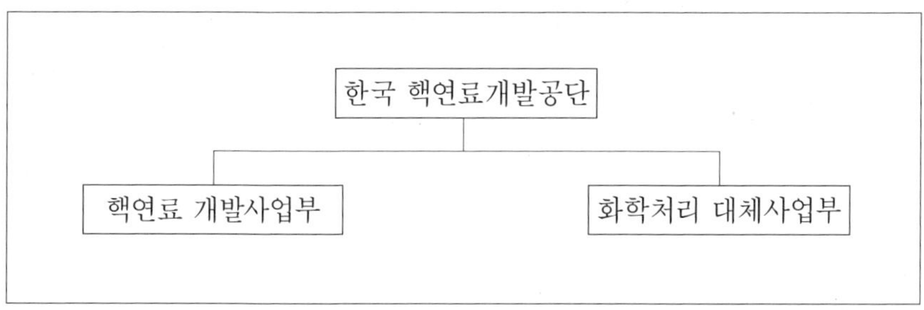

핵연료개발공단에 부여된 표면상 주 임무는 핵연료의 안정적 공급을 위한 핵연료의 국산화 연구개발로 핵 연료봉을 제작하는 것이다. 이 임무는 '핵연료개발 사업부'에서 담당했다.

그리고 핵연료가 국산화되어 핵연료로 사용된 후 이 핵연료가 정상적으로 연소되었는지 여부를 분석하는 임무는 '화학처리 대체사업부'에서 담당했다.

핵연료 국산화를 위한 목표는 1979년까지 연구동(연구시설)과 핵연료 가공시험시설(공장)을 건설하고 1980년까지 화학처리 대체사업부에서 필요로 하는 각종 시험시설을 도입하여 가동할 목표를 세웠다. 즉 1980년까지 핵연료개발공단에서는 핵 연료봉 제작과 사용 후 핵연료(SF)분석까지 완성하는 것이었다.

제작된 핵 연료봉을 원자로에서 연소시킨 후 인출하여 정상적인 연소상태인지 그리고 방사성물질 조성비 등을 분석하는 과정은 핵연료개발의 일련 된 공정이다. 이 공정을 위해 '조사후 시험시설'과 '폐기물 처리시설'은 필수적인 시설이기 때문에 1980년까지 도입하기로 계획했다.

그리고 이 공단의 표면적 임무인 핵 연료봉 제작 이외에 비밀로 부여된 특별임무가 있었다. 특별한 임무란 바로 재처리기술을 획득하고 재처리시설을 국산화하는 사업이었다.

이 특별한 임무를 '화학처리 대체사업부'에서 특별팀을 구성하여 비밀리에 진행시키고 있었다.

이 '특별팀'에서는 정부가 미국에서 스카우트한 김철 박사를 주축으로 재처리 기술 습득을 위해 재처리시설 자체(플랜트)를 도입하려고 프랑스와 재시도 해보았으나 국제사회의 강화된 감시 하에서는 불가능한 상황이었다. 그래서 특별 팀에서는 재처리시설의 각 프로세스별(재처리7단계의 처리 프로세스:SF의 냉각 및 저장단계, SF의 절단단계, 용해단계, 핵분열생성물질과 분리단계, 플루토늄과 우라늄 분리단계, 플루토늄과 우라늄의 정제단계, 저장단계)시설들과 유사한 시설들을 각각 별도로 도입하여 시설별 기술을 습득한 후 이 기술을 종합하면 재처리기술이 완성되는 이러한 우회적인 방안을 모색할 수밖에 없었다.

그리고 핵연료개발공단에서 정상적 도입을 추진하고 있는 '조사후시험시설'과 '폐기물 처리시설'은 사용 후 핵 연료봉을 분석하는 과정을 보면 사용 후 핵연료봉은 고농도의 방사성 물질임으로 방사성 폐기시설에서 원격조종장치를 이용 시험해야 함으로 여기에서 사용되는 기술은 재처리과정의 한 프로세스와 유사하다. 그래서 특별 팀에서는 이 시설들의 도입도 적극적으로 추진하고 있었다.

이들 두 시설과 또 재처리시설의 필요한 프로세스의 분리된 시설들에 대한 도입을 추진하는 한편, 필요한 기술 인력들을 해외에 보내 기술을 습득시키고 있었다. 이들 시설들을 도입하고 재처리 기술을 습득하게 되면 그 바탕에서 재처리시설 자체(공장)를 우리 힘으로 설계하고 제작할(국산화) 계획을 진척시키고 있었다.

이렇게 핵연료개발공단에서는 핵연료를 국산화하는 연구를 진행함과 동시에 한편으로는 1980년까지 사용 후 핵연료를 재처리하는 기술 터득과 아울러 재처리시설을 국산화하여 무기 급 플루토늄을 추출할 연구가 비밀리에 진행되어가고 있었다.

(2) 원자력 연구소의 NRX 국산화

한국 원자력연구소는 1977년 1월 특수사업부가 분리되어 나감에 따라 기구가 축소되었으나 1976년 12월 '연구용 원자로를 국산화하라'는 새로운 임무를 부여받고 있었다.

최초 핵개발 보고 시(1972년 핵연료를 획득하거나 또는 NRX를 도입하여 사용 후 핵연료를 획득할 계획을 세웠으나 인도의 핵실험(1974년)이후 국제상황은 이것을 허락하지 않게 되었다. 더욱이 중수형 원자로를 건설하고 사용 후 핵연료 인출은 1983년 이후에나 가능함으로 이것은 타이밍이 맞지 않고 또 NRX 도입마저 불가능하게 되자 부득이 NRX를 우리 손으로 국산화할 수밖에 없어 이 임무가 원자력연구소에 부여된 것이다.

연구소에서는 원자로공학부장 김동훈 박사가 주축이 되어 1976년 말 약 30여 명으로 특별연구팀을 구성하여[18] 연구용원자로 국산화 연구에 본격적으로 돌입했다.

18) 북한 핵위협 대비책, p.75.

1973년 말 이래 연구용 원자로(NRX) 도입을 위해 캐나다와 교섭 시 획득한 각종 자료와 또 인도와 대만에서 운용 중인 연구용 원자로 시찰 시 획득한 각종 자료들을 바탕으로 연구용 원자로 국산화를 위해 구체적인 연구를 개시하게 되었다. 연구용 원자로 국산화의 목적은 이 연구용 원자로에서 핵 연료봉을 연소시킬 때 연소기간 조절로 무기 급 플루토늄을 생성시킨 사용 후 핵연료를 얻기 위한 것임은 말할 필요도 없다. 이 사용 후 핵연료를 재처리하면 무기 급 플루토늄을 얻을 수 있다. 그래서 연구소의 연구용 원자로의 국산화는 핵연료개발공단에서 재처리시설이 국산화되기 이전에 완성되어야할 시급한 문제로 대두되어 특별연구팀은 불철주야 연구개발에 몰두하고 있었다.

(3) ADD의 탄도미사일(백곰) 개발

박 대통령은 1970년 8월 6일 ADD를 창설하여 군의 기본무기를 국산화하고 또 한편으로는 미사일 분야를 개발하라는 두 가지 임무를 부여했다.

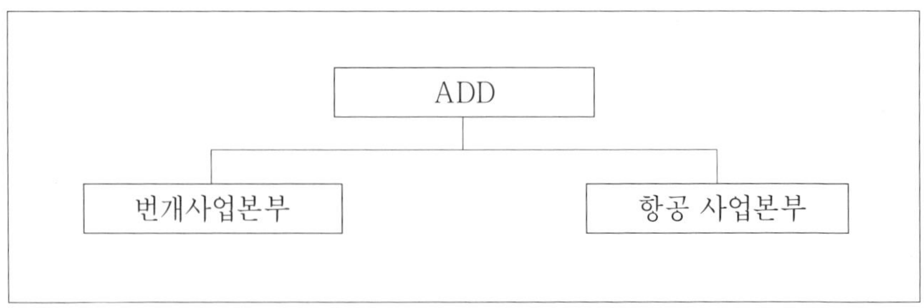

지시받은 ADD는 편성을 군의 기본무기와 장비를 신속히 개발하는 '번개사업부'와 미사일 분야를 개발하는 '항공 사업본부'로

크게 2개 분야로 분리하여 연구가 진행되었다.

번개사업본부는 말 그대로 번개처럼 신속한 연구개발로 1977년경에는 군의 기본무기와 중화기는 물론 포병의 105mm와 155mm 곡사포까지 국산화하고 500MD Hel기를 국산 조립하는 수준에 이르렀다.

항공 사업본부도 1974년 5월 14일 대통령의 재가를 받은 지대지 미사일 개발사업(백곰사업)은 율곡사업으로 추진됨으로서 더욱 활기를 띄고 연구가 진행되었다.

이때부터 항공 사업본부의 미사일개발 연구 팀에서는 미제 나이키허큘리스는 1950년대의 폐기 직전의 미사일이므로 성능개량이 필요하다는 주장으로 미국으로부터 어렵게 협조를 얻어 나이키허큘리스 제조회사인 MD사와 미 유도탄연구소 등에 우리 기술자들이 파견 기회를 얻어 미사일 개발 분야의 새로운 지식(소프트웨어 기술)의 습득과 기술자료 등을 확보하는 등 미사일개발에 많은 가술을 축적할 수 있게 되었다.

1976년도에는 연구개발을 위해 필수적인 미사일 지상 연소시험장(1976.9)과 유도탄 연구 및 생산시설들을 모두 준공(1976.10)하여 본격적인 미사일개발을 할 수 있게 되었다.

박 대통령이 대전기계창(항공 사업본부의 별칭) 준공식에 직접 참석할 정도로 특별한 관심을 보인 것은 당시 한국으로서는 북한의 도발을 억제할 수 있는 수단이라고는 아무것도 없었으므로 지대지 미사일 개발로 평양을 직접 타격할 수 있는 전략무기를 확보하면 북한의 도발을 제한적이나마 억제할 수 있을 것으로 판단하여 미사일 개발에 남다른 관심과 집념을 가지고 있었던 것으로 추정된다.

박 대통령이 백곰사업을 재가한 그 무렵(1974년), 당시 합참 전략기획국장인 이재전 장군이 율곡사업 보고 차 청와대를 방문하여 대통령 집무실에 들어갔을 때 '대통령은 한국 전역 지도 판을 보면서 장차 개발될 지대지 미사일을 어디에다 배치하면 김일성의 간담을 서늘케 해 줄 수 있을 것인가를 연구하고 있었다.'고 회고했다.[19]

이처럼 박 대통령은 최초 핵개발을 지시했을 당시부터 지대지 미사일도 구상하고 있었다. 그러다가 카터 대통령의 당선으로 접었던 핵개발의 꿈을 다시 일으킴과 동시에 지대지 미사일을 조속히 완성하여 제한적이나마 핵개발 시까지 이것으로 전쟁억제력을 갖고자 결심했기 때문에 지대지 미사일 개발은 시급한 상황이었다. 그래서 박 대통령은 '1978년 10월 1일 국군의 날 이전에 백곰 개발을 먼저 완료하라'고 당부할 정도였다. 대통령이 지시한 날까지는 2년이 채 남지 않았으므로 대전 기계창 연구실에는 불이 꺼질 줄 모르는 연구진의 끈질긴 노력으로 1977년 후반에 백곰 미사일의 축소형(20%)을 제작하여 시험사격 결과 성공적이었다. 이에 힘을 얻은 연구진에게 남은 것은 실물형으로 제작하여 종합시험을 위한 준비를 서두르는 것이었다.

당시 항공 사업본부 편성은 6개의 체계부를 두고 각각 연구에 몰두하고 있었다.

이 편성은 미사일 개발을 위한 편성이었고, 이 편성표에는 없으나 1972년도 박 대통령이 최초 핵개발계획을 보고받을 당시

19) 국방일보. 2013.10.7.

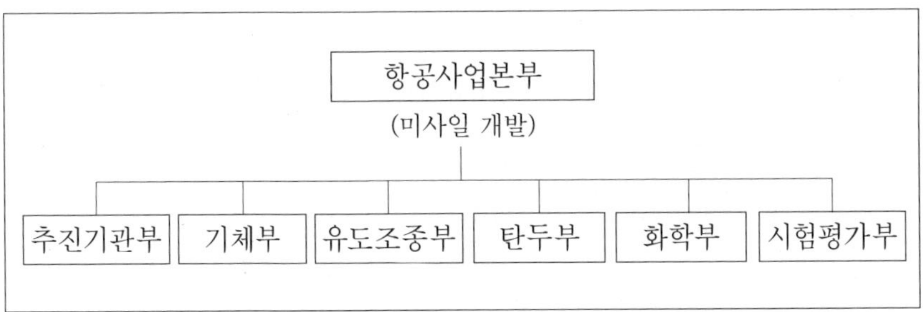

ADD가 핵개발의 기본계획 수립에 참여했다는 기록도 있다.

또 미 CIA에서 공개한 ADD의 편성표(1975-76년경)를 보면 미사일 설계 팀, 핵탄두 팀, 화학무기탄두 팀이 있었다. 핵탄두 팀 예하에 탄두개발 팀, 고폭장치 팀, 컴퓨터코드 팀이 있음을 알 수 있다.

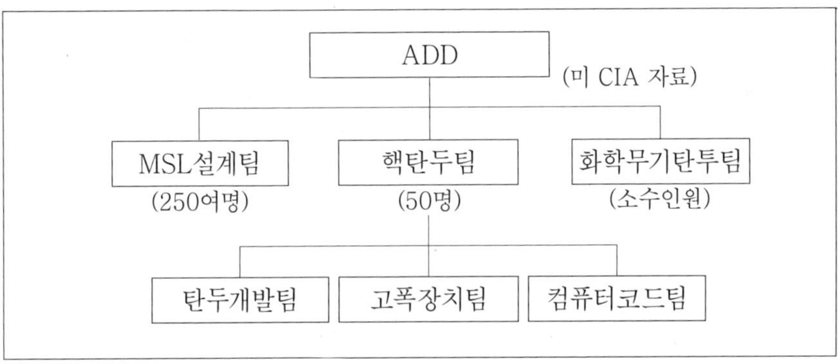

탄두 개발 팀에서는 핵탄두 디자인을 하고, 고폭장치 팀에서는 기폭장치 연구와 폭축형 핵탄두 제조에 고속폭약이 필요함으로 이 고속폭약을 연구하고 있었던 것으로 추정된다. 아마도 이 편성은 무기 급 플루토늄 획득에 맞춰 핵탄두 개발을 비밀리에 연구하고 있었던 것으로 추정된다.

그리고 핵탄두 팀에서 핵무기 설계에 직접 참여 했었던 한 연구관의 증언에 의하면 1975년도에 핵탄두의 기본설계는 거의 완성되었으나,[20] 기폭장치에 필요한 고속폭약은 외국에서 도입해야 하는데 미국에서 고속폭약 도입계약이 어렵게 성사되어 도입해 보니 그 폭약에 글리세린이 혼합되어 있어 (미국의 무기 수출 법에 따라) 실제 고속폭약으로는 사용할 수가 없었다는 일화도 있었다고 했다.

그리고 ADD에서 고속폭약을 연구하고 있다는 사실을 인지한 주한 미 대사관의 로버트 스텔라(핵개발 감시담당관)가 대전기계창을 수시 방문하여 핵개발의 흔적을 찾으려 했으나 찾지 못했다.

이처럼 카터 대통령 취임 전에 계획한 '원자력 종합계획'을 보고한(1976.12) 이후 원자력연구소, 핵연료개발공단, ADD의 활동에서 본 바와 같이 과거(1972년도) 외국에서 핵개발시설을 도입하여 핵개발을 시도했던 정책에서 전환하여, 순수 우리의 기술로 핵개발기술과 핵시설들을 국산화하여 핵개발을 시도하려는 박 대통령의 자주국방의지가 은밀히 진행되고 있었음을 알 수 있다.

마. 카터 대통령의 미 제2사단의 철수계획 발표(1977.2)와 철수 중단선언 (1978.4)

1977년 1월 20일 대통령에 취임한 카터 대통령은 취임 6일만인 1월26일 브레진스키(Brzezinski) 대통령 보좌관에게 '비밀리에 한국으로부터 핵무기를 철수시킬 계획을 마련하라'고 지시했고, 브레진스키 보좌관은 브라운(Harold Brown)국방장관에게 2월 1일까지 핵무기 철수계획을 마련하라고 대통령의 지시사항을 전달했다.

20) The Park Chung Hee Era. p.493.

그러나 브라운 국방장관은 한반도처럼 군사적으로 민감한 지역에서 핵무기를 미군 철수에 앞서 단행하는 것은 전략적으로 부적절함으로 핵무기 철수는 주한미군 철수와 함께 실시하는 것이 한반도 안정에 기여할 수 있다고 대통령을 설득한 끝에 결국 승인을 받았다.

(1) 카터 대통령의 미 제2사단 철군계획

앞에서 언급한 것처럼 한국에 있는 전술핵무기의 철수문제는 뒤로 미루어 졌으나 주한 미 제2사단의 철수계획은 카터 대통령의 의지대로 1977년 2월초에 아래와 같이 확정되었다.

> 카터 대통령의 철군계획
>
> ① 주한 미제2사단은 2단계로 철수한다.
>
> · 제1단계 : 1978년 말까지 1개 여단(약 6,000명)철수.
>
> · 제2단계 : 1980년 6월 말까지 1개 여단 및 병참 지원부대(약 9,000명)철수.
>
> ② 한국에 배치된 미국의 핵무기는 감축된 후 궁극적으로 지상군 병력과 함께 완전 철수한다.

이렇게 주한미군 철수계획이 일단 완성된 후 카터 대통령은 1977년 2월 15일 박 대통령에게 친서를 보내 미국의 대한 안보공약을 확인함과 동시에 주한 미 지상군을 한국과 협의하여 상당기간에 걸쳐 점진적으로 철수할 것이며 아울러 한국의 인권개선 조치를 촉구하는 내용도 담았다.[21)]

21) Don Oberdorfer p.91.

카터 대통령의 친서를 받은 박 대통령은 당시 미 행정부(CIA, 국무부, 국방부 등)내부에서 주한미군 철수가 한국에 미칠 영향을 깊이 우려하고 있다는 사실을 파악하고, 1977년 3월 초 박동진 당시 외무부장관을 워싱턴으로 보내 주한미군의 철수계획을 가능한 중단할 수 있는 방안이 있는지 한 번 더 미국과 협의해 보도록 지시했다.

박동진 외무부장관이 도미하여 카터 대통령을 직접 접견해 본즉 주한미군의 철수는 선거공약이란 점을 강조하면서 철수는 단계적으로 실시할 것이며 미국은 이에 대한 보상으로 한국군의 전력증강을 지원할 것이라고 말했다는 내용과 함께 카터 대통령의 주한미군 철수의지는 도저히 돌이킬 수 없는 확고한 것이었음을 확인할 수 있었다고 보고했다.

그리고 주한미군의 철수계획이 공식적으로 발표되자 박 대통령은 청와대에서 국가안보회의를 소집하여 대책을 논의했다.

안보회의에서 핵개발에 대한 언급은 하지 않았으나 이미 주한미군 철수에 대비하여 1976년 말부터 시작된 핵개발 기술획득 준비(핵연료개발공단의 발족)와 연구용원자로 개발, 지대지미사일 개발을 가일층 독려하게 되었다.

이무렵 미 CIA는 '주한미군의 철수가 가속화되면 미국의 핵우산에 대한 한국의 신뢰가 약화되면서 핵무기 옵션을 추구하길 원하는 한국 인사들의 힘은 강화될 것이고 이로 인해 박 대통령은 핵무기 개발을 재개할 수도 있을 것이다'라고 한국의 핵개발 재개를 우려하는 보고서를 제출했다.

이처럼 카터 대통령은 선거공약이라 해서 주한미군의 철수를 이미 결정하였으나 미국 행정부 및 대외 정보기관들은 우려의 소리를 내고 있었고 특히 박 대통령의 철저한 자주국방 의지를 아는 미국의 군부에서 우려의 소리는 상당했다.

(2) 싱글러브 장군과 죤 암스트롱의 새로운 정보

1977년 5월 주한 미 제8군사령부 참모장 싱글러브(John K. Sinnglaub)장군이 WP지의 사러(John Saar)기자에게 '만일 미 지상군이 예정대로 한국에서 철수할 경우 한반도에 전쟁이 일어날 것이다. 주한 미군 철수 결정은 2~3년 전의 낡은 정보에 의해 취해진 것이 아닌가 하는 우려를 낳게 한다.'라고 인터뷰한 기사 내용이 1977년 5월 19일자 WP지에 게재되자, 이는 대통령에 대한 항명으로 간주되어 군복을 벗는 파문을 일으킨바 있다.

사실 주한 미 지상군의 철수 결정은 당시 북한군 전력이 한국군 전력보다 열세하다는 기초위에서 이루어 진 것이다. 이런 기초위에서 결정된 카터 대통령의 정책에 싱글러브 장군의 발언은 분명 반기를 든 것으로 판단되나 한편으로는 북한의 전력 판단에 대해 군 당국에서도 정보판단을 재검토하는 분위기가 이루어지고 있었다.

이런 차제에 미국 국가안전보장국(NSA)에서 정보 분석가로 근무하고 있는 '존 암스트롱'이 한국의 군사분계선 북방 약 80km지점 일대에 새로운 전차사단이 항공사진에 식별 확인되고 있다는 놀라운 사실을 발표했다. 그때까지 북한에 전차사단이 있다는 정보가 전연 없었기 때문이다.

그리고 같은 해(1977년) 12월에 암스트롱 분석가가 서울 주한

미군사령부에 와서 분석된 새로운 정보를 제공했다.

'한국의 DMZ 북쪽 약 80km 지점 계곡 일대에 전차 270대, 장갑차 100대 이상으로 구성된 새로운 전차사단이 주둔하고 있음을 항공사진을 통해서 확인했다는 새로운 사실과 이는 북한의 과거 전차 전력에 비해 80%나 증강되었다'고 브리핑 해주었다.[22)]

이 브리핑에 주한 미군사령부도 깜짝 놀랐다. 미 제8군사령관(베시 대장)은 1978년 1월 미 국방부에 이 사실을 보고하고 북한군 전력에 대한 재평가를 요청했다.

미 국방부는 35명의 정보 분석 전문가로 하여금 1969년 이래 수집된 각종 자료를 토대로 재분석토록 지시했고, 분석결과 존 암스트롱 분석가의 새로운 정보 분석 결과가 사실임을 확인했다.

그리고 북한 지상군 병력도 지금까지 485,100명으로 판단한 것보다 40%나 증가된 680,000명임을 확인했고, 전차 야포 등 중장비도 크게 증강되어 북한군의 전체전력은 한국군의 전체전력보다 배 이상이나 높다는 사실을 확인하게 되었다.[23)] 이렇게 됨으로써 카터 대통령의 주한 미군 철수 문제는 딜레마에 빠지게 되었다.

이때부터(1978년) 한·미양국은 한국군과 주한 미군의 전력증강으로 북한의 도발을 억제할 방도를 강구하기 시작했고 박 대통령은 박 대통령대로 자주국방의 길을 모색하고 있었다.

(3) 미 제2사단의 철수계획 수정

1978년 4월 11일 백악관 회의실에서 주한미군 철군문제에 관

22) Don Oberdorfer의 책. p.103.
23) Don Oberdorfer의 책, p.102~104)

한 회의가 계획되어 있었다. 이날 회의에는 국무장관과 국방장관, 행정부 내 아시아 담당 고위관리들 그리고 백악관의 정책보좌관들이 모두 참석했다.

안보담당 보좌관(브레진스키)은 카터 대통령이 주한미군 철수를 선거공약으로 내걸었었고 또 집요하게 주장하는 것을 잘 알고 있었으므로 회의에 앞서, 그간의 상황을 카터 대통령에게 솔직하게 보고했다. 즉 '금년 초 북한군 전력의 재평가로 철군문제의 전제(한국군의 전력이 북한군 전력보다 우세하다)가 틀어짐으로써 미 CIA와 행정부의 대부분이 주한미군 철수에 반대하고 있으며 특히 의회에서 주한미군 철수를 위해 대통령이 약속한 보상예산 2억 7천 5백만$의 통과가 어렵게 됐다는 점 등'을 상세히 보고했다.

보고가 끝난 후 회의실에 돌아와 회의가 시작되었다.

먼저 국무부의 홀 브룩(Richard Holbrooke) 차관보는 '문제는 철군이 아니라 국회의원들은 주한미군 철수를 위한 예산 승인을 하지 않을 것으로 우려하고 있으며 또 한국에 아무 원조 없이 철군을 강행하는 것은 미국이 동아시아로부터 발을 빼는 것으로 비칠 것을 우려하고 있다'고 했다.

국가안보회의 위원인 마이클 아마코스트(Michael Armacost)도 '약속한 보상원조 없이 철군할 경우 일본에서도 심각한 부정적인 결과를 초래하게 될 것'이라고 보상 문제를 내세워 주한미군 철수를 반대했다.

국방부의 모튼 애브라모위츠(Morton Abramorwitz)도 '보상

없이 철군을 감행할 경우 주한미군사령관인 베시 장군을 비롯한 야전지휘관들도 노골적으로 반대하고 있다'고 했다.[24)]

그리고 이어서 벤스(Cyrus Robert Vance) 국무장관과 브라운 국방장관 등 대다수의 보좌관들 역시 주한미군 철수를 연기 내지는 철군 철회를 주장했다.

그러나 카터의 내심을 잘 아는 브레진스키 안보보좌관만은 철군 철회보다는 철군의 규모를 줄이는 방안을 절충안으로 제시했다. 즉 '금년(1978년) 말까지 전투병력 1개 여단 6,000명을 철군하게 되어 있는데, 이를 전투 1개 대대(약 800명)와 비전투요원 2,600명 정도로 그 규모를 줄이자는 안이었다'

참석자들은 1개 대대 전투병력 철군은 전투력에 큰 약화를 초래하지 않고 또 이렇게 되면 추가 철군 가능성을 상당히 낮게 만들 수 있으리라고 판단, 동의하는 눈치였다.

이를 대통령에게 보고하자 대통령은 철군 철회가 아니므로 체면유지는 된다고 생각해서 내키지는 않았지만 브레진스키의 대안을 받아들였다.

이 회의에서 철군 규모 축소 안을 승인한 열흘 후인 4월 22일 카터 대통령은 대통령의 특별성명으로 '1개 전투 대대만 철수시키고 주한 미 공군력을 더욱 강화하며 한국군의 군사력 증강계획도 적극적으로 지원한다. 미국은 대한 방위공약을 확고히 지킬 것이다.'라고 강력한 대북 경고 메시지도 담아 발표함으로써 한국으로서는 다소 안도의 숨을 쉬게 되었다.

그러나 카터 대통령 취임 후 이때까지(1년 반 이상) 주한미군

24) Don Oberdorfer.의 같은 책 p.93.

철수와 핵무기 철거문제로 초래된 한국 국가안보의 불안정성에 시달려온 박정희 대통령으로서는 한국군 독자적으로 북한의 도발을 억제할 수 있는(자주국방) 전력 확보가 시급하다고 생각하고 있었다.

그리고 카터 대통령의 특별성명이 발표된 3개월 후인 1978년 7월 25일 미국 샌디에이고에서 제11차 한·미 국방장관회의(노재현 국방장관과 브라운 국방장관)가 개최되어 아래와 같은 요지의 공동성명을 발표했다.

공동성명에서 '금년 말까지 주한미군 3,400명(전투병력 1개 대대와 비전투부대 포함)을 철수하는 것으로 일단락 짓고 대신 금년 내에 한미연합사의 창설과 한미연합훈련(T/S훈련)을 매년 실시하기로 하고 미 공군의 증강과 미 해군의 한반도 주변해역에 배치함으로써 한국에 대한 미국의 안보 공약이 확고부동함을 보장한다'고 했다.

특히 '한국은 미국의 핵우산 하에 있다'는 사실과 '한미연합사 창설'을 공동성명에 최초로 명시함으로써 북한 도발에 강력한 쐐기를 박았다.

이로써 카터 대통령은 주한미군 철군 문제로 야기된 한반도 안보문제가 해소되었다고 판단하는 것 같았으나 박 대통령에게는 안보 불안을 완전히 불식 시키지는 못했다.

바. 박 대통령의 자주국방 집념

카터 대통령의 미 제2사단 1개 전투대대 만 철수하고 그 이상 철수는 없다고 발표했으나 박 대통령의 국가안보 불안은 여전했다. 특히 북한 FROG로켓 사정권 내에 있는 수도 서울의 취약성을 상쇄할 제2격(Second Strike)을 확보할 독자적 미사일의 개발과 또 독자적인 핵개발 기술을 확보하여 우리 스스로의 힘으로 북한의 도발을 억제할 수 있을 능력을 갖출 자주국방에 몰두했다.

(1) 백곰미사일 시험사격의 성공 (1978.9.26)

ADD의 항공 사업본부에서는 1974년 5월 대통령의 재가를 받은 백곰사업은 미국의 지대지미사일 나이키허큘리스(Nike-Hercules)를 모델로 선정, 각종 난관을 무릅쓰고 개발을 진행시켜 왔다.

특히 1977년 1월 카터 대통령 취임 후 주한미군의 감축과 핵무기마저 철수시키겠다는 정책 전환으로 위기를 느낀 박 대통령은 우리스스로 전쟁억제력을 갖기 위해 우선적으로 북한의 심장부를 타격할 수 있는 장거리미사일 개발을 독려하여 1978년 국군의 날까지 개발을 완료하도록 물심양면의 지원을 아끼지 않았다.

수시로 대전기계창(항공 사업본부)을 방문 연구진을 격려할 정도였다.

대전기계창에서는 1977년 후반에 축소형 백곰미사일 시험비행에 성공한 이래 자신감을 얻은 연구진은 계획된 각 부(추진기관부, 기체 부, 유도조종 부, 탄두 부, 시험평가 부)의 체계별 시험을 마친 후 각 부의 실물(백곰)을 통합 조립한 후 1978년 4월부터는 종합시험비행을 준비하기에 이르렀다. 그러나 처음 몇 차례 시험비행은 실패의 연속이었다. 공개 시험일(1978.9.26)이 가까워지면서 시험은 성공적으로 진행되어갔다.

1978년 9월 26일 박 대통령을 비롯하여 국방장관, 상공장관, 과기처장관 등 내외 귀빈들을 모신 가운데 공개시험 행사가 13시 정각부터 안흥 시험장에서 시작되었다. 이날 행사에는 4가지 주요 국산 개발무기(백곰 지대지미사일, KLAW 한국형 대전차로켓, 구룡 다연장로켓, 황룡 중거리 로켓)의 시험사격이 계획되었는데 가장 기대를 모은 백곰 지대지 유도미사일 시험사격부터 시작되었다.

백곰 미사일은 1974년 5월 14일 박 대통령의 재가를 받을 당시 사정거리가 200km에 이르는 지대지 탄도미사일을 1978년까지 개발하라는 지시였다. 백곰개발팀은 개발단계를 3개 단계로 구분, 1단계는 모방단계로 미제 나이키허큘리스를 선정하였으며, 2단계는 이의 성능을 개량하고, 3단계는 완전한 한국형 지대지유도탄으로 독자 개발하는 계획이었다.

나이키허큘리스 미사일은 미국이 1958년도에 개발한 사정거리 180km의 2단 유도무기였으므로 개발팀에서는 대폭적인 성능개량을 하지 않을 수 없었다. 다만 시간관계상 외형은 그대로 유지하기로 하고 연구를 시작했다. 먼저 사정거리를 200km 이상으로 연장시키기 위해서는 1단과 2단의 추진기관의 추력을 증가시켜야했고(추진기관 개량) 전자회로는 진공관에서 반도체로 바꾸었다. 또 유도시스템도 컴퓨터화 함으로써 모두 개량하거나 개발하여 새로운 한국형 백곰탄도미사일을 탄생시킨 것이다.[25]

시험사격은 14시 13분 34초에 발사되어 시야에서 사라진 후부터는 행사장에 설치된 대형모니터로 비행하는 모습을 보고 있

25) 한국 미사일 개발의 산 증인 구상회 박사 회고(2) 2006.8.6.

박 대통령 참관 모습

던 중 탄두가 수직으로 낙하하기 시작하여 해상 목표 표적에 탄착(명중)하고 물기둥이 솟아오른 것을 본 대통령과 참관인들은 열렬한 박수를 보냈다. 특히 불철주야 연구에 몰두한 연구원들은 서로 얼싸안고 울음을 터뜨렸다. 이 순간이야 말로 세계에서 7번째 유도탄 개발국이 된 것이다.

흥분된 순간이 지나자 이어서 계획된 한국형 대전차로켓사격과 다연장로켓 그리고 중거리로켓의 사격이 순서대로 진행되었고 모두 목표물에 명중하는 대 성과를 거두어 우리 국방과학의 기술력을 대내외에 과시했다.

시험사격이 끝난 후 박 대통령은 전시된 각종 장비를 둘러보고 도열한 연구원들과 일일이 악수를 나누면서 '사명감에 불타는 우리 젊은 과학기술자들의 노력으로 오늘의 성과를 거두었음을 치하한다'면서 격려를 아끼지 않았다.

그리고 대통령의 당일 일기에는 다음과 같이 기록되어 있다.

"금일 오후 충남 서산군 안흥에서는 우리나라에서는 처음으로 유도탄 시험발사가 있었다. 1974년 5월에 유도무기 개발에 관한 방침이 수립된 지 불과 4년 동안에 로켓, 유도탄 등 무기 개발을 성공적으로 완성하여 금일 역사적인 시험발사가 있었다."[26]

며칠 후 1978년 10월 1일 국군의 날 행사에는 이날 시험사격한 백곰유도탄을 비롯한 국산무기들이 모두 참가하여 그 위용을 과시했고 특히 시가행진 시에는 온 국민들로부터 열렬한 박수갈채를 받았다.

이렇게 박 대통령이 구상하던 북한의 도발을 억제할 수 있는 두 개의 축 중 하나인 장거리미사일의 개발은 성공하게 되었다. 그러나 또 하나의 가장 중요한 축인 핵개발 기술 획득 문제는 핵연료 개발공단과 원자력연구소 그리고 ADD에서 횡적 연락을 취하면서 은밀히 진행되고 있었다.

(2) 원자력연구소의 연구용 원자로 국산화

원자력연구소의 김동훈 박사가 주도하는 연구용 원자로 개발팀은 이미 획득된 연구로의 자료를 토대로 연구로의 세부설계에 들어가서 1978년 10월경에는 세부설계(Detailed Design)을 완성하였다.[27] 이제 남은 과제는 이 세부설계에 따라 연구용 원자로를 제작하는 문제만 남았다.

연구용 원자로 건설에 필요한 일부 특수자재를 외국에서 도입하는 문제만 해결되면 1981년 말경까지(3년간 소요)는 건설이 완료될 것으로 전망되었다. 그리고 시운전을 거쳐 1982년 중반까지는 핵연료를 연소시켜 플루토늄을 생성한 사용 후 핵연료를 생산

26) 구상회 박사 회고(2).
27) 심용택 '백곰 하늘로 솟아오르다' P.253.

할 수 있을 것으로 전망되고 있었다.

(3) 한국 핵연료공단의 재처리시설 국산화

앞 절에서 언급한 바와 같이 1980년까지 핵 연료봉 시험시설인 조사후 시험시설과 방사성 폐기물시설 그리고 재처리시설의 각 프로세스별 시설을 도입하고 기술을 습득한 후 재처리시설을 설계하고 국산화할 계획이 진행되고 있었다.

1979년도에는 이들 일부 시설이 도입되기 시작했고 1980년까지는 나머지 시설들이 도착할 예정이었다. 이 시설들을 이용해 재처리기술을 습득하고 또 해외에 연수차 나간 과학자들이 돌아오면 늦어도 1982년 후반에 재처리시설 제작이 완료되게 되면 1982년 말경에는 원자력연구소로부터 사용 후 핵연료를 인계받아 재처리를 시작하여 1883년 초반 이전에 무기 급 플루토늄을 생산할 수 있을 것으로 전망되고 있었다.

(4) ADD의 핵탄두 국산화

ADD의 핵탄두 개발 팀에서는 1975년도 경에 핵탄두의 기본 설계는 이미 완성되어 있었다. 다만 기폭장치 개발에 필수적인 고속폭약을 미국으로부터 도입을 시도했으나 실패함에 따라 자체개발 연구로 전환하여 1981년도 까지는 기폭장치 개발을 완료하고 1982년 이후에 핵연료 개발공단에서 무기 급 플루토늄만 지원되면 핵탄두를 완성할 수 있을 것으로 전망되고 있었다.

그리고 핵무기 투발수단은 당시 한국군이 월남전 참전 대가로 미국으로부터 지원받아 운용중인 팬텀(F-4D)전폭기의 탑재능력이 약 2톤(4,000파운드)이 됨으로 이를 이용하면 될 것으로 전망되고 있었다. 추가적으로 ADD에서 개발한 백곰미사일의 탄두중량이 0.5톤으로 제한되어 있으나 이 탄두중량을 늘이거나 핵탄두 중량을 감소시킬 수 있다면 미사일에 탑재 가능성도 연구하고 있었다.

사. 핵개발 완성의 D-day는 1883년 10월 1일

박 대통령이 1972년 오원철 수석으로부터 최초 핵개발 보고를 받았을 때의 핵개발 완성의 목표년도는 1980년도 초에 두었다.

그러나 앞에서 언급한 바와 같이 그동안 국제사회와 미국의 정책 변화에 따라 박 대통령의 핵개발 계획은 순조롭지 못했다.

1978년 국군의 날 행사에는 백곰미사일을 국민들에게 선보여 갈채를 받았으나 박 대통령의 마음속에 자리 잡은 확고한 자주국방에는 허전함이 있었다. 그로부터 3개월 후인 1979년 1월 1일 박 대통령은 해운대에서 새해 구상을 하던 중 전 청와대 공보비서관으로 근무를 마친 후 당시 국회로 진출한 선우 련 의원을 불러 함께 해안을 산책하면서,

> "나는 1983년 10월 1일 국군의 날 기념식 때 국내외에 핵무기 보유를 공개한 뒤 그 자리에서 은퇴를 성언할 생각이다. 김일성이 우리가 핵무기를 보유한 것을 알면 절대로 남침하지 못할 것이다."[28]

28) 심우택. 백곰 하늘로 솟아오르다. p.264.

라고 했다.

이는 80년대 초의 핵개발 목표를 1983년 10월 1일로 핵개발 완성 D-day로 생각하고 있음을 엿볼 수 있다.

이처럼 박 대통령은 1983년 10월 1일을 핵개발 완성 목표일로 설정하고 이때까지 핵개발이 완성될 수 있도록 연구원들을 직접 격려 성원하고 가능한 모든 지원을 아끼지 않았다.

박대통령은 1979년 당시 향후 4년 이내에 늦어도 1983년까지는 핵개발을 완성하여 핵보유국임을 세계만방에 과시하는 자주국방의 꿈을 실현하려 했었다.

그러나 박 대통령은 이 꿈을 실현하지 못하고 1979년 10월 26일, 김재규(당시 중앙정보부장)의 총탄에 유명을 달리했다. 정말 안타깝다. 만 4년 후면 세계를 향해 동방의 작은 나라가 핵을 보유했다는 포효를 지를 기막힌 기회는 이렇게 사라져갔다.

핵무기 개발의 완성을 눈앞에 둔 1979년 10월 26일, 이무렵 우리의 핵개발 수준은 어느 정도에 와 있었는지, 그리고 박 대통령이 설정한 핵개발완성 목표일(1983.10.1)에 완성될 수 있었을 것인지에 대해서 알아본다.

아. 1979년도의 핵개발 수준과 1983년도의 핵개발 완성 전망

지금까지 각 연구소에 부여된 핵개발 임무를 종합해서 판단해 보면 박 대통령의 핵개발 D-day인 1983년 10월 1일까지는 다소 타이트하긴 하나 박 대통령의 자주국방에 대한 강력한 집념과 리드쉽 등으로 미루어 볼 때 핵 보유가 가능할 것으로 저자는 판단했다.

이와 같은 판단의 가능성은 1979년 10월까지 핵개발 시설의 국산화중 가장 먼저 완성되어야할 원자력연구소의 연구용원자로 세부설계가 완성되어 국산화 시설공사가 준비단계에 와 있었고 여기에서 사용 후 핵연료가 생산된다.

사용 후 핵연료가 생산되면 바로 재처리로 들어가야 할 핵연료공단의 재처리시설 국산화는 다소 지연되고 있었으나 박 대통령의 전폭적인 지원과 집념으로 우회적인 방법으로 속도를 내고 있었다. 1982년 초반 이전에 무기 급 플루토늄 추출 가능성이 전망되고 있었다.

그리고 ADD는 조금은 여유롭게 일찍 기본 설계를 완성하고(당시 폭축형 기폭장치 핵 설계도는 이미 세계적으로 알려진 상태)있었으므로 무기 급 플루토늄만 도착하면 핵실험할 준비를 갖추고 있었을 것으로 추정된다.

그리고 박 대통령 서거 후인 1982년 4~5월경 한국 원자력연구소의 소형연구용 원자로(Triga-Mark Ⅲ)에서 인출한 핵 연료봉에서 플루토늄 약 86mg을 추출했었다는 사실이 2004년 IAEA조사팀에 의해서 확인 되었다고 2004년 당시 장인순 원자력 연구소장이 밝힌 바 있다.[29)]

이런 사실을 미루어보면 1982년 당시 한국의 핵과학자들은 이미 플루토늄을 추출하는 재처리기술을 보유하고 재처리시설의 완성을 기다리고 있었음을 추정할 수 있다.

그러므로 박 대통령이 몇 년만 더 생존했었더라면 1983년 10월 1일 핵보유국 선언은 충분히 가능했을 것으로 전망된다.

29) 조선일보. 2004.9.11.

우리가 박정희 대통령의 핵개발 역사를 더듬어 보면 확실히 자주국방의 높은 철학을 지닌 지도자가 있을 때 국가의 안보는 위기가 닥쳐도 극복할 수 있었고 국가가 융성해 왔음을 알 수 있다. 국제사회의 압력 속에서도 집념을 가지고 자력으로 핵보유국가로 우뚝 서서 자주국방 하겠다는 거대한 꿈을 핵개발시설을 국산화로 돌파해 나가려했다. 돌발적 서거로 핵개발의 꿈을 달성하지 못해 안타깝다.

그런데 지금 우리는 역으로 북한 핵의 위협 속에 살고 있다. 그러나 박 대통령의 핵개발기술은 지금까지 전승되어 오늘날 우리나라는 원자로23기를 운용하고 또 원자로를 국산화하여 외국에 수출하는 원자로 수출국가가 되었다. 한국의 원자력은 설비용량 세계5위, 운전기술 세계 1위의 수준이다.

그리고 오늘날 핵무기 제조 잠재력은 핵보유국을 포함하여 세계 10위권으로 평가되고 있다.

제2절 퍼거슨 박사의 한국 핵개발능력 평가

미국 과학자연맹(FAS) 회장 퍼거슨 박사(Charles D. Ferguson)가 2015년 4월 27일 날자로 쓴 How South Korea could acquire and deploy nuclear weapons 란 보고서는 한국의 핵개발능력에 대해 아주 높게 평가하고 있을 뿐만 아니라 참고할 가치 있는 내용들이 포함되어 있어 그 주요사항 만을 요약 소개한다.(부록 #3 참조)

1. 서언

- 한국의 핵무장 능력은 아주 높다.
- 한국이 핵무장의 길을 갈 가능성 아주 높다.
- 한국이 핵무장 결심만 하면 국제사회가 막지 못할 것이다.

2. 한국 내 핵무장을 반대하는 주장에 대한 반박논리

한국 내에서 한국의 핵무장을 반대하는 이들이 내놓은 3가지 주장에 대해 반박하는 내용도 보고서에 기록하고 있다.

① 첫째는 국제사회로부터 경제적 제재를 받게 되면 한국의 경제는 경제적 파탄 위험에 빠지게 될 것임으로 핵무장을 반대한다는 주장이다.

여기에 대해 퍼거슨 박사는

- 한국은 세계에서 경제력이 가장 강한 나라 중의 하나이다.
- 삼성과 LG에서 만든 전자제품과 같은 우수한 상품을 전 세계 시장에 공급하는 글로벌한 국가 중의 하나이다.
- 한국은 경제제재의 폭풍우를 인도의 예처럼 해쳐나갈 수 있을 것이다.
- 인도는 1998년 5월에 핵실험을 하고 경제적 제재를 받았다. 그러나 그 제재는 1년도 지속하지 못했다. 당시 인도는 한국처럼 우수상품을 생산하지 못했지만 거대한 인구수는 외국으로

부터 인도 시장을 유혹하기에 충분했다.

- 또 인도는 중공의 성장하는 군사력에 대항하는 파트너로서의 중요성이 있다고 미국은 인식했다.
- 한국은 인도에 비해 인구수는 훨씬 적으나 활기찬 민주주의 국가이고 한국의 무역상사들은 미국이 원하는 좋은 상품을 많이 생산하고 있다.
- 그래서 한국에 대한 경제제재는 수개월 후에는 제거될 것이다. [30]

② 둘째는 한국의 핵무장은 IAEA의 제재로 원자로 수출 분야에 타격을 받을 것이므로 핵무장을 반대한다는 주장이다.

이에 대해 퍼거슨 박사는

- 한국은 비핵 확산의 충실한 동조자로서 자리매김하고 있다.
- 한국은 IAEA의 추가적인 포괄적 안전협정에 가입하고 있다.
- 2012년에 핵 안보 정상회담을(서울에서) 주관하여 성공적으로 수행했다.
- NPT 체제는 한국의 국익을 위해 도움이 될 때 한해서 유효하다.
- 만일 한국이 자국의 국가안보를 위해 핵개발을 해야 할 이유가 있다고 판단되면 NPT규정 제10조를 인용 탈퇴할 수도 있다.[31]
- 한국 원자력산업은 수출 분야에서 미국, 프랑스, 일본 등과 합작하고 있음으로 한국에 대한 제재는 이들 나라 이익에도 영

30) Ferguson 보고서 p.3.
31) Ferguson 보고서 p.4.

향을 미친다. 예로서 현재 한국이 UAE와 (원자로 수출) 협상 중인데 미국, 프랑스, 일본이 이익을 공유하려면 한국에 대한 제재를 감소하거나 압력행사를 중단해야 될 것이다.[32)]

– 그래서 IAEA의 제재는 오래가지 못할 것이다.

③ 셋째는 한국의 핵무장은 한·미 군사동맹을 결렬시킬 것이므로 핵무장을 반대한다는 주장이다.

이에 대해 퍼거슨 박사는

– 한국이 핵무장하면 일본도 핵무장할 것이다. 이렇게 되면 장차 중국과 일본이 핵 경쟁으로 충돌할 가능성 때문에 미국은 한국의 핵무장을 반대할 것이다. 이로 인해 한·미 군사동맹은 결렬을 가져 온다는 논쟁이다.
– 미국의 국가전략이 아시아 태평양 지역으로 회귀하는 정책에도 불구하고 미국은 한국과 일본의 안보를 지원할 재정적 여력이 감소할 것이다.
– 한국과 일본의 전 현직 지도자들은 오바마 행정부가 '핵 없는 세상'을 주창하는데 대해 핵무기의 유용성을 경시한다고 인식한다.
– 만일 미국이 중국과 북한의 위협에 대처하는데 미국은 믿을 수 없다고 판단하면 한국과 일본의 군사계획자는 핵을 보유하려할 것이다.
– 더욱 한국관리들은 한국이 핵무장하는 것은 미국으로 하여금 북한의 비핵화를 달성하는데 한국과 함께 강력하게 추진하도

32) 앞의 같은 보고서 p.4.

록 미국을 일깨워 주는 것이 됨으로, 이것은 북한의 비핵화를 촉진하게 되는 것이지 한·미 군사동맹의 결렬이 아니라는 것이다.

3. 퍼거슨 박사의 한국 핵무장 시나리오

퍼거슨 박사는 한국의 핵무장 시나리오를 작성하면서 2가지 사항을 전재로 했다.

- 북한은 어떠한 상황에서도 핵을 포기하지 않을 것이다.
- 중국은 북한의 핵은 묵인하고 한국의 핵개발은 반대할 것이다.

그리고 3가지 단계별 시나리오를 소개했다.

① 1단계 시나리오[33)]

5년 이내에 외교적 압박을 목적으로 한 핵폭탄 몇 발을 만든다.(이는 미국과 중국에 대해 북한의 비핵화를 촉구하는 외교용이다)

② 2단계 시나리오[34)]

외교적 핵폭탄 개발이 별로 효과를 거두지 못하는 것을 본 한국은 매년 10발의 핵폭탄을 만드는 핵강국의 길로 질주하는 단계다.

- 여기에는 5~10년이 걸릴 것이다.
- 한국은 북한뿐만 아니라 중국과 일본의 핵위협에도 대응하기

33) Ferguson 보고서 p.7.
34) Ferguson 보고서 p.28.

로 한다.

- 북한 정권이 무너질 때 중국의 개입을 막기 위해서도 핵무기는 유용하다고 판단할 것이다.
- 본격적인 핵전력 건설이 시작된다.
- 1척 이상의 핵무장 잠수함을 항상 바다로 보내 놓아야함으로 적어도 4~5척을 운용해야한다.
- 한국은 3,000톤급 잠수함을 준비하고 있다. 여기에는 핵 탑재 크루즈미사일을 실고 다닐 수 있다.[35)]
- 한국은 이미 조기경보기와 공중급유기 F-15/16을 이용한 핵 공격력을 확보해 놓고 있다.

③ 3단계 시나리오[36)]

한국과 일본이 핵무장에 협력해 공동 대응하는 단계다.

- 한·일 간의 적대감을 감안하면 공동 핵개발은 지나친 상상이라 할 수 있으나 중국과 북한의 핵위협이 강해지고 미국의 핵우산이 불확실해 지면 한·일 핵 협력 가능성을 배재할 수 없다.
- 또한 상호 핵 기술이 필요하다는 점이다. 일본은 퓨렉스형의 재처리시설을 제공하고, 한국은 발전된 크루즈미사일 과 탄도미사일기술 그리고 수소탄 원료인 3중수소를 제공할 수 있다.
- 미국은 중국의 핵전력 증강에 대응할 능력이 부족하다고 판단되면 한국과 일본의 협력으로 한 핵무장을 막을 수 없고 오히려 내밀히 환영할 것이다.

35) Ferguson 보고서 p29.
36) Ferguson 보고서 p32.

4. 퍼거슨 박사의 한국의 핵무장 능력

한국이 핵무기를 만들려면 ① 핵물질 획득, ② 핵폭탄 설계능력, ③ 운반수단을 갖추어야한다. 한국은 이들 요소들을 쉽게 확보할 수 있을 뿐만 아니라 수소탄 제조에 필요한 중수소와 3중수소도 충분히 준비되어 있다.

가. 핵물질 획득

경주 월성에 있는 4기의 중수로가 핵폭탄제조의 핵 원료 물질을 생산하는데 적합하다.

지금 월성에 저장된 사용 후 핵연료를 재처리하면 26,000kg의 무기화가 가능한 Pu을 얻을 수 있다. 이는 4,330발의 핵폭탄을 만들 수 있는 량이다.(1발당 6kg소요)[37)]

월성 중수로 4기를 이용하면 매년 416발의 핵폭탄을 만들 수 있는 2,500kg의 '거의 무기급(near-weapons-grade)' Pu을 생산할 수 있다.[38)]

한국은 결심만 하면 재처리공장을 4~6개월 안에 지을 수 있다.

월성 중수로에서 증폭핵분열탄이나 수소탄을 만드는데 필요한 중수소와 3중수소를 이미 만들고 있다.

또 수소탄 제조에 필요한 리튬(Li-6)은 천연 Li에서 빼내는데 한국은 볼리비아에서 리튬전지용 천연 Li을 수입하기로 계약하여 수입하고 있다.

---

37) Ferguson보고서. p.12.
38) Ferguson 보고서. p.13.

나. 핵폭탄 설계 능력

한국의 수준 높은 컴퓨터기술 등으로 볼 때 핵폭탄 설계에 필요한 초고속 전자 기폭장치를 만드는 것은 어렵지 않을 것이다. 핵폭발에 필요한 고성능 폭약은 한화그룹이 만들 수 있다.

또한 높은 컴퓨터기술 수준으로 볼 때 핵분열탄, 증폭 핵분열탄, 수소탄도 실험할 필요가 없다. 굳이 실험을 한다면 핵보유국임을 세계에 과시할 필요가 있을 때 일 것이다.

다. 운반수단 능력

한국은 이미 핵을 운반할 수 있는 F-15/16을 보유하고 있으며 F-35스텔스기를 구매하려하고 있다. 한국은 2018년부터 F-35스텔스기를 도입하고 있다.

핵 탑재 크루즈미사일을 탑재한 3,000톤급 잠수함도 준비하고 있다. 그리고 미사일도 그동안 크게 발전하여 현무-2 탄도미사일은 800km, 현무-3 크루즈미사일은 1,500km까지 사정거리가 연장되었고 명중률 역시 크게 향상되어 표적의 창문을 명중시킬 수준에 이르고 있다.[39)]

이러한 한국의 핵무장능력이 크게 발전 된 데는 한국이 그 동안 쌓아올린 세계적인 제조업과 원자력 및 방위산업 기술의 기반 속에 핵무장 명령만 내리면 순식간에 동원될 수 있는 다양한 기술이 숨어있다. 국가 지도부가 사전 그렇게 계획했다기 보다는 나라 곳곳에 맡은바 임무를 열심히 수행하고 있는 과학자, 군인, 기술자, 기업인 등 프로 집단의 힘이 자연스럽게 이런 인프라를 만

---

39) Ferguson보고서. pp27~28.

든 것이다.

그리고 한국이 외교적 목적으로 핵을 보유할 때 북한의 비핵화와 맞바꾸려 할 것이다. 북한이 핵을 포기하면 우리도 포기한다는 식이다. 외교적 핵실험 정도로도 중국과 일본에 한국의 엄청난 핵능력을 과시하는 효과를 거둘 것이라고 퍼거슨 박사는 주장하고 있다.

제3절 우리의 핵개발능력 판단

앞 절에서 우리의 핵개발능력 판단을 위해서 40년 전의 박 정희 대통령이 핵개발을 위해 핵시설들을 국산화하는 과정들을 살펴보았고 또 퍼거슨 박사의 한국의 핵개발능력에 대한 평가도 살펴보았다.

핵무기를 개발하는 데는 우선적으로 핵무기의 원료인 핵물질을 획득할 수 있어야하고, 핵 물질이 획득되면 이들 핵 물질을 폭발 시킬 수 있는 핵 폭발장치인 핵탄두를 설계하고 조립해야 한다. 그리고 이것이 완성되면 실제 핵폭발이 일어날 것인지를 확인하는 핵실험을 통해서 핵무기가 완성되는 것이다.

그래서 이 핵무기가 만들어지는 과정에 따라 분석해 보면 우리 스스로 핵개발이 가능한지 여부를 확인할 수 있을 것이다. 즉 우리의 핵개발능력을 판단할 수 있게 될 것이다.

1. 핵 물질(Pu) 획득 능력

핵분열무기의 핵 원료는 고농축 우라늄(HEU)이나 플루토늄(Pu)이다. 우리나라에는 고농축 우라늄보다는 Pu 획득이 용이한 인프라를 가지고 있으므로 여기서는 Pu 획득여부만 확인해 본다.

가. Pu의 생성 능력

Pu 획득은 원자로에서 핵 연료봉을 연소시키면 Pu이 생성된다. 생성된 Pu을 재처리시설에서 화학적으로 처리하면 Pu을 획득하게 된다. 우리나라에는 23기의 대형 원자로가 가동 중에 있어 Pu은 계속적으로 생성되고 있다. 핵 연료봉을 연소하기 시작한지 9개월이 될 때 Pu의 순도가 90%가 되고 또 형성되는 Pu의 생성량도 가장 많다. 9개월이 지나면 Pu순도가 90%이하로 떨어짐으로 원자로 가동 후 9개월 째 되는 핵 연료봉을 인출해서 재처리하는 것이 이상적이다.

그리고 경주 월성에는 4기의 중수형 원자로가 가동 중에 있다. 여기에는 지금까지 완전 연소된 폐연료봉(SF)을 인출해서 저장하고 있다. 이 SF의 순도는 90%미만이나 경수로의 SF순도 보다는 높다.

이 SF의 순도를 Near-Weapon Grade 급이라 한다. 오늘날 핵 기술로는 Near-Weapon Grade를 Weapon-Usable이라 해서 핵무기의 연료로 사용할 수 있다고 알려져 있다.[40]

40) Richard Garwin. 전 핵 설계자는 핵 물질의 85% 미만이면 핵무기 원료로 사용 못한다는 것은 잘못이다. 핵 물질(Pu-239,Pu-241)이 71.9%가 넘으면 Weapon-Usable이다.Perguson의 보고서, p.11.

그러므로 우리는 우리가 보유하고 있는 19기의 경수로와 4기의 중수로 총 23기에서 핵무기를 만들 수 있는 Pu 생성량은 엄청나게 많다.

퍼거슨 박사는 월성 4기의 중수로만으로도 매년 416발의 Pu 탄을 만들 수 있는 Pu을 생산할 수 있다고 언급한 바 있다.

만약 우리가 마음먹고 Pu을 생산한다고 가정하면 23기의 원자로에서 매년 1,000발 이상의 Pu탄을 만들 수 있는 분량의 Pu을 생성할 수 있는 능력을 가지고 있다.

북한에는 Pu을 생성할 수 있는 소형 원자로(5MWe, 35MWe) 2기 뿐이다. 그러므로 우리는 북한과는 비교할 수 없을 만큼 월등히 많은 Pu을 생성할 능력을 보유하고 있다.

그리고 우리는 증폭 핵분열탄이나 수소탄제조의 원료인 중수소와 3중수소를 월성 원자로에서 생산되고 있다. 또 수소탄의 원료인 리튬을 볼리비아에서 대량 수입하고 있다.

그러므로 우리는 Pu 탄, 증폭 탄, 수소탄을 만들 핵물질 획득 능력은 충분하다고 할 수 있다.

나. SF의 재처리 능력(Pu 획득)

Pu 재처리방식은 Furex 방식이라 해서 화학적으로 재처리한다. 이 방식은 방사선을 방출하는 SF를 처리해야함으로 방사선을 차단할 수 있는 시설 속에서 원격 조종으로 처리해야하는 특수시설이 요구된다.

현재 우리나라에는 재처리시설이 없다. 그래서 재처리할 수 없다. 그러나 우리나라 원자력 연구소에는 방사선을 차단할 수 있는

Hot Cell 시설은 있다. 이 시설을 재처리시설로 이용할 수 있도록 리 모델링 하거나 약간의 시설 증축으로 소량의 재처리시설로 전환이 가능하다. 그러나 대량의 재처리를 위해서는 대형 재처리시설을 건설해야 한다. 퍼거슨 박사는 한국의 기술로는 4~6개월이면 대형 재처리시설을 건설할 수 있을 것이라고 평가한 바 있다.

그러므로 우리가 대규모로 재처리하려면 4~6개월이 소요되는 대형 재처리시설을 건설하면 될 것이고, 소규모로 몇 발의 핵무기를 만들 Pu 획득 목적이면 기존의 Hot Cell을 개조하면 긴급한 재처리는 가능하다고 판단된다.

우리나라에 이미 만들어졌거나, 만들어 지고 있는 SF를 이용, 재처리하면 핵무기를 만들 핵 물질 Pu은 어렵지 않게 획득할 수 있다고 판단된다.

2. 핵탄두 설계 및 조립 능력

오늘날 핵탄두의 설계는 고도한 컴퓨터에서 이루어진다. 또 핵탄두설계는 고도한 기술이라기보다는 선진국의 대학원에서 교육하고 있는 정도이고 인터넷 상 에서도 쉽게 접촉할 수 있는 기술이다. 40년 전 박정희 대통령 시대 우리나라 ADD에서 핵탄두 설계를 완성한 바 있다. 그리고 핵탄두 조립에 필요한 고속폭약과 폭약렌즈는 우리나라 ADD와 한화, 삼성과 같은 대기업에서도 보유하고 있는 기술로 알려져 있다.

우리나라처럼 컴퓨터가 고도로 발전된 나라에서는 기폭장치를 포함한 핵탄두 설계나 탄두 제작은 어렵지 않는 기술로 알려지고 있어 핵탄두 설계 및 조립 능력은 충분하다 할 수 있다.

3. 핵실험 능력

오늘날 핵보유국임을 선언하기 위한 목적이 아니라면 구태여 지하 핵실험을 할 필요가 없다. 그러나 꼭 지하 핵실험을 하겠다면 한국 산악지역에는 화강암으로 된 지하 핵실험이 가능한 장소가 여러 곳에 산재되어 있다.

오늘날의 핵실험은 대부분 컴퓨터 시뮬레이션으로 실시하고 있다. 우리나라는 컴퓨터 기술이 고도로 발전되어 있음으로 컴퓨터 시뮬레이션 실험으로 충분히 핵실험이 가능하다.

지금까지 우리가 3가지 요소(핵 물질 획득 면, 핵탄두 설계 및 조립 능력 면, 핵실험)로 볼 때 모두 가능함으로 우리나라의 핵개발능력은 충분하다고 판단된다.

특히 기술적 측면에서 우리나라 핵개발능력을 비유적으로 평가한 것을 보면 '원자로를 설계하고 제작하는 핵 기술이면 핵무기를 만드는 것은 마치 컴퓨터나 TV를 만들 수 있는 회사가 라디오를 만들어 내는 수준이다'라고 말하고 있다.[41)]

그래서 오늘날 세계에서 한국, 일본, 남아공을 세계 3대 핵개발 가능국가로 지목하고 있다.

우리나라가 마음먹고 핵무기를 만든다면 얼마 안가서 북한의 핵무기 보유량 보다 훨씬 많은 핵무기를 생산할 수 있다.

우리나라는 핵무기를 만들 수 있는 기술 강국임에는 틀림없으

41) 중앙일보. 2017.9.21.

나 핵개발을 하자는 박정희 대통령과 같은 지도자가 없어 핵개발을 못하고 있을 뿐이다.

제4절 우리의 핵개발 기간 판단

우리는 핵개발능력이 있다고 판단했다. 그러면 만약 우리가 핵개발을 한다고 결심했을 경우, 어느 정도의 기간이 소요될 것인가를 판단해 보고자 한다.

핵개발 기간을 판단하기 위해 사전 몇 가지의 가정 하에 판단하고자 한다.

1. 가정 사항

① 긴급하게 몇 발의 핵무기를 제조하기 위해서는 월성에 저장되어 있는 핵 물질(SF)과 가용한 현존시설을 최대한 이용한다.

② 임시 재처리시설은 현존의 Hot Cell시설을 리모델링하거나 약간 확장 개조하여 사용하고, 리모델링하는 데는 약 1개월이 소요될 것이다.

③ 몇 발의 Pu탄 제조에 소요될 Pu 15Kg 내외를 재처리 하는 데는 약 3개월이 소요될 것이다.

④ 가동 중인 원자로에서 SF를 인출 시는 9개월째 되는 SF를 인출, 냉각(2개월)시킨 후 재처리한다.

⑤ 기폭장치 제작과 탄두 조립에는 4개월이 소요될 것이다.

⑥ 핵실험은 슈퍼컴퓨터 시뮬레이션으로 약 1개월 이내에 가능할 것이다.

⑦ 대형 재처리시설 건설에는 약 5개월이 소요될 것이다.

⑧ 4개 팀(Hot Cell 리모델링 팀, 재처리 팀, 기폭장치 제작 및 탄두 조립 팀, 핵실험 팀)은 모두 핵 전문가와 기술자들로 구성되고 사전 준비되어 있는 상태에서 일제히 작업을 개시한다.

이상의 가정사항을 전재로 핵개발 절차에 따라 3가지 안에 대한 핵무기 몇 발 제조에 소요되는 기간을 판단한다.

2. 각 안에 대한 소요 기간판단.

신속한 핵개발을 위해 핵개발 4개 팀(Hot Cell 리모델링 팀, 재처리 팀, 탄두 조립 팀. 핵실험 팀)을 사전에 전문 인원을 편성 준비해야한다.

Hot Cell 리모델링 팀은 재처리 팀과 협조하여 개조할 재처리시설의 설계도를 미리 작성해 놓고 있어야 1개월 내에 임시 재처리시설의 공사를 완료할 수 있다.

재처리 팀은 Hot Cell 팀의 공사가 완료되면 준비된 SF(월성의 SF)를 바로 재처리하기 시작하여 3개월 내에 Pu을 획득한다.

기폭장치 및 탄두 조립 팀은 준비된 컴퓨터로 기폭장치 설계도를 완성하고 탄두 조립에 필요한 특수자재를 사전 획득 준비하여 4개월 내에 탄두를 조립할 수 있도록 준비한다.

핵실험 팀은 슈퍼컴퓨터로 사전 모의실험을 여러 차례 실시하고 탄두 조립이 완성되면 모의실험을 통해 핵실험을 완성한다.

〈핵개발 기간판단 도표〉

안 \ 월	1	2	3	4	5	6	7	8	소요기간	Pu순도
제1안	HC 개조	재처리(3)							4개월	약 70%
	기폭장치 / 탄두조립(4)									
				핵실험(1)						
제2안	HC 개조								5개월	90% 이상
	냉각(2)		재처리(3)							
		기폭장치 / 탄두조립(4)								
					핵실험(1)					
제3안	냉각(3)								8개월	90% 이상
	재처리 시설 건설(5)					재처리(3)				
					기폭장치 / 탄두조립(4)					
								핵실험(1)		

· 제1안은 최단 기간에 Pu탄을 완성하는 안으로,

Hot Cell을 1개월 내에 재처리시설로 개조되면, 월성에 보관중인 SF를 냉각기간 없이 바로 재처리를 시작하여 약 3개월 내로 15Kg 내외의 Pu을 획득한다. Hot Cell 개조 시부터 기폭장치 제작 팀은 기폭장치 제작을 시작하여 탄두를 조립하는데 4개월이 소요되고, 그 사이 핵실험 팀은 슈퍼컴퓨터를 가동, 모의 핵실험을 수차례에 걸쳐 실험하여 핵실험을 완성한다. 이 안은 약 4개월 만에 Pu탄을 완성하는 안이다.

· 제2안은 가동 중인 원자로 중 9개월 째 연소 중인 SF를 인출하여 Pu탄을 완성하는 안이다.

원자로에서 SF를 인출, 2개월간 냉각시킨 후 그 동안 준비된 Hot Cell 리모델링 재처리시설에서 3개월에 걸쳐 재처리하여 순도 높은 15Kg 내외의 Pu을 획득한다. 이 사이 탄두의 기폭장치 제작 팀은 기폭장치제작과 탄두 조립을 완성하고, 핵실험 팀은 준비되는 대로 슈퍼컴퓨터로 모의 핵실험을 실시, Pu탄을 완성하는 안이다. 이 안은 5개월 만에 Pu탄을 완성하는 안이다.

· 제3안은 Hot Cell을 이용하지 않고 재처리시설을 5개월 만에 새로이 건설하여 재처리하는 안으로, 가동 중인 원자로에서 9개월 째 연소한 SF를 인출하고 3개월 간 냉각시킨 후 재처리시설 건설이 완료되면 3개월간 재처리하여 Pu을 획득한다. 그 사이 기폭장치 제작 팀은 기폭장치 제작과 탄두를 조립하고, 핵실험 팀은 준비 대는 데로 슈퍼컴퓨터 모의 핵실험을 실시, Pu탄을 완성하는 안으로 최소 8개월이 소요되는 안이다.

이상 3개안을 비교해 보면 우리 능력으로 긴급하게는 4개월 또는 5개월 만에 Pu탄 몇 발을 완성할 수 있고, 정상적으로는 8개월이 소요됨을 우리 핵개발 수준에서 Pu핵무기 제조가 가능하다는 개략적인 소요기간을 산출할 수 있다.

핵개발 기간 소요판단에는 앞에서 언급한 가정 사항을 전재로 한 것이고 자료획득이 미치지 못한 부분은 본 저자의 개략적 판단에 의한 것임을 밝혀둔다.

그리고 이 소요기간은 운용자의 의지에 따라 또는 사전 준비의 정도와 상황의 급박성에 따라 기간 단축이 될 수도 있을 것이고, 또 사전 준비 상태의 미흡이나 상황에 따라 상당기간 연장될 수도 있을 것이다.

우리는 이렇게 마음만 먹으면 수개월 만에 핵무기를 생산할 수 있고 또 1년에 1,000발 이상의 Pu탄을 생산할 Pu 획득능력을 가진 핵 강국이 될 수 있는 나라가 북한의 핵위협 하에 놓여 있으니 정말 아이러니 하다 하지 않을 수 없다.

제9장 북한의 비핵화 결과에 따른 우리의 대비책

오늘날 북핵 문제는 우리만의 문제가 아니라 미국을 위시한 전 세계적 문제가 되고 있다.

현재 미국을 중심으로 한 국제사회는 북한의 비핵화를 위해 각종 대북 제재와 압박을 가하고 있다.

미국은 북한의 완전한 비핵화를 위해 "최대의 압박과 개입(Maximum Pressure and Engagement)" 정책을 강력 시행하고 있다, 만일 제재와 압박으로도 북한의 완전한 비핵화가 불가능할 때는 군사옵션도 준비하고 있다.

이에 대해 북한은 수소탄과 ICBM 실전배치를 위해 핵탄두와 ICBM을 대량 생산하는데 총력을 기울이겠다고 2018년 신년사에서 김정은이 직접 미국을 겨냥 위협했다.

이처럼 미·북 간 긴장이 고조되는 가운데 특히 미국의 대북 선제공격 가능성이 임박한 상황에서 북한 김정은이 지난 2018년 5

월, 비핵화와 미·북 정상회담을 제의하여 6월12일 싱가포르에서 미·북 정상회담이 개최되었다.

회담결과 미국의 완전한 비핵화를 위한 CVID의 진행절차에 대한 확실한 언급도 없이 포괄적으로 '완전한 비핵화 달성을 위해 노력한다'고 김정은이 약속하는 수준에서 합의했고 추후 후속조치로 비핵화를 달성한다는 합의를 하고 비핵화 문제는 후속회담에 의존하게 되었다.

그런데 이 후속회담이 한 달 여 만에 열렸으나 아무런 성과 없이 끝나 버렸다. 이 후속회담에서 미국은 비핵화의 목록과 위치, 일정 등을 요구했으나 북한은 이것보다는 북한체제의 안전을 위한 종전선언을 먼저 요구함으로써 합의에 이르지 못했다.

앞으로 후속회담은 열릴 것으로 전망되나 결과의 추이는 속단할 수 없다.

우리는 장차 미·북 회담의 결과가 잘되는 경우와 잘못되는 경우도 모두 상정하여 사전 대비해야 하는 것이 국가안보의 상도이다.

그래서 미·북 회담의 결과에 따른 여러 가지의 상황을 상정할 수 있으나 크게 3가지로 집약할 수 있다.

첫째는 미·북 회담이 순조롭게 진행되어 북한의 완전한 비핵화가 달성되는 경우이고,

둘째는 북한의 비핵화 의지는 보이지 않은 채 시간 끌기 전술로 확인되면 미국은 북한에 기만당했다고 판단, 회담 결렬을 선언하는 경우로 이는 곧 군사옵션이 시행되는 경우이다.

셋째는 완전한 비핵화가 아닌 일부 핵 동결상태로 미 본토를 위협하는 ICBM 및 탄도미사일 탑재 잠수함을 해체하는 조건으로 평화협정을 체결하자는 북한의 제의를 받은 미국은 미 본토의 안전을 확보할 수 있다는 정치적 계산만으로 미·북 회담이 합의되는 상정의 경우이다.

이상의 3가지 경우의 상황 상정을 했을 때 우리는 어떤 대비책을 마련해야할 것인가를 검토해 본다.

1. 먼저 북한의 완전한 비핵화(CVID)가 달성되는 경우이다.

북한의 완전한 비핵화로 CVID가 달성되는 경우로 최상의 결과이다. 북한의 핵위협이 소멸되는 경우이다. 그러나 북한의 비핵화가 달성되어도 주변 핵보유국으로 둘러싸인 우리로서는 계속적으로 핵우산이 필요하다. 그러므로 한미동맹을 더욱 강화해야 하는 대책이 마련되어야한다.

2. 둘째 북한의 완전한 비핵화를 위한 미·북 회담 실패로 미국의 군사옵션이 시행되는 경우이다.

미국의 군사옵션이 시행되면 최 단기간에 북한의 완전파괴를 가져 올 것이다. 그러나 이때 북한은 한국에 대한 무차별 보복 공격으로 우리로서는 전면전에 함몰될 수밖에 없다. 미국의 군사작전이 개시되는 경우 우리는 미국과 사전 철저한 협의로 개시될 때 우리의 피해는 최소화 될 수 있으나 그렇지 못할 경우 우리의 피해는 극심할 수 있다. 그러므로 우리는 미국의 대북 군사작전의 경우에 대비하여 평소부터 미국과 긴밀한 협조로 우리의 피해감소책 강구에 대비해야한다.

3. 세 번째는 북한의 핵 동결상태에서 미·북 간 협상에 합의하는 경우이다.

이 경우는 북한에 핵 일부를 동결한 체 미 본토의 안전만을 정치적으로 고려한 합의로, 우리는 북한의 수소탄을 계속 머리에 이고 살아야하는 최악의 방책이다. 그러므로 우리는 미국이 북한과 이런 합의에 이르지 않도록 사전에 긴밀히 협조해야 한다.

만일 미국이 미 본토의 안전만을 위해 북한의 핵 일부를 동결하는데 합의하는 경우 '우리는 자구책으로 핵무장할 수밖에 없다'는 단호한 의지를 미국에 사전 통고하여 합의를 차단해야 한다.

그럼에도 불구하고 미·북이 합의하여 평화협정을 체결, 주한미군을 철수하고 미국의 핵우산도 철거 되면 우리는 최악의 안보상황에 직면하게 되는 경우가 된다. 이렇게 되는 경우 우리의 국가안보를 우리 스스로 수호할 수밖에 없는 절체절명의 경우가 된다.

북한은 핵을 보유하고 우리는 비 핵 국임으로 북한의 도발을 우리 스스로 억제해야 하는데 억제할 수단이 없다. 핵을 억제하는 수단은 핵밖에는 없다. 그러므로 우리는 우리의 국가안보를 위해 핵개발을 서두르지 않을 수 없다.

우리는 제8장에서 자력으로 핵을 개발할 능력이 있음을 확인한 바 있다. 사전 준비만 이루어지면 4~5개월 만에 몇 발의 핵무기를 만들 수 있다는 것을 알고 있다.

그러므로 이 경우의 대비는 우리의 핵개발 계획을 신속히 추진하여 몇 개월 내에 핵실험을 통해서 우리도 핵보유국임을 과시함으로써 대북 핵 억제력을 발휘할 수 있다. 이렇게 되면 우리의 안보는 우리 자력으로 수호할 수 있는 핵 국이 될 수 있다.

우리의 핵개발 계획을 NPT나 IAEA, 한·미 원자력 협정 범위 내에서 평소부터 계획을 수립하여 정부의 각 부서에 임무를 사전 할당해 놓으면 유사시 즉각 핵개발을 시작할 수 있을 것이다.

이것이 북핵을 동결하고 미 본토의 안전만을 고려한 미·북 협상이 이루어져 주한 미군이 철수하고 핵우산이 철거되는 경우에 대비하는 우리의 최후 대비책이다.

이상 우리가 검토한 3가지 안에 대한 대비책을 보면 최우선적으로 선택할 대책은 '북한의 완전한 비핵화'이다.

미국을 위시한 국제사회가 북한의 완전한 비핵화를 위해 대북 제재와 압박에 나서고 있음으로 우리는 여기에 선도적으로 동참하여야한다.

한국 정부는 한·미 간의 공조가 흔들리면 북한의 완전한 비핵화가 멀어지게 됨으로 미국과 면밀한 협조로 보조를 맞춰 나가야 한다.

그리고 가시적인 비핵화 조치가 나오기 전까지 평화 분위기에 휩쓸림 없이 우리의 국가안보태세는 더욱 강화 유지되어야한다. 최악의 경우에도 대비하는 안보태세(핵개발 준비)도 갖추고 있어야한다. 이것이 북한의 완전한 비핵화(CVID)를 압박하는 길이기도하다.

부 록

부록 #1. 방사선 강도에 따른 피해정도

부록 #2. 핵 개발 소요 기간 판단

부록 #3. 퍼거슨 박사의 보고서 (How South Korea could acquire and deploy Nuclear Weapons) 의 일부(p.9~28)

부록 #1. 방사선 강도에 따른 피해정도

선량범위 (rad)	반응시간	증상(생리적 반응)
8,000	30분~1일	·노출 3분내 무능화 ·1일내 100% 사망
3,000	30분~5일	·노출 3분내 무능화 ·5~6일내 100% 사망
650	2시간~2일	·노출 3시간 이내 기능적으로 손상 4주후 무능화 ·10일~5주간 100% 치료 필요 ·6주후 50% 이상 사망
300~530	2시간~3일	·2~5주에 10~80% 치료 필요 ·10~50% 사망
150~300	2시간~2일	· 3~5주에 10~50% 치료 필요 · 5~10% 사망
70~150	2~20시간	·일시적인 가벼운 메스꺼움과 구토 ·치료 불필요, 사망자 없음 ·임무수행 가능
70이하	6~10시간	·치료 불필요 ·임무수행 가능

부록 #2. 핵 개발 소요 기간 판단

안 \ 월	1	2	3	4	5	6	7	8	소요 기간	Pu 순도
제1안	HC 개조	재처리(3)							4개월	약 70%
	기폭장치 / 탄두조립(4)									
				핵실험(1)						
제2안	HC 개조								5개월	90% 이상
	냉각(2)		재처리(3)							
		기폭장치 / 탄두조립(4)								
					핵실험(1)					
제3안	냉각(3)								8개월	90% 이상
	재처리 시설 건설(5)					재처리(3)				
					기폭장치 / 탄두조립(4)					
								핵실험(1)		

부록 #3. 퍼거슨 박사의 보고서 (How South Korea could acquire and deploy Nuclear Weapons) 의 일부(p.9~28)

HOW SOUTH KOREA COULD ACQUIRE AND DEPLOY NUCLEAR WEAPONS

Charles D. Ferguson

INTRODUCTION: WHY STUDYING OPTIONS FOR NUCLEAR WEAPONS IS NECESSARY TO PREVENT FUTHER PROLIFERATION

~ 9쪽부터

Obtaining Fissile Material

Acquiring fissile material would require South Korea to have facilities for either uranium enrichment or reprocessing of spent nuclear fuel. The former could produce highly enriched uranium (HEU) that could initially power a relatively easy-to-make guntype nuclear explosive such as the one first made during the Manhattan Project for the Hiroshima bomb. HEU could also power more advanced implosion-type nuclear explosives. South Korea does not have enrichment facilities. Although the Korean nuclear industry has expressed interest in developing enrichment capabilities, the financial incentives for South Korea venturing into enrichment are not apparent for the foreseeable future given the relative glut of cheap enriched uranium on the world market. In addition, South Korea would likely not get U.S. permission to build an enrichment facility. A clandestine facility could not be ruled out, but reprocessing seems to be a more promising immediate pathway as argued herein.

Reprocessing would separate plutonium from spent fuel; the plutonium could power first-generation implosion-type bombs or second-generation pure fission weapons that make use of levitated plutonium pits surrounded by neutron reflectors made of beryllium. Later, South Korea could use its plutonium in more advanced boosted fission and thermonuclear bombs. Notably, these more advanced weapons could use HEU in combination with plutonium or by itself. By the time the ROK went down the thermonuclear pathway, it would be many years into an open breakout scenario and would then be overt about building an enrichment facility.

Plutonium is more desirable to South Korea for a few other reasons. Because plutonium is more efficient in terms of the amount of material needed to achieve a certain explosive yield as compared to HEU, South Korean weapon designers would most likely prefer this fissile material for their first nuclear bombs. Such material is more amenable for use in compact or miniaturized warheads. Moreover, the ROK would likely choose the plutonium pathway because it has many tons of plutonium already resident in spent nuclear fuel, and it has been acquiring expertise in reprocessing. Thus, the enhanced status quo scenario focuses on plutonium.

Spent fuel could be acquired from either South Korea's pressurized water reactors (PWRs) or PHWRs. While South Korea presently has much more PWRs with 19 operable and several more under construction or planned, the four PHWRs are much more useful for acquiring weapons-usable plutonium. Due to the design of a PHWR, it does not burn up as much nuclear fuel as a PWR. A lower burn up means that the isotopic composition of the plutonium in the spent fuel is better suited for nuclear explosives. That is, the higher the fraction of the fissile isotope plutonium-239, the better the material will be for weapons purposes. Fissile Pu-241 is also useful for weapons purposes but is less desirable than Pu-239 because it is more reactive and emits more radiation, which is a consideration during the handling and fashioning into an explosive. In particular, a PHWR with a typical burnup of 7,500 megawatt-day/ton results in a plutonium mix of 66.6% Pu-239, 26.6% Pu-240, and 5.3% Pu-241 for a total fissile content of 71.9%. A PWR with a typical burnup of 53,000 megawatt-day/ton results in a plutonium mix of 50.4% Pu-239, 24.1% Pu-240, and 15.2% Pu-241 for a total fissile content of 65.6%.[9] Thus, in terms of the portion of Pu-239 and total fissile content, PHWR spent fuel is more weapons-usable than PWR spent fuel.

These "reactor-grade" plutonium mixtures are weapons-usable, as officially stated by the U.S. Department of Energy.[10] According to former nuclear weapon designer Dr. Richard Garwin, it is wrong to rule out the use of a plutonium mixture that has less than 85% fissile content. His calculations show that even a fissile content of about 66% is weapon-usable and has a "bare" critical mass of about 13 kilograms as compared to about 10 kilograms bare critical mass for weapons-grade plutonium (Bare means a sphere of this material by itself in a vacuum without being surrounded by a neutron reflector that would reduce the critical mass). He outlines in a 1998 article the relatively simple engineering steps that would be needed to be able to use reactor-grade plutonium of 66% or greater fissile content. He also points out that Pu-240 would add to the fissile yield because high-energy neutrons, produced during the fission of Pu-239 and Pu-241, can fission Pu-240. Thus, he argues that the explosive yield of a reactor-grade plutonium bomb would be comparable to a weapons-grade plutonium bomb because of approximately the same number of fissions in each bomb, assuming similar number of critical masses.[11]

Moreover, there should be no doubt because the United States demonstrated via a nuclear test during the Cold War that reactor-grade plutonium is usable in nuclear explosives and will produce powerful nuclear yields.[12] Also, it is believed that India demonstrated during its May 1998 tests that it used reactor-grade plutonium. The Indian PHWRs were the likely source of that fissile material for at least one of the tests.[13] The Indian PHWRs and the Korean PHWRs are both derived from Canadian-designed PHWRs known as CANDUs. The currently stockpiled spent fuel at the dry cask storage facility at Wolsong could provide about 26,000 kilograms of reactor-grade, but still weapons-usable, plutonium for South Korea.[14] Assuming a conservative estimate of about six kilograms plutonium for a first-generation fission device, the ROK has up to 4,330 bombs' worth of plutonium at this site. South Korea could also use its PHWRs without too much effort to make near-weapons-grade, often called fuel-grade, plutonium with a content of about 10 to 11 percent Pu-240 and at least 85 percent fissile isotopic content in the overall plutonium mixture.

The CANDU design is proliferation-prone from the standpoints of nuclear material diversion and relative ease in making near-weapons-grade or fuel-grade plutonium. The CANDU can be fueled with natural uranium, low enriched uranium, or even mixtures of various fissionable and fissile materials. South Korea has fueled its CANDUs or PHWRs with natural uranium fuel. The CANDU is designed so that it is refueled while operating. Thus, the plant does not have to shut down to refuel, and there is no outward signal that the plant is refueling. In contrast, a PWR would have to shut down to refuel, and an inspector could witness this activity by noting that there would be no steam plume leaving the cooling tower. Consequently, if South Korea decided to make nuclear weapons and wanted fissile material, it could keep its PHWRs operating while removing and then diverting the spent fuel. Secondly, a CANDU uses heavy water as a moderator and coolant. The heavy water does not absorb as many neutrons as light water, so there would be more neutrons available to convert the uranium-238 atoms in the natural uranium fuel to plutonium-239. Natural uranium has more than 99 percent of its atoms as uranium-238, providing for numerous targets for the neutrons to hit and result in conversion to plutonium. To optimize for near-weapons-grade plutonium production with a very large percentage of plutonium-239, the operator of the PHWR would want to remove irradiated fuel on the order of about once a month.

According to the calculations of Thomas Cochran and Matthew McKinzie, every year until the decommissioning of the PHWRs, South Korea could make about 2,500 kg or 416 bombs' worth of near-weapons-grade plutonium (with a Pu-240 content of about 10 percent) from the four PHWRs at the Wolsong Nuclear Power Plant assuming 6 kilograms of weapons-grade plutonium per bomb and assuming an operational mode of 1,500 to 2,000 MW-day/ton burnup.[15] For more sophisticated weapon designs, the ROK might have available upwards of 830 bomhs' worth of plutonium in this operational mode.[16] But as Cochran and McKinzie point out, this scale of operations would require four to five times the domestic natural uranium fuel production capacity that the ROK presently has and would need a reprocessing capacity that is two to three times that of the relatively large-scale commercial plant at Rokkasho in Japan. Therefore, they argue that the ROK would reasonably reduce the scale to fit within its current fuel production capacity. That would still result in approximately 500 kilograms of plutonium, enough for several dozen to somewhat more than 100 bombs' worth of material. Even a more modest production rate of 150 kilograms of plutonium annually, which is well within the capabilities of the four PHWRs, would generate 25 to 50 bombs' worth of material depending on the level of sophistication of the weapons' designs.

Cochran and McKinzie notably highlight that the ROK imports all its natural uranium for producing fuel for these reactors because the ROK has had very limited supplies of natural uranium. Consequently, the ROK would have to make sure that it had available sufficient supplies of this material before embarking on a nuclear weapons program. Typically, fuel manufacturing states do purchase the raw material in advance and because uranium is a dense material, hundreds to thousands of tons can be stockpiled without taking up much space. South Korea, however, would have to be careful not to appear to purchase too much natural uranium in a limited time period so as to provide a telltale sign. Because of this concern, the ROK would likely keep its initial weapons' material production program at a lower level within the capabilities of existing stockpiles of natural uranium.

To ensure continuing supplies of natural uranium after the onset of the weapons program, the ROK would mine newly discovered uranium deposits on land and accelerate deployment of seawater extraction methods. Regarding the former source, Stonehenge Metals Limited presently owns 100 percent of the rights to four uranium projects in South Korea. The lead project, known as the Daejon Project, has inferred uranium resources of about 30 million kilograms (30,000 tons) Of U308 with an average grade of 320 ppm in the ore bodies.[17] Seoul would likely move to nationalize the uranium resources in the event of a breakout to a nuclear weapons program. South Korea has also invested significant research and development (R&D) into seawater extraction of uranium.[18] The world's oceans contain at least several hundreds of years of uranium based on current demand, but the concentration of uranium is very diffuse. Recently, an international team of researchers led by U.S.-based Oak Ridge National Laboratory announced a potential major breakthrough that the group claims "can extract five to seven times more uranium at uptake rates seven times faster than the world's best absorbents." [19]

Shifting the PHWRs to low burnup operations is an essential step, but the ROK would also need a reprocessing facility to separate the plutonium from the spent fuel. While South Korea in early 2015 does not have a reprocessing facility, it has made significant strides in developing a prototype pyroprocessing facility at the Korea Atomic Energy Research Institute (KAERI) in Daejon. The stated rationale for pyroprocessing is to remove the fissionable materials from spent fuel and thus reduce the radioactivity and volume of the high level waste that would have to be stored underground. The Korean government anticipates fierce public opposition to a permanent high level waste facility and wants to present a technological method that would show to the public that the amount of waste to be stored would be minimized.

Pyroprocessirig would under normal operations not separate out pure plutonium from other fissionable materials in spent nuclear fuel. But it would remove the plutonium and other fissionable materials from the protective barrier ofhighly radioactive fission products inside spent fuel. The plutonium would be mixed in with transuranic materials such as americium, curium, and neptunium. While this mixture would not be desirable for a militarily useful weapon, it could be susceptible to theft or diversion if adequate physical protection measures are not in place because the mixture would not be highly radioactive and could be handled. The main concern from the proliferation standpoint is that

South Korea could divert enough material into a Plutonium Uranium Redox EXtraction (PUREX) type reprocessing facility or could misuse the pyroprocessing facility in order to extract plutonium from the mixture. This plutonium could then be used for making nuclear weapons.

Safeguarding pyroprocessing is challenging due to the nature of the process, it is extremely hard to measure and track the amounts of plutonium. While the International Atomic Energy Agency is working on a safeguards method for pyroprocessing, the most often discussed scenario is to couple the pyroprocessing facility with fast neutron reactors. These reactors make use of high-energy, or fast moving, neutrons to cause fission of plutonium and other transuranic fissionable materials. Uranium enriched to 20 percent or more in the fissile isotope uranium-235 could also be used to fuel these reactors. If the fast reactors were just used to bum up transuranic materials, they could help reduce the amount of these materials that would have to be stored or that could be diverted into weapons programs. But these reactors can also be run in a breeder mode to produce more plutonium, especially plutonium that can be weapons-grade. Consequently, safeguarding fast reactors adds to the challenge of ensuring that the combined system of pyroprocessing plus fast reactors is not furthering a nuclear weapons program.

At KAERI in Daejon, a small-scale research facility could provide a relatively small amount of initial plutonium for breakout into a nuclear weapons program. This is the HANARO research and isotope production reactor and an associated hot cell facility. HANARO is rated at 30MWth, but the Korean regulatory authority has downgraded the operational power to at most 26MWth. The reactor uses heavy water, but instead of natural uranium fuel, it is fuelled with 19.75 percent U-235. If the reactor were fuelled with natural uranium, it could make upwards of

8 kilograms plutonium annually assuming the power limitation of 26 MWth and 300 days of full power operation. However, due to the far fewer number of target U-238 atoms in the 19.75 percent U-235 core versus a 0.7 percent U-235 natural uranium core, this reactor would not be able to make more than 0.55 kg of plutonium annually.[20] While placing natural or depleted uranium target material in the irradiation channels and around the core could produce some more plutonium, it is likely that this would not be much more than a few more kilograms of plutonium annually. Although the HANARO reactor might provide some starter plutonium for a weapons program, the annual amount would not be enough for the first bomb, but it might supply enough after another year or two of operations assuming that natural or depleted uranium target material were inserted in the reactor. Notably, the hot cells have been used to extract radioisotopes for medical, industrial, and research purposes. These hot cells could also provide a means to extract some plutonium. Of course, this assumes that South Korea would break out of its safeguards commitments, but given the basis of this scenario in which South Korea feels under serious threat to its supreme national interests, safeguards commitments are the least of its worries. The important finding from this analysis of the HANARO facility is that the four PHWRs at Wolsong would be the preferred production route for near-weapons-grade plutonium.

While KAERI has not yet used its PyRoprocessing Integrated DEmonstration (PRIDE) facility with irradiated materials, its experience to date with surrogate materials and its R&D work alongside U.S. researchers at Idaho National Laboratory give KAERI's researchers the essential knowledge and some work with this technique. The ROK has also requested to the United States that packages of pyroprocessed material be made in advance of operating the ROK's experimental fast reactor, which the ROK wants to bring online by 2028. Making packaged pyroprocssed fuel would give Korean technicians even further useful experience. The PRIDE facility could handle about 10 tons of material per year. This capacity would not allow for extensive production of plutonium annually from the PHWRs given the several hundred tons of irradiated material from these reactors, but it could provide a smaller scale means to extract the first few bombs' worth of fissile material while KAERI is building a bigger reprocessing facility.

To ensure much greater production capacity, the ROK would likely want to build a dedicated reprocessing facility for the PHWRs that could use the well-proven aqueous PUREX method. As Cochran and McKinzie point out, the ROK could first make a "Simple, Quick Processing Plant," which could only require four to six months to build.[21] Considering that the PHWRs have much lower burnup than PWRs and thus roughly an order of magnitude greater amount of spent fuel to be reprocessed, this simple plant would likely generate on the order of about one kilogram of plutonium per week or about 50 kilograms per year. In parallel, the ROK could build a facility on the scale of the Rokkasho Reprocessing Plant, which can reprocess up to 800 tons of irradiated fuel annually, but such a plant would take considerably longer than six months to build. (Also, given the technical struggles that Japan has had with operating the complex Rokkasho plant, the ROK might not want to go down this road. But Japan had successfully operated a pilot scale reprocessing plant at Tokai that could process about 200 tons per year–plenty for the ROK's needs.) Nonetheless, the simple facility would still provide the ROK with more than enough plutonium to make its first few handfuls of nuclear bombs.

Acquiring Materials for Advanced Nuclear Weapons

South Korea already has the essential elements for making advanced nuclear weapons. Such weapons would include boosted fission warheads and thermonuclear warheads. Two essential ingredients for these warheads are deuterium and tritium, the two isotopes of heavy hydrogen. Deuterium is a stable isotope found in water. South Korea has a large plant that can produce about 400 tons per year of heavy water run by Korea Electric Power Corporation (KWPCO) Nuclear Fuel Limited in Dajon.[22] Korea's HANARO research reactor and four PHWRs at Wolsong routinely make tritium when the heavy water in these reactors absorbs neutrons. South Korea has to remove the tritium from the water in order to prevent too much worker and public exposure to this radioactive substance ' The Wolsong Tritium Removal Facility can process 100 kg per hour of tritiated heavy water feed to produce 99% pure tritium. The recovered tritium is then made available for various commercial applications.[23] However, this large amount of tritium would provide South Korea with what would be needed to power boosted fission warheads and even more advanced thermonuclear warheads.

For thermonuclear warheads, South Korea would need to also acquire or manufacture the chemical lithium-6 deuteride. As mentioned, South Korea already has lots of deuterium. Lithium-6 occurs at the portion of 7.6 percent of natural lithium. Column exchange separation processing can be used to separate this isotope.[24] In 2012 South Korea made a major deal with Bolivia to acquire abundant supplies of lithium for production of lithium-ion batteries.[25] South Korea could conceivably divert some of this lithium into an isotope separation plant in order to obtain the needed lithium-6 for thermonuclear weapons.

Designing Nuclear Warheads

Essential components for any successful nuclear warhead design include high-speed electronic triggers to signal the detonations of high-energy conventional explosives, the ability to shape the high-energy explosives, and of course, the capacity to manufacture reliable high-energy explosives. Advanced computers would also be helpful but not necessary given the fact that the earliest nuclear warheads did not require such computers; nonetheless, South Korea has very advanced computers. The other components are truly necessary, and South Korea has them available and could most likely readily adapt their non-nuclear applications to nuclear weapons use.

High-speed electronic triggers such as krytrons or sprytrons can operate in voltage ranges of two to 20 kilovolts and "can draw currents ranging from 10 to 100 kilo-amps. Pulse neutron tubes, used to precisely control the initiation of fission chain reactions, require voltages of 100 to 200 kilovolts, and currents in the ampere range. These currents must be turned on rapidly and precisely, timing accuracies oftens to hundreds of nanoseconds are required."[26]

Subject to export controls, krytrons were illegally acquired by Iraq, Pakistan, and North Korea for their nuclear weapons programs. David Albright, for example, cites a statement from A.Q. Khan, who headed Pakistan's nuclear black market, acknowledging that Pakistan received technical assistance from North Korea in acquiring and developing these electronic triggers.[27] Krytrons have non-nuclear defense and civilian applications. For example, in 1976, the Agency for Defense Development (ADD) in the Republic of Korea purchased krytrons for the stated purpose of developing laser-range finders and identifiers for the South Korean Air Force. The ADD said that there were no other intended applications. The ADD, however, at that time had also been ordered by President Park Chung-hee to work on creating a nuclear weapons program. More recently, in 1994, South Korea hosted an international conference in Daejon, South Korea where a group of Japanese researchers presented a paper describing the use of a krytron for X-ray photography, which requires very high-speed switches. Thus, there is evidence that South Korea has had access to krytrons. However, the extent of South Korea's capability to manufacture these particular devices is not clear from open literature. More advanced types of this technology might be developed and manufactured in South Korea.

Electronic technology does not stand still especially in South Korea. In 1976, the Korean government founded and began funding the Korea Electrotechnology Research Institute KERI), which is involved in numerous R&D projects, including advanced electrical grids, medical devices, high voltage direct current energy technologies, and nano-technologies. This government-supported research institute has hundreds of Ph.D. and master's level researchers with access to high quality manufacturing and testing facilities.[28] Conceivably, under the scenario being considered, the Korean government could task a small portion of these researchers with developing high-speed, high-voltage, high-current switches for nuclear weapons.

Another essential component of nuclear weapons is high-energy conventional explosives that can be shaped into forms that result in implosion shock waves. These shock waves would squeeze plutonium or HEU into super-critical dense shapes necessary for detonating a fission chain reaction. South Korea has world leading manufacturing capability for these types of explosives. In particular, Hanwha Corporation, which is headquartered in Seoul, can make the nuclear-weapon-usable high-energy conventional explosives HMX and RDX, which have been used to trigger nuclear explosions by rapidly compressing fissile material, as well as other high-energy conventional explosives.[29] While Hanwha presently manufacturers these types of explosives for nonnuclear military applications, it would not take much effort to retool for nuclear weapon applications. Hanwha was founded in 1952 and was then called the Korea Explosives Company. In 1974, the government designated it as "a national defense firm."[30] This was during the time of the Park Chung-hee administration. Hanwha also manufactures explosives and related technologies for commercial applications as well as for the defense sector. This company is recognized as a global leader in its field and can reliably manufacture high quality explosives.

Combining the essential components together, the South Korean government could assign a highly trained group of Korean engineers (of which Korea has many) to design reliable nuclear warhead designs. They would likely first simulate their designs on advanced computers. Then once they have promising designs, they could potentially use explosive test facilities at Hanwha's testing facilities for conventional explosives to test how surrogate nuclear material such as depleted uranium would behave in the designs. A successful run of non-fissile material tests would give further confidence that the designs work.

Then the government would be faced with a decision to conduct one or more nuclear tests. For fission weapons or even boosted fission weapons such tests might not be needed, especially with the confidence that would result from a set of successful nonnuclear tests-It would be next to impossible to hide the seismic signals from nuclear tests given the extensive detection network operated by the Comprehensive Test Ban Treaty Organization. At this point in the development, the government could decide to be content with doing a series of subcritical tests or to declare its nuclear capability with nuclear yield tests. Plausibly, South Korea would want to signal to North Korea and possibly other states that it had this capability, and Seoul would likely announce that it had left the Non-Proliferation Treaty citing supreme national interests.

Leveraging Strategies and Deployments for the First Nuclear Bombs

The first few nuclear bombs could be considered "diplomatic" bombs that would be directed toward announcing South Korea's arrival in the nuclear-armed club.[31] A major motivation could be to signal the United States that Washington needs to seriously engage in denuclearizing North Korea. If this is one of the South's major motivations for pursuing nuclear weapons, it will then have to be willing to bargain away its new nuclear arsenal in exchange for denuclearizing the North. In this sense, these weapons would be diplomatic nuclear bombs. Another motivation would be to signal to Japan and China that South Korea is nuclear-armed or at least nuclear-capable with essentially a bomb-in-thebasement if it pursues trading away its newly acquired nuclear arms.

Assuming that the diplomatic ploy vis-à-vis North Korea does not pan out, then the South would most likely move to build up its nuclear arsenal with the types of capabilities that would deter the North and would provide battlefield capabilities against the North. This action would help fuel a nuclear arms race in East Asia that the ROK would then further respond to, spiraling to more nuclear arms to the other states. North Korea, in particular, would feel compelled to respond with further buildup putting pressure on Japan and South Korea and potentially leading to China to ramp up, then pressuring India and Russia. More Russian and Chinese nuclear arms could push the United States to consider more arms depending on the amount of buildup and types of arms deployed, or at least to halt additional nuclear arms reductions.

What would the ROK's nuclear weapon systems consist of? Seoul might consider a back-to-the-future strategy in which it could reproduce or emulate the types of nuclear weapons the United States had deployed in and around the Korean Peninsula during the Cold War. In recent years, some South Korea political leaders have called for the redeployment of U.S. tactical nuclear weapons, for example.

In 1957 Secretary of State John Foster Dulles convinced President Dwight Eisenhower to approve stationing of U.S. nuclear weapons in South Korea. The United States first deployed in January 1958 280-mm nuclear cannons and Honest John nuclear-tipped missiles. In 1959, the United States positioned a squadron of nuclear-armed Matador cruise missiles with up to a 1,000-kilometer range in South Korea. "By the mid1960s Korean defense strategy was pinned on routine plans to use nuclear weapons very early in any new war. As a 1967 Pentagon war game script put it, 'The twelve ROKA and two U.S. divisions in South Korea had ... keyed their defense plans almost entirely to the early use of nuclear weapons.'" [32]

By the 1980s, the United States had a multi-pronged nuclear use plan for U.S. forces in Korea. According to scholar of modern Korea, Bruce Cumings, based on a briefing by a former commander of U.S. Forces in Korea:

> The United States planned to use tactical nuclear weapons in the very early stages of the outbreak of war, if large masses of North Korean troops were attacking south of the DMZ. This he contrasted with the established strategy in Europe, which was to delay an invasion with conventional weapons and then use nuclear weapons only if necessary to stop the assault... The 'Air-Land Battle' strategy developed in the mid-1970s called for early, quick deep strikes into enemy territory, again with the likely use of nuclear weapons, especially against hardened underground facilities ... Neutron bombs – or 'enhanced radiation'

weapons-might well be used if North Korean forces occupied Seoul, in order to kill the enemy but save the buildings.[33]

However, today and for the foreseeable future, an early-use tactic could result in the North's use of nuclear weapons. In the Cold War, the North was not nuclear-armed. Nonetheless, the South would likely consider or even decide to deploy nuclear weapon systems that can provide multiple roles such as air defense against swarms of North Korean aircraft, ground defense against massive tank formations, mining of harbors, mining parts of the DMZ, and striking the North's missile bases and aircraft bases. The neutron bomb option could be appealing especially in a situation in which Seoul or other densely populated South Korean cities are evacuated and the South then wants to kill off occupying North Korean forces. Therefore, strategic deterrence alone in which the South could hold at risk the North's leadership would arguably not be sufficient in a scenario in which the North continues to build up its nuclear arms and the South perceives the need to have its own nuclear arms because it cannot rely exclusively on the United States.

Mating Warheads to Delivery Vehicles

South Korea already has several types of weapon systems that could be modified without too much effort to deliver nuclear warheads. Since the late 1970s, the ROK has been moving forward with acquiring and developing ballistic and cruise missiles as a counter to North Korea as well as obtaining modem fighter-bomber aircraft with aircraft qφ es that can be nuclear-capable. While the United States for many years was opposed to the ROK having long-range missiles and kept the range and payload limited to 300 kilometers and 500 kilograms, South Korea has been able to argue that it needs longerrange missiles for its own defense. In October 2012, Seoul received U.S. agreement to allow the ROK to make ballistic missiles with ranges and payloads that would exceed the Missile Technology Control Regime guidelines of 300 km range and 500 kg payload. The new range and payload limits are 800 kilometers and 500 kilograms and shorter-range missiles can carry up to 2,500 kilograms payload. The agreement also allows the ROK to possess drones that can carry up to 2,500 kilograms of weapons and reconnaissance equipment.[34] The new range limitation was expressly intended to give the South the capability to hit all potential targets in the North but not pose a significant threat to China or Japan.

In the late 1970s, South Korea reverse engineered the U.S. Nike-Hercules surfaceto-air missile. The Nike-Hercules was originally designed and intended for air defense roles. This missile was equipped with either a high explosive conventional fragmentation warhead or a nuclear warhead. The first nuclear warhead was the W7 with two yields in the X1 and X2 models: 2 kilotons or 40 kT. This was soon replaced by the boosted fission warhead designated W31 with variable yields of 2kT, 20kT, and 40 kT.[35]

While mostly for a surface-to-air role, the Nike-Hercules could also be employed in a surface-to-surface mode, delivering either conventional or nuclear warheads against enemy targets on the ground. For example, a nuclear-armed Nike-Hercules could be directed against enemy tank formations. North Korea has been investing in more advanced T-72 Soviet-based tanks to replace its aging tanks. A nuclear-armed South Korea would consider potential use of tactical nuclear arms to stop North Korean tanks from crossing the DMZ. For air-based targets, the nuclear-armed Nike-Hercules was intended to strike against swarms of aircraft such as Russian bombers launched from Cuba against the Southern United States. For South Korea, this air defense weapon could help defend against swarms of North Korea fighter-bomber aircraft.

The ROK's decades long experience with mastering missile technology via reverse engineering as well as indigenous technologies has resulted in Hyunmoo ballistic and cruise missiles. The Hyunmoo-1 and 2 ballistic missiles and the Hyunmoo-3 cruise missiles could carry upwards of 500 kg warheads. The Hyunmoo-1 has a range of only 180 km while the Hyunmoo-2 has a longer range of 500 km with the 2B variant. It is a two-stage rocket with the first stage based on the Nike-Hercules. The missile uses an inertial guidance system. With the new extended range missile agreement, the ROK will further boost the capabilities of these delivery systems to 800 km.

The Hyunmoo-3 cruise missile is patterned after the U.S. Tomahawk cruise missile. The Hyunmoo-3C variant has a reported extended range of 1,500 km. With a global positioning system (GPS) guidance system, the ROK could have precision strike capabilities to target the North's command and control with either conventional explosives or low-yield nuclear weapons. High-precision strike thus allows the ROK to try to limit the collateral damage by permitting lower yields to achieve the intended mission. Indeed, the ROK Air Force has recently admitted that the Hyunmoo-3C has GPS guidance and "can fly through a window to hit a target." [36]

For a first-generation or somewhat more advanced plutonium implosion weapon, the ROK could use gravity bombs coupled to nuclear-capable F-15 and F-16 aircraft. In particular, the ROK has received from the United States 61 F-15K Slam Eagles and 180 F-16s. Both types of aircraft have the range and payload to strike targets throughout North Korea. But in recent years, the ROK Air Force has expressed concern that the upgraded version of the F-15 built by Boeing would not have adequate stealth capabilities to penetrate North Korean airspace. Consequently, South Korea decided not to purchase these newer planes but also turned down Lockheed Martin's highly stealthy F-35 due to the high cost.[37] Instead, South Korea has been trying to develop its own advanced stealth fighter-bomber designated the KF-X. This plane's development, however, has experienced significant technical difficulties, and it is unclear whether the ROK can successfully develop the KF-X without substantial foreign assistance. Since 2009, the ROK has been upgrading the capabilities of its KF-16s, which are the Korean variant of the F-16.[38]

Scenario Two: Encirclement.

〈참고문헌〉

▶ 외국문헌

- Teller-Ulam Design　Lambert M. Surhone
- The Nuclear Express　Thomas C. Reed
- DARK SUN　Richard Rhodes
- JAPAN'S SECRET WAR　Robert K. Wilcox
- Building the H Bomb　Kenneth W. Ford
- The Hydrogen Bomb-1950　Atomic Heritage Foundation
- Hydrogen Bomb　April, Tony, Mahen
- Why it's so difficult to build a hydrogen bomb?　Akshat Rathi
- BORN SECRET (The H-Bomb, the Progressive Case and National Security)　A. DeVolpi, G.E. Marsh
- THIS KIND OF WAR　T. R. FEHRENBACH
- How south korea could acquire and deploy nuclear weapons ?　Charles D. Ferguson
- The Park Chung Hee Era　Byung-Kook&Ezra F. Vogel
- 原爆の 秘密　鬼塚英昭
- 原子爆彈開發 ものがたり　小島龍敏(譯)
- 核エネルギーの 世界　鈴木穎二
- 自衛隊と世界の最新兵器　新人物往來社
- 原子爆彈　翔泳社
- 人類の未來を變える核融合エネルギー　松岡啓介外5人
- 中國.核ミサイルの 標的　平松茂雄
- 原子爆彈(1938-1950年)　Jim Baggott 青柳伸子 譯

- 禎子の千羽鶴　佐佐木雅弘
- 暴發にする北朝鮮に 日本は 必ず巻き込まれゐ　宮崎正弘
- 日本北朝鮮戰爭　子龍 螢
- 原爆はこうして開發された　山岐正勝,日野川靜枝
- 金正恩の核ミサイル　宮崎正弘
- ヒロシマ讀本　小堺吉光
- あの日,廣島と長崎で　平和博物館を創る會 編
- 日米イージス艦とミサイル防衛　河津 幸英
- 原爆の子(上)(下)　長田 新編
- 世界の軍事力　小野寺優
- 核兵器と核戰爭　服部 學
- 北朝鮮か核を發射する日　イ.ヨンジュン
- キッシンジャー10の預言　日高義樹 譯
- 核の時代70年　川名英之
- 原子雲の下に生きて　永 井 隆 編
- ミサイル不擴散　松本 太
- 金日成の核ミサイルル　檜山良昭
- 北朝鮮發 第三次世界大戰　柏原龍一
- 朝鮮戰爭 (1-10)　陸戰史研究普及會

▶ 한국 문헌
- 백곰, 하늘로 솟아오르다 심융택
- 한국 미사일 40년의 신화 박준복
- 한국전쟁(일본 육전사 연구보급회) 육군본부 군사연구실
- 박정희는 어떻게 경제강국 만들었나 오원철
- 박정희의 양날의 선택 김형아
- 두개의 코리아 돈 오버도퍼
- 북한 인민군대사 장준익
- 북한 핵 미사일 전쟁 장준익
- 북한 핵위협 대비책 장준익

〈부록〉

-부록 #1. 방사선 강도에 따른 피해정도

-부록 #2. 핵개발 소요 기간 판단

-부록 #3. 퍼거슨 박사의 보고서 (How South Korea could acquire and deploy Nuclear Weapons) 의 일부(p.9~28)

○ 主要 略歷 :
- 1935. 5　경북 포항 출생
- 1958. 6　육군사관학교 졸업
- 1962. 6　미 특수전학교 졸업
- 1966.11　파월 맹호사단 소총중대장
- 1980. 6　육군사관학교 생도대장
- 1982. 4　육군 제30사단장
- 1985.12　육군 제5군단장
- 1987. 6　육군사관학교 교장
- 1988.11　미 하와이대학 연구원
- 1991. 2　한양대학교 행정대학원 석사
- 1992. 5　제14대 국회의원
- 2004. 2　경기대학교 정치전문대학원 정치학 박사
- 2016. 4　대한민국헌정회 북핵대책특별위원회 위원장

○ 賞 勳 :
- 충무무공훈장 / 월남 은성무공훈장 / 자유중국 황색 대수운휘장
- 미국 근무공로훈장 / 보국훈장 (삼일장, 천수장, 국선장)

○ 著 書 :
- 북한인민군대사 / 북한 핵·미사일 전쟁 / 북핵을 알아야 우리가 산다
- 북한 핵위협 대비책 / 북한 수소탄 위협과 그 대비책
○ 論 文 :
- 북한의 핵무기와 탄도미사일 연구 외 다수

-북한의 핵전략과 우리의 핵개발 능력-

북한 수소탄 위협과 그 대비책 / 22,000원

초판 인쇄 / 2018년 11월 20일
초판 발행 / 2018년 11월 25일
지은이 / 장 준 익
펴낸이 / 최 석 로
펴낸곳 / 서 문 당
주소 / 경기도 고양시 일산서구 가좌동 630
전화 / 031-923-8258 팩스 / 031-923-8259
창립일자 / 1968년 12월 24일
창업등록 / 1968.12.26 No.가2367
출판등록 제 406-313-2001-000005호
ISBN 978-89-7243-689-8